专为小微企业量身定制

小微工业企业

会计、纳税、审计一本通

张常俊 编著

中国宇航出版社
·北京·

图书在版编目(CIP)数据

小微工业企业会计、纳税、审计一本通 / 张常俊编著. -- 北京：中国宇航出版社，2015.7
ISBN 978-7-5159-0964-6

Ⅰ. ①小… Ⅱ. ①张… Ⅲ. ①中小企业-工业企业-工业会计②中小企业-工业企业-税收管理③中小企业-工业企业-审计 Ⅳ. ①F406.72②F810.423③F239.62

中国版本图书馆CIP数据核字(2015)第154387号

策划编辑 董 琳　**责任校对** 杨煜坤
责任编辑 董 琳　**封面设计** 薄 荷

出版发行 中国宇航出版社
社 址 北京市阜成路8号 **邮 编** 100830
(010)60286808 (010)68768548
网 址 www.caphbook.com
经 销 新华书店
发行部 (010)60286888 (010)68371900
(010)60286887 (010)60286804(传真)
零售店 读者服务部
(010)68371105
承 印 北京中新伟业印刷有限公司

版 次 2015年7月第1版
2015年7月第1次印刷
规 格 787×1092
开 本 1/16
印 张 17
字 数 392千字
书 号 ISBN 978-7-5159-0964-6
定 价 35.00元

前言

加强小(微)企业管理、促进小(微)企业发展是保持国民经济平稳较快发展的重要基础，是关系民生和社会稳定的重大战略任务。中央高度重视小(微)企业的发展，先后出台《中华人民共和国中小企业促进法》《国务院关于鼓励支持和引导个体私营等非公有制经济发展的若干意见》《国务院关于进一步促进中小企业发展的若干意见》，提出了进一步扶持中小企业发展的综合性政策措施。《小企业会计准则》就是为加强小(微)企业管理、促进小(微)企业发展的重要制度安排。

本书为小微企业工业分册，由于企业规模较小，会计业务相对简单，会计岗位设置简单，人员较少，小微工业企业通常没有引入大型ERP管理系统的必要，所以在管理方面相对弱势。因此，规范小微企业的内部管理与会计核算，保证企业的业务能够准确及时入账，就显得十分必要。这也是对小微工业企业会计从业人员的一个要求：会计工作的严谨性和专业性决定了会计人员应该严格遵循《小企业会计准则》的各项规定，确保核算工作的准确无误。

本书具有以下特点：

第一，内容全面。本分册严格按照《小企业会计准则》的规定编写，对小微工业企业涉及到的资产、负债等进行了详细的解释。

第二，条理清晰。在介绍某些理论性较强的内容时，本书均分条分类进行梳理，言简意赅，抓住重点。

第三，举例恰当。对于每一个重要的知识点，本书均配有例题及答案，直观清晰地教会大家该如何做。

第四，配图合理。本书以大量的图表形式展现小企业会计准则的精华，将枯燥的知识生动化、可视化，便于读者搭建逻辑框架。

会计工作作为企业的基础性工作，在企业经营中起着至关重要的作用。企业经营管理水平的高低直接影响着企业的经济效益、经营成果、竞争能力和发展水平，在一定程度上决定着企业的前途和命运。小微工业企业在企业规模或者经营范围方面都有很大的发展空间，更应重视企业本身的基础性工作。本书本着紧密结合实战的原则，用凝练的语言，配以清晰明了的插图，深入浅出地向您展示小微工业企业会计核算的各个方面。针对工作中可能出现的各种情况，分步讲解应对和处理流程，轻松扫除障碍，为初涉会计职业的人士提供了很好的学习载体。

最后，对一贯支持我们的广大读者朋友和对本书的出版做出努力的朋友一并表示感谢。

编　者

2015 年 7 月

目录

第一章
小微工业企业会计基础简介

第一节　小微工业企业会计基础知识

一、小微工业企业会计的概念

（一）什么是会计

在日常生活中，“会计”这个名词至少包含两重含义：第一，会计是指在各种经济组织中从事会计工作的人员，即会计工作人员；第二，会计是指对经济活动进行确认、计量、记录、核算的管理行为，即会计行为。在本书中，如没有特殊说明，会计则是指各类经济组织中的会计行为。

（二）哪些企业属于小企业

为了进一步规范小企业的会计行为，促进小企业可持续发展，财政部曾于 2011 年 10 月 18 日开始印发《小企业会计准则》。该准则于 2013 年 1 月 1 日起在小企业范围内实行，2004 年 4 月 27 日发布的《小企业会计制度》同时废止。《小企业会计准则》规定，本准则适用于在中华人民共和国境内依法设立的、符合《中小企业划型标准规定》所规定的小型企业标准的企业。

下列三类小企业除外：

1. 股票或债券在市场上公开交易的小企业。
2. 金融机构或其他具有金融性质的小企业。
3. 企业集团内的母公司和子公司。

《中小企业划型标准规定》于 2011 年 7 月 4 日发布，该规定将中小企业划分为中型、小型、微型三种类型，具体标准根据企业从业人员、营业收入和资产总额等指标，结合行业特点制定。

工业企业的规定如下：从业人员 1 000 人以下或营业收入 40 000 万元以下的为中小微型企业。其中，从业人员 300 人及以上，且营业收入 2 000 万元及以上的为中型企业；从业人员 20 人及以上，且营业收入 300 万元及以上的为小型企业；从业人员 20 人以下或营业收入 300 万元以下的为微型企业。

（三）小微工业企业的会计核算具有什么特点

小微工业企业的会计核算，既具有小微企业会计核算简单的特点，又具有工业企业生产流程较多的特点，准确地说了解小微工业企业会计核算的特点，对于我们更好地掌握会计核算程序、方法与惯例，起着关键的作用。总而言之，小微工业企业的会计核算具有以下的特点，如图1－1所示。

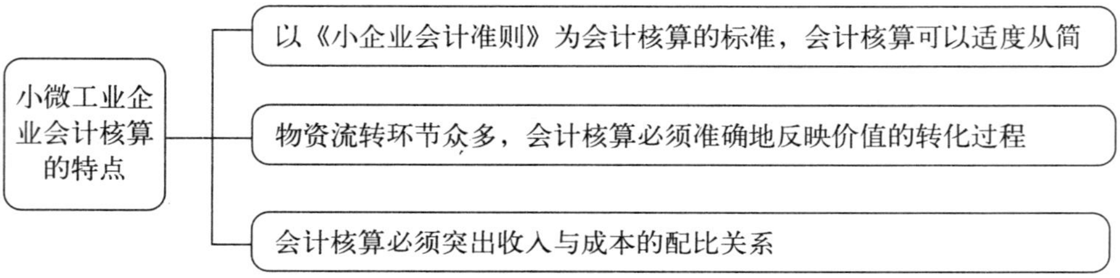

图1－1　小微工业企业会计核算的特点

第一，小微工业企业以《小企业会计准则》为会计核算的标准，会计核算可以适度从简。同现行的《企业会计准则》相比较，《小企业会计准则》具有会计处理简便、核算工作快捷等优点。对于不公开发行股票和债券的小微企业而言，采用《小企业会计准则》制度，在不影响会计信息质量的前提下，大大加快了会计核算工作的效率，降低了企业的财务成本。因此，对于小微工业企业而言，采用《小企业会计准则》是非常明智的。

第二，小微工业企业的物资流转环节众多，会计核算必须准确地反映价值的转化过程。对于工业企业而言，其主要的职能是通过向社会提供其制造的产品以获得利润。产品的制造过程，需要购买原材料，再对其进行加工，然后形成产品，最后将产品出售。在这一个过程中，不仅物资的实物形态发生了很大的变化，而且其价值也在发生着变化，会计的责任就是在一系列的变化之中，准确地反映每一个环节价值的变化。

第三，小微工业企业的会计核算，必须突出收入与成本的配比关系。对于小微工业企业而言，及时了解每一种产品的盈利情况，对企业的生存与发展至关重要。这就要求在会计核算中，对于每一种产品，必须合理地归集、分配与之相对应的成本，使企业的管理者，及时地了解每一种产品的盈利状况。

二、小微工业企业会计的职能

会计的职能，是指会计在经济管理过程中所具有的内在功能，而会计的作用则是在会计运行过程中会计职能的外在表现。现代会计具有会计核算与会计监督两大职能。

（一）会计核算

会计核算职能，即会计反映职能，是指会计以货币为主要计量单位，通过确认、计量、记录、计算、报告等环节，对特定会计对象（或称特定会计主体）的经济活动进行记账、算账、报账，为各有关方面提供会计信息的功能。

传统意义上的会计核算主要是指对会计主体已经发生或已经完成的经济活动进行的事后核算，也就是会计工作中记账、算账、报账的总称。其基本内容是，以货币为主要量度，对企业、机关、事业单位或其他经济组织的生产经营活动或预算执行的过程与结果进行连续、系统的记录，定期编制会计报表，形成一系列财务、成本、成本指标，据以考核经营目标或计划的完成情况，为经营决策的制定和国民经济计划的综合平衡提供可靠的信息和资料。其基本方法主要有设置账户和账簿、复式记账、填制和审核凭证、登记账簿、成本计算、财产清查和编制会计报表等。

现代会计的核算职能不仅仅是对经济活动进行事后反映，还包括事前核算与事中核算。事前核算的主要形式是进行预算，参与决策；事中核算的主要形式是在计划或预算的执行过程中，随时反映计划或预算的执行情况，以便对经济活动进行控制，使其按计划或预期的目标进行。

（二）会计监督

会计监督职能，即会计控制职能，是指会计人员在进行会计核算的同时，通过预测、决策、控制、分析、考评等具体方法，对特定会计对象所发生经济业务的真实性、合法性与合理性进行审查。会计监督是会计的基本职能之一，同时又是经济监督的重要组成部分。

根据《中华人民共和国会计法》和其他有关会计法规的规定，会计人员进行会计监督的对象和内容是本单位的经济活动。会计监督的基本内容，如图 1－2 所示。

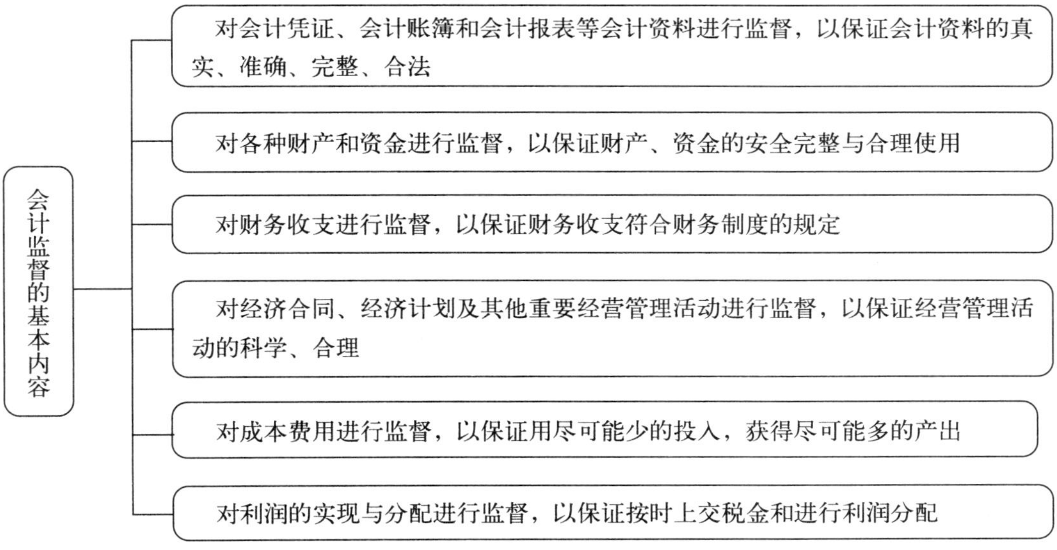

图 1－2　会计监督的基本内容

会计的核算职能与监督职能是相辅相成的，只有在对经济业务活动进行正确核算的基础上，才可能提供可靠资料作为监督依据。同时，也只有搞好会计监督，保证经济业务按规定的要求进行，并且达到预期的目的，才能发挥会计核算的作用。

三、小微工业企业会计的作用

会计的作用是会计职能的外在化，即会计的内在职能在一定条件下的外在转化。

(一)反映经济活动

会计信息系统所提供的信息具有连续、系统、全面、综合的特点，不仅能反映出一个会计主体的财务状况、财务状况的变化及其经营成果，而且能够以货币形式再现企业的生产经营活动，为企业经营管理提供了很大的方便。

(二)控制经济活动

会计对经济活动的控制，具体表现在以下三个方面，如图 1－3 所示。

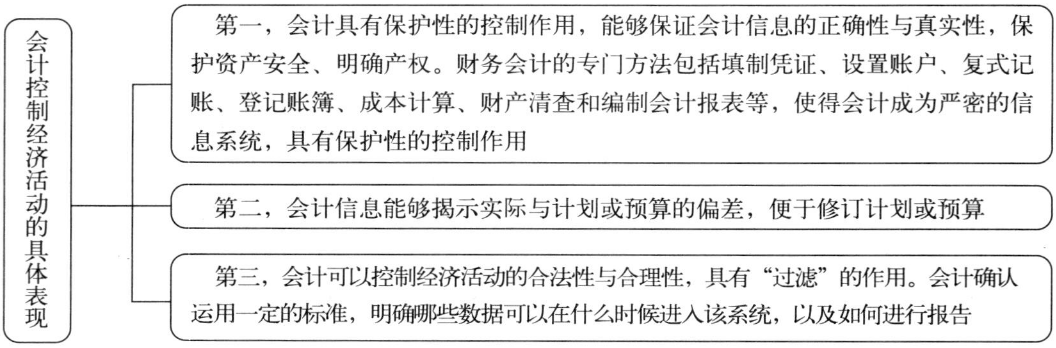

图 1－3　会计控制经济活动的具体表现

(三)评价企业经营业绩

具体说来，会计可以通过定期编制会计报表，揭示一个企业的财务及其变动情况和最终经营业绩；也可以通过对财务报告的分析，肯定成绩、找出差距、提出改进措施。

(四)参与经济决策

企业的会计信息系统可以通过收集数据、处理信息，向企业的管理层提供各种建议与方案，非常有利于管理层制定最优方案。据估计，企业在经营管理中所需要的信息 70% 以上来自会计信息系统。当然，在整个决策过程中，会计只能支持决策而无法代替决策，会计所起的是“参谋”作用，即“参与”的意思。

(五)预测经济前景

企业为了确定恰当的经营管理目标，必须收集大量历史和当前的信息。通过财务会计报告中具有预测价值的历史信息，能够预测企业的经营前景。特别应提到的是，在西方国家，还明确规定在会计报表以外的其他财务报告中应披露预测信息，在我国也进行了相应的规定。

第二节　《小企业会计准则》简介

本书作为一本入门级的会计实务学习图书，主要结合小微工业企业的日常会计核算对会计基础知识、基本技能进行讲解，以下我们将针对《小企业会计准则》的主要内容、特点以及哪些企业适合执行《小企业会计准则》进行详细的介绍。

一、《小企业会计准则》的主要内容

《小企业会计准则》的主要内容由以下几部分构成，如图 1－4 所示。

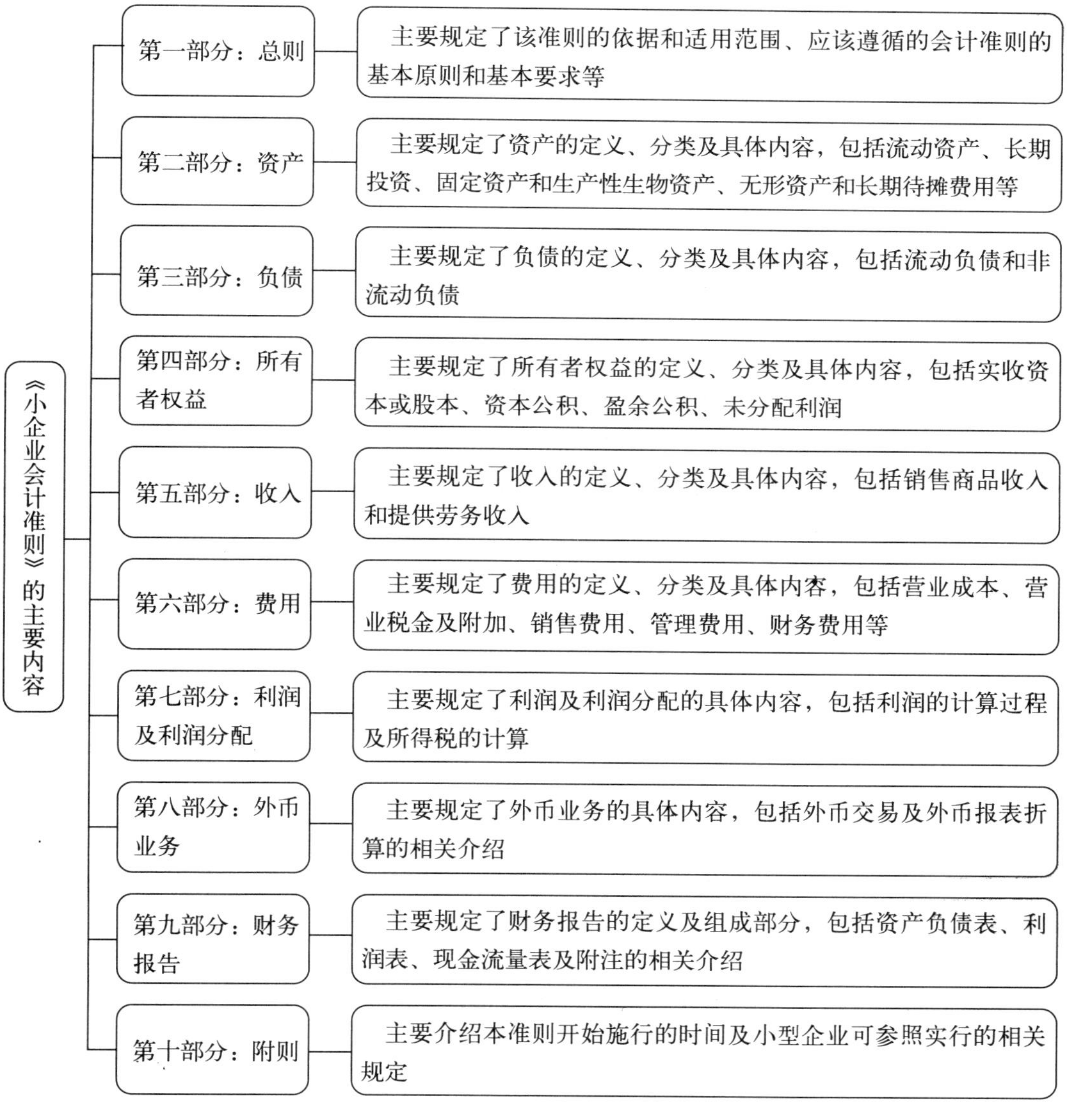

图 1－4　《小企业会计准则》的主要内容

二、《小企业会计准则》的主要特征

《小企业会计准则》是在遵循一般会计核算原则的条件下，借鉴国际惯例，结合我国小企业的实际情况，以《企业会计准则》为基础，根据通俗易懂、简便易行、充分体现小企业自身及其会计信息使用者的需求和特点等要求加以制定的。《小企业会计准则》与《企业会计制度》相比，具有的特点如表1－1所示。

表1－1 《小企业会计准则》的特点

项目	特点
存货	《小企业会计准则》规定，存货不涉及借款费用资本化的问题；不计提存货跌价准备；投资者将存货作为投资投入企业的，应当按照评估价值确定，即使该价值不公允；盘盈存货实现的收益计入营业外收入
金融资产投资	《小企业会计准则》规定，金融资产分为短期投资、长期债券投资和长期股权投资，且均采用历史成本计量；发生减值时直接冲减资产，不计提减值准备；持有期间投资收益等于应收股利、应收利息等，利息收入等于面值乘以票面利率
固定资产	《小企业会计准则》规定，投资者投入固定资产成本的初始计量应当按照评估价值确定，即使该价值不公允；发生减值时直接冲减资产，不计提减值准备；折旧年限有最低限额规定
生物资产	《小企业会计准则》规定，生物资产分为消耗性生物资产、生产性生物资产，且不计提减值准备，发生损失时直接冲减资产；折旧年限有最低限额规定
无形资产	《小企业会计准则》规定，无形资产发生损失时直接冲减资产，不计提减值准备；摊销方法全部采用直线法摊销，摊销年限有最低限额规定；计提摊销时直接贷记“无形资产”科目
借款利息	《小企业会计准则》规定，长期借款应当按照借款本金和借款合同利率按期计提利息费用
所得税费用	《小企业会计准则》规定，小企业采用应付税款法核算所得税，不需要确认递延所得税费用
财务报告体系	《小企业会计准则》规定，小企业至少应当提供资产负债表、利润表、现金流量表和附注，不强制要求编制所有者权益变动表

三、《小企业会计准则》的适用范围

我国对于小企业的界定围绕资产总额、营业总额和雇员人数三个方面，以会计需求的特殊性为基准，予以适当确定。我国《小企业会计准则》中对于小企业的界定是，《小企业会计准则》适用于在中华人民共和国境内依法设立的、符合《中小企业划型标准规定》所规定的小型企业标准的企业。同时规定下列三类小企业除外：①股票或债券在市场上公开交易的小企业；②金融机构和其他具有金融性质的小企业；③企业集团内的母公司和子公司。在掌握了《小企业会计准则》适用范围的基本规定之后，还应该注意以下几点，如图1－5所示。

《小企业会计准则》的适用范围应注意的问题

- 按规定需要建账的个体工商户参照执行《小企业会计准则》
- 执行《小企业会计准则》的小企业，公开发行股票或债券的，应当转为执行《企业会计准则》；因经营规模或企业性质变化导致连续三年不符合小企业标准而成为大中型企业或金融企业的，应当转为执行《企业会计准则》
- 发生的交易或者事项《小企业会计准则》未做规范的，应当根据《企业会计准则》相关规定进行处理，待财政部做出具体规定时，从其规定
- 执行本准则的小企业，转为执行《企业会计准则》时，应当按照《企业会计准则第38号——首次执行企业会计准则》等相关规定和本书中《小企业会计准则与企业会计准则会计科目转换对照表》进行会计处理

图1－5　《小企业会计准则》的适用范围应注意的问题

第三节　小微工业企业会计核算的基本前提和一般原则

一、小微工业企业会计核算的基本前提

会计核算的基本前提，即会计假设，是指组织会计核算工作应当具备的前提条件。会计核算的基本前提包括四个方面，即会计主体、持续经营、会计分期和货币计量，如表1－2所示。

表1－2　会计核算的基本前提

基本前提	内容
会计主体	会计主体亦称会计实体，是指会计工作为其服务的特定单位或组织。会计主体具有实体性、独立性、整体性的特点
持续经营	持续经营是指在正常情况下，企业按照既定的经营方针、目标、形式无限期地经营下去，即在可预见的未来，该会计主体不会停业或破产清算

（续表）

基本前提	内容
会计分期	根据持续经营前提，企业的生产经营活动将持续不断地经营下去。为了及时地获得会计信息，充分发挥会计的反映和监督职能，应当合理地划分会计期间，即进行会计分期。通过会计分期，能够确认某个会计期间的经营成果及某个会计期末的财务状况
货币计量	企业的经济活动千差万别，财产物资种类繁多，选择合理、实用又简化的计量单位，对于提高会计信息质量具有至关重要的作用。货币计量是指用币值稳定的货币作为会计的计量手段，将会计主体的经济活动和财务状况的数据转化为按统一货币单位反映的会计信息

上述四项基本前提，具有相互依存、相互补充的关系。会计主体确立了会计核算的空间范围，持续经营与会计分期确立了会计核算的时间长度，而货币计量则为会计核算提供了必要的、可能的计量手段。

二、小微工业企业会计核算的一般原则

会计核算的一般原则又称一般准则或一般要求，是进行会计账务处理、编制会计报表所依据的一般规则和准绳，是进行会计核算的基本要求。根据《小企业会计准则》的规定，小微工业企业会计核算的一般原则共 13 项，按两大类划分。

（一）会计信息质量要求的一般原则

会计信息质量要求的一般原则，如表 1 –3 所示。

表 1 –3　会计信息质量要求的一般原则

一般原则	内容
客观性原则	又称真实性原则、可靠性原则，是指企业的会计核算应当以实际发生的交易或事项以及证明经济业务发生的合法凭证为依据，如实反映其财务状况和经营成果，做到内容真实、数字准确、资料可靠
实质重于形式原则	是指企业应当按照交易或事项的经济实质进行会计核算，而不应当仅仅按照它们的法律形式作为会计核算的依据。在会计实务中，交易或事项的实质与其法律形式或人为形式的明显表象并不总是一致的。当两者出现不一致时，应当依据实质重于形式的原则进行判断，以确保会计信息质量。例如，企业以融资租赁的方式从出租方租入的固定资产，虽然不是承租方购入的资产，但由于租期长，租金超过或接近固定资产购买价，承租方承担了该项资产的主要风险，所以应将融资租赁资产作为承租方的资产，并按一定折旧方法提取折旧

（续表）

一般原则	内容
相关性原则	又称有用性原则，是指企业提供的会计信息应当能够反映企业的财务状况、经营成果和现金流量，以满足有关利益各方了解企业财务状况和经营成果的需要，满足企业加强内部经营管理的需要。相关性有预测价值和反馈价值两个基本质量标志。相关性原则属于历史范畴，它随着企业内外环境的变化而变化
一贯性原则	又称为一致性原则，是指企业对同一类会计事项所采用的会计核算方法和程序前后各期应当保持一致，不得随意变更。如有必要变更，应将变更的内容和理由、变更的累积影响数或累积影响数不能合理确定的理由等，在会计报表附注中予以说明。采用一致性原则，有利于提高会计信息的有用性，制约和防止企业通过会计政策的变更弄虚作假
可比性原则	是指企业的会计核算应当按照会计准则和会计制度规定，提供口径一致、相互可比的会计信息。可比性保证不同会计主体之间的会计指标口径一致、相互可比，以便于比较、分析，为国家进行宏观调控、投资者进行投资、债权人进行财务和风险分析等提供依据
及时性原则	是指会计事项的处理必须于经济业务发生时及时进行会计处理，不得提前或延后。具体而言，要求会计人员做到：及时收集会计信息；本期会计事项应在本期内进行；会计报表应在规定时间及时编制送报
明晰性原则	又称清晰性、可辨认性、可理解性原则，是指企业的会计核算和编制的财务报告应当清晰明了，便于理解和利用。明晰性有两层意思：一是会计信息简单、扼要；二是会计信息明了、准确。坚持明晰性原则，有利于会计信息的使用者准确、完整地把握会计信息所要说明的内容，也有利于审计人员查账和验证工作的开展
重要性原则	是指企业的会计核算应当遵循重要性原则，在会计核算过程中对交易或事项应当区别其重要性程度，采用不同的核算方法，有简有详，繁简适当，区别对待。对资产、负债、损益等有重大影响，且会影响财务报告使用者做出合理判断的重大会计事项，必须按照国家有关规定在财务报告中予以充分、准确地披露；对不影响会计信息真实性和不至于误导财务报告使用者做出错误判断的会计事项，则可适当简化，不必详细报告

（二）会计确认、计量的一般原则

会计确认、计量的一般原则，如表 1－4 所示。

表 1－4　会计确认、计量的一般原则

一般原则	内容
权责发生制原则	是指企业的会计核算应当以权责发生制为基础，凡在当期已经实现的收入和已经发生或应当负担的费用，不论款项是否收付，都应作为当期的收入和费用；凡是不属于当期的收入和费用，即使款项已在当期收付，也不应作为当期的收入和费用。权责发生制是与收付实现制相对应的一种记账原则，它适用于企业会计，能够真实地反映企业某一特定会计期间的财务状况和经营成果
配比原则	是指企业在进行会计核算时，收入与其成本、费用应当相互配比，同一会计期间内的各项收入与其相关的成本、费用，应当在该会计期间内确认。配比原则与权责发生制原则既有联系，又有区别。两者都是为了正确计算收益和成本，但权责发生制是为了正确地确认收入和费用，而配比原则是为了正确地确认收益，它是在正确确认收入和费用的基础上，进一步确认收益，两者不能相互代替
历史成本原则	又称实际成本原则，是指企业的各项资产在取得或购建时实际发生的成本应当按照实际成本计量。其后，各项资产账面价值的调整，应按照《小企业会计准则》的规定执行。除法律、法规和国家统一会计制度另有规定外，企业不得自行调整其账面价值。历史成本计量数据真实可靠，具有客观性和可验证性
划分收益性支出与资本性支出原则	是指企业的会计核算应当合理划分收益性支出与资本性支出的界限。凡支出的效益仅于本年度（或一个营业周期）有关的，应当作为收益性支出；凡支出的效益于几个会计年度（或几个营业周期）有关的，应当作为资本性支出
谨慎性原则	又称稳健性、审慎性原则，是指在资产、负债的计价及损益确认时，如果有两种或两种以上的方法或金额可供选择时，应选择不高估资产或收益，少计负债或费用的方法。不预计任何可能的收益，但应合理预计可能发生的损失和费用

三、小微工业企业会计核算的会计要素

小微工业企业会计要素是建立会计系统理论和实务的重要基础，是企业会计报表的基本构成内容。我国《企业会计准则》将企业会计要素划分为资产、负债、所有者权益、收入、费用与利润六大要素。资产、负债和所有者权益是反映企业财务状况的会计要素，也称为静态会计要素，构成资产负债表的基本框架。收入、费用及利润是反映企业经营成果的会计要素，也称为动态会计要素，构成利润表的基本框架。

（一）资产

资产是指企业过去的交易、事项形成并由企业拥有或控制的资源，该资源预期会给企业带来经济利益的资源。资产具有三个基本特征，如图 1－6 所示。

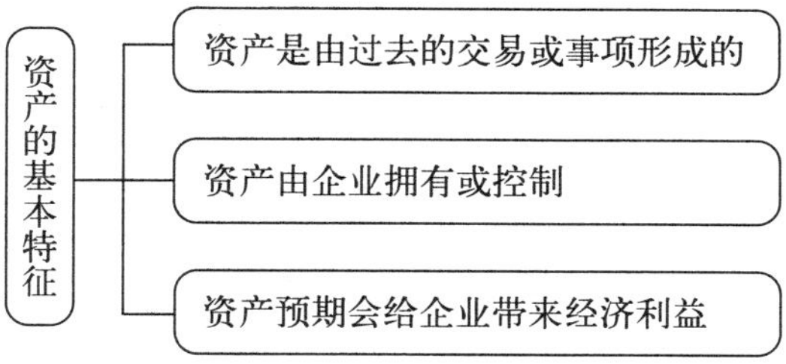

图 1－6　资产的基本特征

按照我国《小企业会计准则》的规定，资产应按流动性分为流动资产和非流动资产。非流动资产包括长期债券投资、长期股权投资、固定资产、生产性生物资产、无形资产、长期待摊费用等。如图 1－7 所示。

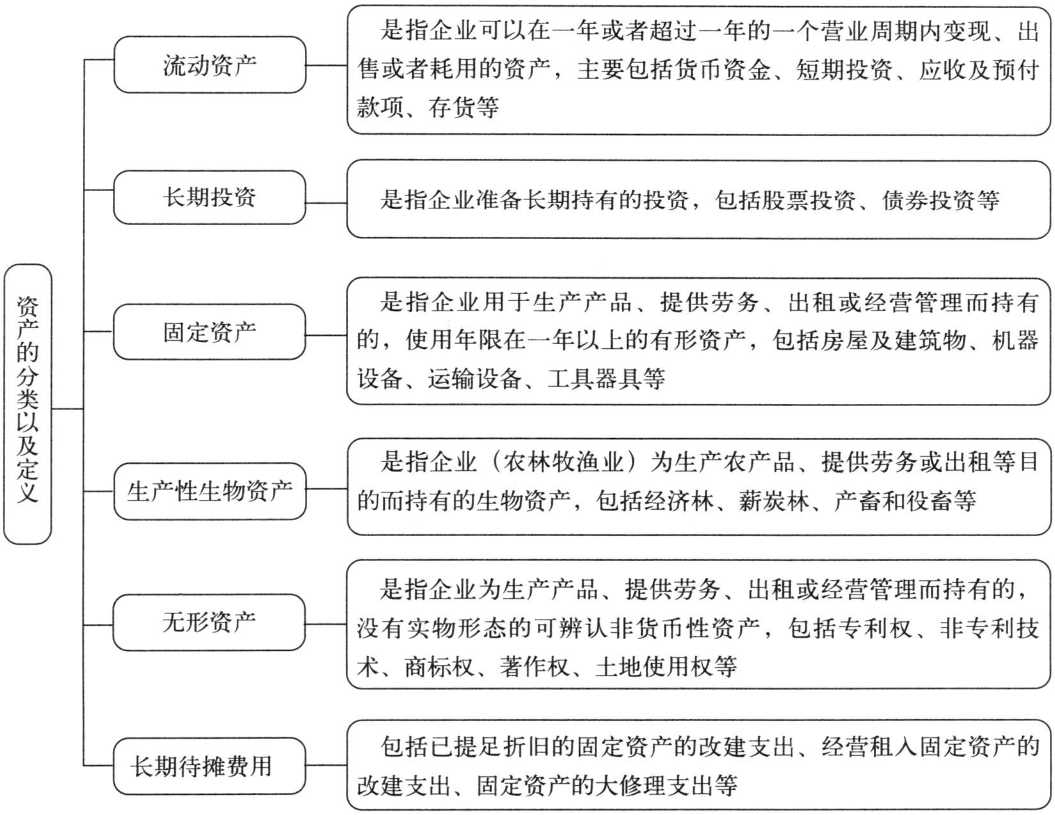

图 1－7　资产的分类以及定义

（二）负债

负债是指企业过去的交易、事项形成的现时义务，履行该义务预期会导致经济利益流出企业。负债具有四个基本特征，如图 1－8 所示。

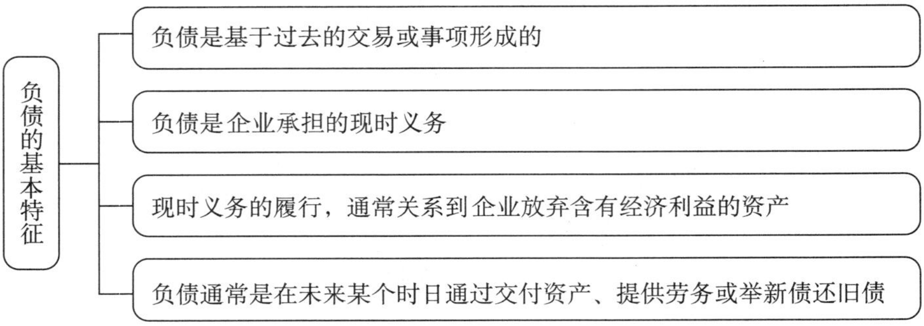

图 1－8　负债的基本特征

企业的负债按其流动性分为流动负债和长期负债，如图 1－9 所示。

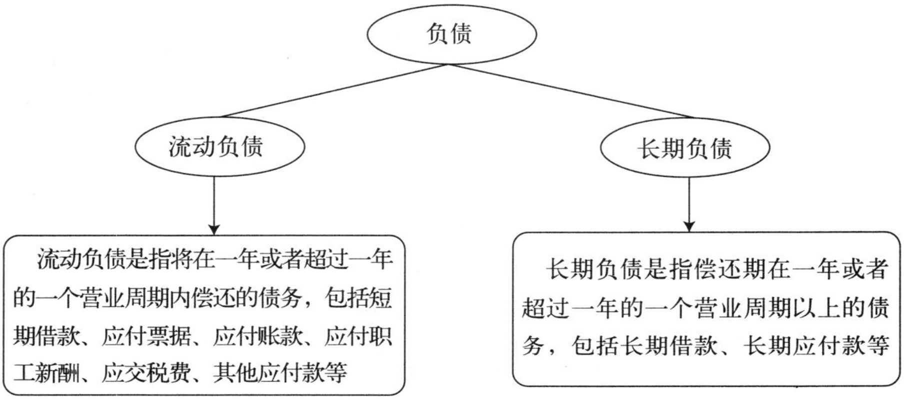

图 1－9　负债的分类及定义

（三）所有者权益

所有者权益是指所有者在企业资产中享有的经济利益，其金额为资产减去负债后的余额，即净资产。所有者权益包括企业所有者对企业的投入资本（即实收资本）、资本公积、盈余公积和未分配利润。

（四）收入

收入是指企业在日常经营活动中所形成的、会导致所有者权益增加、与所有者投入资本无关的经济利益的总流入，包括销售商品收入和提供劳务收入等，如图 1－10 所示。

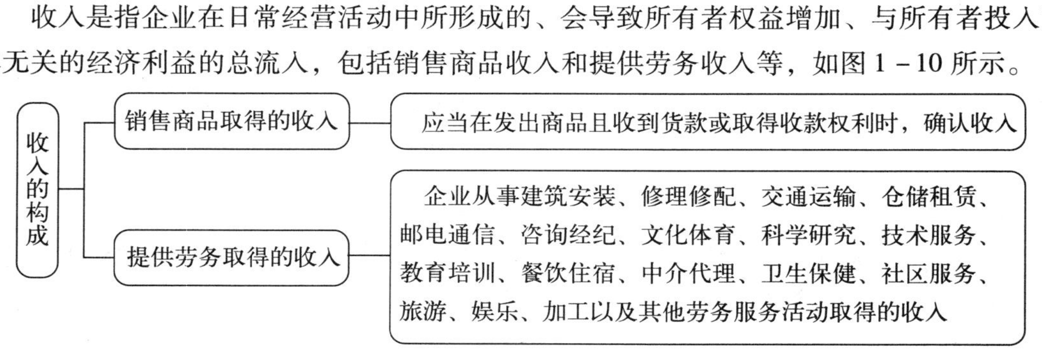

图 1－10　收入的构成

（五）费用

费用是指企业在日常生产经营活动中发生的、会导致所有者权益减少、与向所有者分配利润无关的经济利益的总流出。企业的费用包括营业成本、营业税金及附加、销售费用、管理费用、财务费用等。费用有两个特点，如图 1－11 所示。

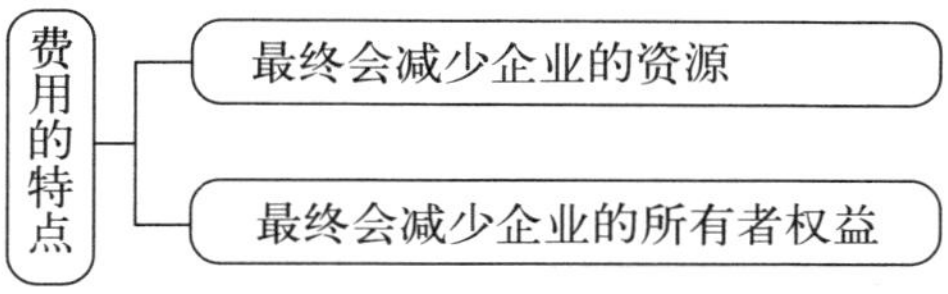

图 1－11　费用的特点

小微工业企业一定时期的费用由产品生产成本和期间费用两部分构成。产品生产成本由直接材料、直接人工、燃料及动力和制造费用四个成本项目构成。期间费用包括管理费用、财务费用和销售费用三项。费用产生于过去的交易或事项，它可表现为资产的减少或负债的增加。

（六）利润

利润是指企业在一定会计期间的经营成果，包括营业利润、利润总额和净利润。营业利润是主营业务收入减去主营业务成本和营业税金及附加，加上其他业务利润，减去销售费用、管理费用和财务费用，再加上投资收益（或减去投资损失）的金额；利润总额是指营业利润加上营业外收入，减去营业外支出后的金额；净利润是指利润总额减去所得税后的金额。

四、小微工业企业会计核算的方法

会计核算方法是对企业已发生的经济活动进行完整、连续、系统的核算和监督所应用的方法。

（一）会计核算的具体方法

会计核算的具体方法，如表 1－5 所示。

表 1－5　会计核算的具体方法

方法	说明
设置会计科目	会计科目就是对会计对象的具体内容进行分类核算的项目。设置会计科目就是事先在设计会计制度时规定这些项目，然后根据它在账簿中开立账户，分类、连续地记录各项经济业务

（续表）

方法	说明
复式记账	复式记账是对每一项经济业务都要以相等的金额，在相互关联的两个或两个以上账户中进行记录的记账方法。这种记账方法能够全面、清晰地反映出经济业务的来龙去脉，可以检查有关业务的记录是否正确、完整
填制和审核会计凭证	会计凭证是记录经济业务、明确经济责任的书面证明，是登记账簿的重要依据。所有凭证都要经过会计部门和有关部门的审核，只有经过审核无误的会计凭证才能作为记账的依据。填制和审核会计凭证可以为经营管理提供真实可信的数据资料，也是实行会计监督的一个重要方面
登记账簿	账簿是用来全面、连续、系统的记录各项经济业务的簿籍。登记账簿就是将发生的经济业务序时、分类地记入有关账簿。登记账簿必须以凭证为根据，并定期进行结账、对账，为编制会计报表提供完整而又系统的会计数据
成本计算	成本计算是指在生产经营过程中，按照一定对象归集和分配发生的各种费用支出，以确定该对象的总成本和单位成本的一种专门方法。通过成本计算，可以反映和监督各项费用的发生是否符合节约原则，了解成本水平，并为成本分析提供资料
财产清查	财产清查就是通过对实物、现金的实地盘点，对银行存款、债权债务的查对，来确定财产物资、货币资金和债权债务的实存数，并查明账面结存数与实存数是否相符的一种专门方法。若发现账实不符，查明原因，经过批准手续调整账目，使账实相符
编制会计报表	会计报表是根据账簿记录定期编制的、总括反映企业在一定时期财务状况和经营成果的书面文件。会计报表为人们了解和观察企业的生产经营情况，衡量和评价企业的财务状况和经营成果提供必要的依据

（二）会计核算方法之间的相互关系

上述七种方法密切结合，形成完整的会计核算方法体系。经济业务发生后，经办人员要填制或取得凭证，经会计人员审核整理后，按照设置的会计科目，运用复式记账法编制记账凭证，并据以登记账簿、计算成本、进行财产清查，在账实相符的基础上，编制会计报表。

第二章
小微工业企业货币资金的会计核算

第一节　现金

企业(如无特殊说明，本书中企业均指小微工业企业)的现金是指由财务或会计部门的出纳人员保管的货币。现金是流动性最强的资产，企业应严格遵守国家有关现金管理制度，正确进行现金收支的核算，监督现金使用的合法性与合理性，防止现金管理中各种违法乱纪行为的发生。

一、现金管理制度

根据国务院发布的《现金管理暂行条例》的规定，现金管理制度主要包括以下内容。

(一)现金的使用范围

在企业中，下列款项支出可用现金来支付，如图 2－1 所示。

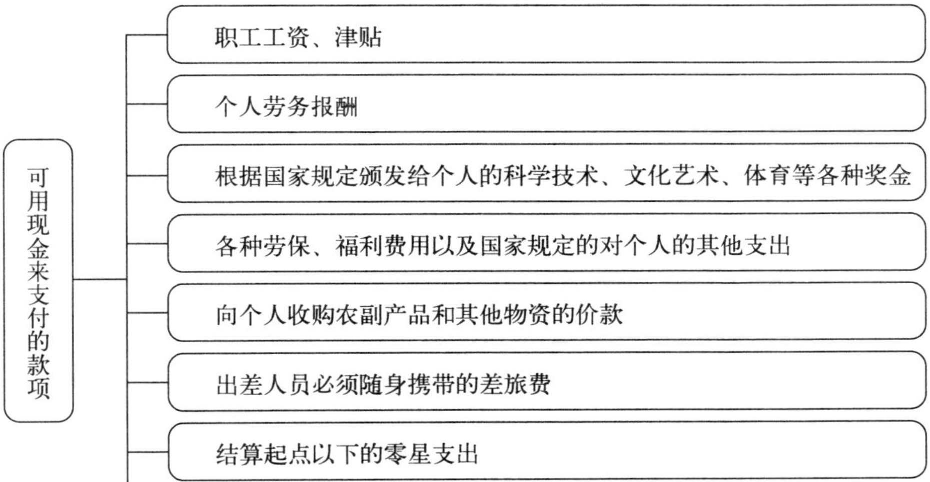

图 2－1　可用现金来支付的款项

（二）库存现金的限额

库存现金的限额是指为了保证日常零星开支的需要，允许企业留存现金的最高数额。各企业现金库存限额应根据企业规模、业务量、日常零星开支现金需要量以及企业距离开户银行远近等条件予以核定。开户银行根据企业的实际情况，一般按照3～5天日常零星开支的需要确定。边远地区和交通不便地区的企业的库存现金限额可多于5天，但不得超过15天的日常零星开支。核定后的库存现金限额，企业必须严格遵守，超过部分应于当日终了前存入银行。需要增加或减少库存现金限额的企业，应向开户银行提出申请，由开户银行核定。

（三）现金收支的规定

企业收到现金，应于当日送存开户银行。当日送存确有困难的，由开户银行确定送存时间。企业支付现金，可以从本单位库存现金中支付或从开户银行提取，不得从本单位的现金收入中直接支付，即不得“坐支”。因特殊情况需要“坐支”现金的单位，应事先报经开户银行审查批准，由开户银行核定“坐支”范围和限额，“坐支”单位应定期向开户银行报送“坐支”金额及其使用情况。企业从开户银行提取现金时，应如实写明提取现金的用途，由本单位财会部门负责人签字盖章，并经开户银行审查批准后予以支付。此外，不准用不符合财务制度的凭证顶替库存现金，即不得“白条抵库”；不准谎报用途套取现金；不准用银行账户代其他单位和个人存入或支取现金；不准用单位收入的现金以个人名义存入储蓄；不准保留账外公款，即不得“公款私存”，不得设置“小金库”等。银行对于违反上述规定的单位，将按照违规金额的一定比例予以处罚。

二、现金的总分类核算

企业为了从总体上反映库存现金的收入、支出和结存情况，应设置“库存现金”总分类账户，借方登记库存现金的增加额，贷方登记库存现金的减少额，借方余额表示期末库存现金的金额。企业内部各部门周转使用的备用金，可通过“其他应收款”科目核算，不在“库存现金”科目中核算。

三、现金的明细分类核算

为了系统、全面、连续、详细地反映有关现金的收支情况，企业应设置“库存现金日记账”。出纳人员根据审核无误的收款凭证、付款凭证，按照业务发生的先后顺序逐日逐笔登记库存现金日记账。每日终了，计算库存现金收入合计、库存现金支出合计及库存现金结余数，并同库存现金数核对，保证账款相符。

库存现金日记账必须是订本账，一般采用三栏式账页，借方栏根据库存现金收款凭证登记，贷方栏根据库存现金付款凭证登记，但对于从银行提取现金的业务因为只编制银行存款付款凭证，故此应根据银行存款付款凭证登记库存现金日记账的借方栏。每次办理完收付款业务应及时结出账面余额。每日终了，将账面余额与库存现金数核对，月末与现金总账核对，做到账款相符、账账相符。

四、现金的清查

现金清查是指对库存现金的盘点与核对，包括出纳人员每日终了前进行的库存现金账款核对和清查小组进行的定期或不定期的库存现金盘点、核对。现金清查一般采用实地盘点法。清查小组清查时，出纳人员必须在场，清查的内容主要是检查是否有挪用现金、白条抵库、超限额留存现金，以及账款是否相符等。

对于现金清查的结果，应编制现金盘点报告单，注明现金溢缺的金额，并由出纳人员和盘点人员签字盖章。如果有挪用现金、白条抵库情况，应及时予以纠正；对于超限额留存的现金要及时送存银行；如果账款不符，如为现金短缺，应先减少“库存现金”账面数，同时借记“待处理财产损溢——待处理流动资产损溢”科目；待查明原因后，属于应由责任人赔偿的部分，借记“其他应收款”科目，按实际短缺的金额扣除应由责任人赔偿的部分后的金额，借记“管理费用”科目，贷记“待处理财产损溢——待处理流动资产损溢”科目。如为现金溢余，应按实际溢余的金额，借记“库存现金”科目，贷记“待处理财产损溢——待处理流动资产损溢”科目；查明原因后，属于应支付给有关人员或单位的，贷记“其他应付款”科目，现金溢余金额超过应付给有关单位或人员的部分，贷记“营业外收入”科目。

例2-1：思泉工业企业在现金清查时，发现库存现金比账面余额多出300元，无法查明原因。做会计分录如下：

(1)发现库存现金比账面余额多出300元时：

借：库存现金	300	
贷：待处理财产损溢——待处理流动资产损溢		300

(2)无法查明原因，经批准后：

借：待处理财产损溢——待处理流动资产损溢	300	
贷：营业外收入——现金溢余		300

例2-2：思泉工业企业现金清查后，发现库存现金比账面余额短缺400元，经查明，应由该出纳员赔偿金额150元，另外250元属于无法查明的其他原因。做会计分录如下：

(1)发现库存现金比账面余额短缺400元时：

借：待处理财产损溢——待处理流动资产损溢	400	
贷：库存现金		400

(2) 查明原因后：

借：管理费用——现金短缺　250

　　其他应收款——出纳员　150

　　贷：待处理财产损溢——待处理流动资产损溢　400

例2－3：接例2－2，该企业收到上述出纳人员赔款150元。做会计分录如下：

借：库存现金　150

　　贷：其他应收款——出纳员　150

第二节　银行存款

一、银行存款的结算制度

银行存款是指企业存放于银行或其他金融机构的货币资金。按国家规定，企业除了留存少量库存现金以供日常零星开支需要外，其余现金都应存入银行。目前，企业可使用的支付结算方式主要有票据、信用卡、汇兑、托收承付、委托收款等。其中，票据又主要有银行汇票、商业汇票、银行本票和支票等。

上述内容中，商业汇票的核算将分别在应收票据和应付票据的核算中介绍，银行汇票、银行本票和信用卡的核算则将在其他货币资金的核算中说明。下面先就支票、汇兑、托收承付以及委托收款等结算方式的核算予以重点介绍。

二、银行存款的总分类核算

为了总括反映银行存款的收付及其结存情况，应设置“银行存款”账户，向银行存入款项时借记本科目，贷记有关科目；从银行支出款项时借记有关科目，贷记“银行存款”科目。银行存款的支付结算方式如表2－1所示。

表2－1　银行存款的支付结算方式

方式	内容
支票	支票是出票人签发的、委托办理支票存款业务的银行在见票时无条件支付确定的金额给收款人或持票人的票据。支票分为库存现金支票、转账支票、普通支票。企业开出支票时，根据支票存根，借记有关科目，贷记“银行存款”科目；收到支票并填制进账单到银行办理收款手续后，借记“银行存款”科目，贷记有关科目
汇兑	汇兑是汇款人委托银行将其款项支付给收款人的结算方式。单位和个人各种款项的结算均可使用汇兑结算方式。汇兑分为信汇、电汇两种，汇款人可自行选择。付款单位根据银行签发的汇款回单，借记有关科目，贷记“银行存款”科目；收款单位根据银行转来的收款通知，借记“银行存款”科目，贷记有关科目

（续表）

方式	内容
托收承付	托收承付是根据购销合同由收款人发货后委托银行向异地付款人收取款项，由付款人向银行承认付款的结算方式。采用托收承付结算时，收款单位对于托收款项，根据银行的收款通知和有关原始凭证据以编制收款凭证；付款单位对于承付的款项，应于承付时根据托收承付结算凭证的承付通知和有关发票账单等原始凭证据以编制付款凭证。付款企业承认付款后根据有关凭证，借记“在途物资”“应交税费——应交增值税”科目，贷记“银行存款”科目。销货企业收到银行转来的收款通知和有关托收结算凭证，借记“银行存款”科目，贷记“应收账款”等科目
委托收款	委托收款是收款人委托银行向付款人收取款项的结算方式。单位和个人凭已承兑商业汇票、债券、存单等付款人债务证明办理款项的结算，均可以使用委托收款结算方式。委托收款在同城、异地均可使用。委托收款结算款项的划回方式有邮寄和电报两种。付款单位接到银行付款通知、审查债务凭证后付出款项时，借记“应付账款”等科目，贷记“银行存款”科目。收款单位收到银行收款通知后，根据有关凭证，借记“银行存款”科目，贷记“应收账款”等科目

三、银行存款的明细分类核算

为了全面、系统、连续、详细地反映有关银行存款收支的情况，企业应设置“银行存款日记账”。由出纳人员根据审核无误的银行存款收付款凭证，按照业务发生的先后顺序逐日逐笔登记。银行存款日记账必须是订本账，一般采用三栏式账页，借方栏根据银行存款收款凭证登记，贷方栏根据银行存款付款凭证登记。每日终了时应计算银行存款收入合计、银行存款支出合计及银行存款结余数，定期与银行转来的对账单核对相符。

有外币银行存款的企业，还应当分别按照人民币和外币进行明细核算。

例2－4：思泉工业企业用银行存款购入原材料一批，价款60 000元，增值税10 200元，已通过银行付款，原材料已验收入库。做会计分录如下：

借：原材料	60 000	
应交税费——应交增值税（进项税额）	10 200	
贷：银行存款		70 200

例2－5：思泉工业企业用银行存款50 000元，购置一台新设备。做会计分录如下：

借：固定资产	50 000	
贷：银行存款		50 000

例 2－6：思泉工业企业收到 A 购货方归还以前所欠货款 20 000 元。做会计分录如下：

借：银行存款　　20 000

　　贷：应收账款　　20 000

例 2－7：思泉工业企业向银行借款 200 000 元，已存入银行。做会计分录如下：

借：银行存款　　200 000

　　贷：短期借款　　200 000

例 2－8：思泉工业企业收到开户银行通知，收到上级国家资产管理部门投入资金 500 000 元。做会计分录如下：

借：银行存款　　500 000

　　贷：实收资本　　500 000

四、银行存款的清查

银行存款的清查是指企业银行存款日记账的账面余额与其开户银行转来的对账单的余额进行的核对。双方余额不一致的原因除记账错误外，还因为存在未达账项。所谓未达账项，是指由于企业与银行取得有关凭证的时间不同，而发生的一方已经取得凭证登记入账，另一方由于未取得凭证尚未入账的款项。具体有以下四种情况，如图 2－2 所示。

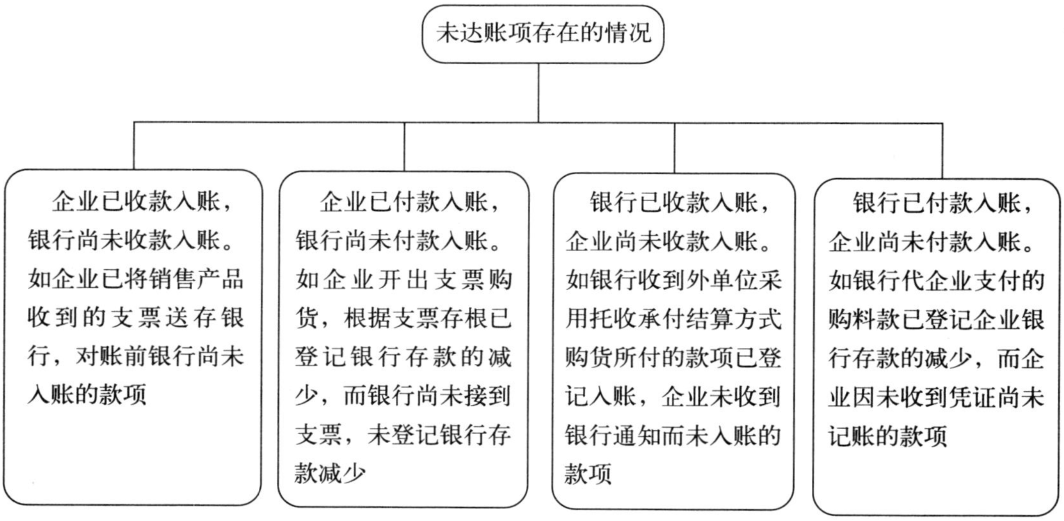

图 2－2　未达账项存在的情况

对上述未达账项应通过编制“银行存款余额调节表”进行检查核对，如没有记账错误，调节后的双方余额应相等。

例2－9：思泉工业企业2014年12月31日银行存款日记账的余额为35 250元，银行转来对账单的余额为63 750元。经逐笔核对，发现以下未达账项：

(1)企业送存转账支票30 000元，并已登记银行存款增加，但银行尚未记账。

(2)企业开出转账支票22 500元，但持票单位尚未到银行办理转账，银行尚未记账。

(3)企业委托银行代收某公司购货款37 500元，银行已收妥并登记入账，但企业尚未收到收款通知，尚未记账。

(4)银行代企业支付电话费1 500元，银行已登记企业银行存款减少，但企业未收到银行付款通知，尚未记账。

根据上述资料编制“银行存款余额调节表”，如表2－2所示。

表2－2　银行存款余额调节表

单位：元

项目	金额	项目	金额
企业银行存款日记账余额	35 250	银行对账单余额	63 750
加：银行已收、企业未收款	37 500	加：企业已收、银行未收款	30 000
减：银行已付、企业未付款	1 500	减：企业已付、银行未付款	22 500
调节后的存款余额	71 250	调节后的存款余额	71 250

第三节　其他货币资金

其他货币资金是指企业除库存现金和银行存款以外的其他各种货币资金，主要包括外埠存款、银行本票存款、银行汇票存款、信用证保证金存款、信用卡存款和存出投资款等。为了反映和监督企业其他货币资金的结支和结存情况，应设置“其他货币资金”账户，借方登记增加数，贷方登记减少数，期末借方余额反映企业实际持有的其他货币资金。同时，在“其他货币资金”总账下，应设置“外埠存款”“银行汇票”“银行本票”等明细科目，并按外埠存款的开户银行汇票、银行汇票或本票的收款单位等设置明细账。

一、外埠存款

外埠存款是指企业为了到外地进行临时或零星采购，汇往采购地银行并开立的采购专户的款项。企业将款项委托当地银行汇往采购地开立专户时，借记“其他货币资金”科目，贷记“银行存款”科目。收到采购人员交来供应单位发票等报销凭证时，借记“在途物资”“原材料”“库存商品”“应交税费——应交增值税（进项税额）”等科目，贷记“其他货币资金”科目。将多余的外埠存款转回当地银行时，根据银行的收账通知，借记“银行存款”科目，贷记“其他货币资金”科目。

例2－10： 思泉工业企业的采购员到外地某市采购，汇往该市某银行办事处资金78 000元，采购员赴该市采购各种物资共70 200元（含税价），支取差旅费5 000元，采购结束，银行将余款转回采购企业开户银行。做会计分录如下：（一般纳税企业增值税税率为17%）

（1）汇出采购资金时：

借：其他货币资金——外埠存款	78 000	
贷：银行存款		78 000

（2）收到采购员交来的发票账单：

借：在途物资	［70 200 ÷（1＋17%）］60 000	
应交税费——应交增值税（进项税额）	（70 200－60 000）10 200	
其他应收款——采购员	5 000	
贷：其他货币资金——外埠存款		75 200

（3）收到银行转账通知，余款已转回：

借：银行存款	（78 000－75 200）2 800	
贷：其他货币资金——外埠存款		2 800

（4）采购员回来，报销差旅费：

借：管理费用	5 000	
贷：其他应收款——采购员		5 000

二、银行汇票存款

银行汇票存款是指由企业为取得银行汇票按规定存入银行的款项。企业向银行申请办理银行汇票时，应填写“银行汇票委托书”，将款项交存出票银行。其账务处理如图2－3所示。

企业根据经银行核准的“银行汇票委托书”存根

借：其他货币资金——银行汇票
　　贷：银行存款

企业持银行汇票购货并收到有关发票账单时

借：在途物资或原材料或库存商品
　　应交税费——应交增值税（进项税额）
　　贷：其他货币资金——银行汇票
采购完毕收回剩余款项时：
借：银行存款
　　贷：其他货币资金——银行汇票

企业收到银行汇票、填制进账单到开户银行办理款项入账手续时

应根据进账单及销货发票等
借：银行存款
　　贷：主营业务收入
　　　　应交税费——应交增值税（销项税额）

图 2－3　银行汇票存款的账务处理

三、银行本票存款

银行本票存款是指企业为取得银行本票按规定存入银行的款项。银行本票分为不定额本票和定额本票两种。采用银行本票进行结算时，企业应填写“银行本票委托书”，将款项交存银行。其账务处理如图 2－4 所示。

企业应根据经银行核准的“银行本票委托书”存根 ⇨

借：其他货币资金——银行本票
　　贷：银行存款

企业持银行本票购货并收到有关发票账单时 ⇨

借：在途物资或原材料或库存商品
　　应交税费——应交增值税（进项税额）
　　贷：其他货币资金——银行本票

企业收到银行本票、填制进账单到开户银行办理款项入账手续时 ⇨

借：银行存款
　　贷：主营业务收入
　　　　应交税费——应交增值税（销项税额）

图 2－4　银行本票存款的账务处理

四、信用证保证金存款

信用证保证金存款是指购货方或进出口人向银行申请开立信用证时，按银行规定交存的一笔押金。其账务处理如图 2－5 所示。

企业应根据银行盖章退回的“信用证委托书”回单 ⇨	借：其他货币资金——信用证保证金 　贷：银行存款
企业接到开证行付款通知后，应根据供货单位信用证结算凭证及所附发票账单 ⇨	借：在途物资或原材料或库存商品 　应交税费——应交增值税（进项税额） 　贷：其他货币资金——信用证保证金
企业将未用完的信用证存款余额转回开户银行时 ⇨	借：银行存款 　贷：其他货币资金——信用证保证金

图 2－5　信用证保证金存款的账务处理

五、信用卡存款

信用卡存款是指企业为取得信用卡而存入银行信用卡专户的款项。企业应填制“信用卡申请表”，连同支票和有关资料一并送存发卡银行，领取信用卡。其账务处理如图 2－6 所示。

企业根据银行盖章退回的交存备用金进账单 ⇨	借：其他货币资金——信用卡存款 　贷：银行存款
企业收到开户银行转来的信用卡存款的付款凭证及所附发票账单时 ⇨	借：管理费用等（相关费用科目） 　贷：其他货币资金——信用卡存款
企业的持卡人如不需要继续使用信用卡时，应持信用卡主动到发卡银行办理销户 ⇨	销卡时，单位卡科目余额转入企业基本存款户，不得提取现金 借：银行存款 　贷：其他货币资金——信用卡存款

图 2－6　信用卡存款的账务处理

六、存出投资款

存出投资款是指企业已存入证券公司但尚未进行短期证券投资的资金。其账务处理如图 2－7 所示。

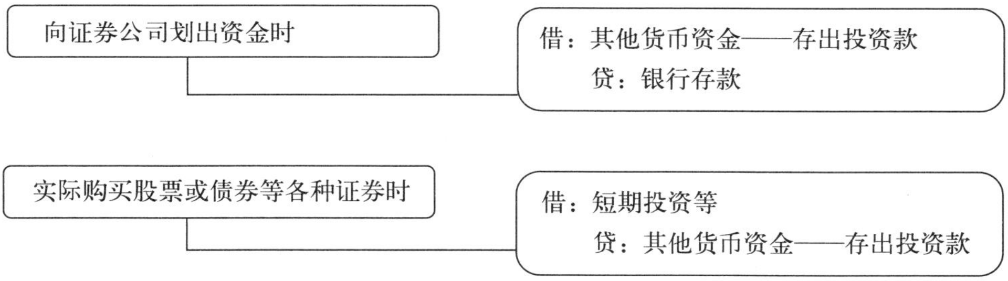

图 2－7　存出投资款的账务处理

第四节　货币资金涉及的主要税务问题

1．库存现金长短款的问题

库存现金长短款是指在盘点和核对库存现金时，发现的除挪用现金、白条抵库、超限额留存现金等情况以外原因造成的库存现金日记账余额与库存现金数额不符。

例 2－11： 某小微工业企业的出纳员张某分别在两天中发现企业的库存现金短缺 30 元和溢余 100 元，但是没有找出原因。为了保全自身的面子，同时又考虑到两次账实不符的金额非常小，于是决定采取下列的办法进行处理：短缺的库存现金自掏腰包；溢余的库存现金则自己暂时收起来。

分析： 该企业出纳员张某的处理方法是错误的，其直接的后果可能会掩盖企业在库存现金管理与核算中存在的许多问题，现金的短缺和溢余可能表明该企业存在重大的经济问题。

解决方法： 企业出现库存现金账实不符的现象时，应该按照相关的会计规定进行处理：如为库存现金短缺，按应由责任人赔偿的部分，借记“其他应收款——库存现金”科目，按实际短缺的金额扣除应由责任人赔偿部分后的金额，借记“管理费用”科目，按实际短缺的金额，贷记“库存现金”科目；如为现金溢余，按实际溢余的金额，借记“库存现金”科目，按应支付给有关人员或单位的部分，贷记“其他应付款”科目，按实际溢余的金额超过应支付给有关人员或单位部分后的金额，贷记“营业外收入”科目。

2. 不开发票截留现金的问题

根据《中华人民共和国发票管理办法》的相关规定，销售商品、提供服务以及从事其他经营活动的单位和个人，对外发生经营业务收取款项时，收款方应当向付款方开具发票。应开具发票而未开具的，可以依法进行举报。不符合规定的发票，不得作为财务报销凭证，任何单位和个人有权拒收。一般情况下，个体经营户应可以开具发票，若没有发票（包括农户）可到税务机关大厅开具。

例 2－12：某小微工业企业主要经营矿产品开采和加工业务，销售对象有企业也有个人。个人采购矿产品时经常使用现金方式，于是该企业对销售的该部分矿产品实行开发票和不开发票两个价，如果客户不要发票就实行一定优惠的价格。由于个人客户对于发票索取不是很积极，该企业就利用这一漏洞将不开发票的现金收入累计 20 万元进行截留，根本不在会计账簿上进行反映，导致少计提增值税销项税额，少反映营业收入和所得税。

分析：在小微工业企业生产经营过程中，现金收支的要求是比较严格的，但由于部分工业企业的业务性质比较特殊，导致企业现金业务频繁，这就给部分企业偷逃税款留有了空间。与小微工业企业有业务往来的客户有不索取发票的习惯，有些企业为了躲避税务机关的监控，达到偷逃税款的目的，也会以各种办法拒绝为客户开具发票或开具假发票；有的企业为了"节省"发票，甚至推出了不开发票打折、送礼物、抽奖等多种"优惠"，造成部分现金收入不纳入账务核算。由于税务部门对于营业收入主要是对发票进行核查，通过对比开具发票的金额和账务上反映的金额，确定当期收入金额。因此，一些小微工业企业抱着能少开就少开的心理，以达到偷逃税款的目的。

3. 虚开发票套取现金的问题

假发票的特点和规律是：第一种情况是发票日期与发票的连续号码不相符，开出的同一类发票，日期在前、号码在后或日期在后、号码在前；第二种情况是发票标明的经济事项与该单位的生产经营业务范围实际情况不相吻合；第三种情况是支出与金额违反常规；第四种情况是发票的日期、数量、单位、单价、品种及规格含糊不清或根本不填，金额一般为某个整数；第五种情况是相邻的数张发票为某个整数。

例 2－13：陈某是某工业企业采购部门的主管，平时主要负责企业的物资采购工作。由于企业平时对物资管理不是非常严格，从未认真进行过盘点，进货物资的数量和金额都是由陈某一人掌握。因此，陈某为谋取私利就利用职务之便，与企业财会部门会计肖某合谋找一些物品发票，对所附明细清单进行修改，全部换成企业办公用品，企业经理也未进行核实，签字同意后报销下账。就这样，虽然实际并未发生任何支出，现金便瞒天过海轻易被套取出来。

分析：小微工业企业由于规模小、财务制度不健全、财务人员对报销把关不严，个别人便利用这一机会，将平时非公务或私人积累的一些车票、住宿费等单据混在正常票据中一起报销，套取现金。当然也有部分企业故意报销一些非公务单据或是伪造单据，以达到增加费用、减少利润、偷逃税款的目的。这些做法都是错误的。

第五节　货币资金涉及的主要审计问题

1. 贪污现金的问题

贪污现金主要表现为六种形式：一是隐瞒收入，主要采取的方法是收到现金后撕毁票据不入账或收到现金后不开票据不入账；二是利用单位财务管理上的漏洞或工作上的便利采用篡改、刮擦和消退等手段涂改凭证金额，将收入数额改小或将支出数额改大；三是一证多报，将已入账的支出原始凭证抽出重复报销，多发生在财务部门内部；四是索取大头小尾票据，利用假复写的办法使得发票联的金额超过存根记账联的金额，多发生在费用报销环节；五是向对方出具空白发票或收据，将收入据为己有；六是冒充领导签字，在原始凭单上冒充领导签字进行费用报销。

例2－14：某工业企业的会计王某因为粗心在某月记账汇总时，漏记了一笔收到现金的往来款2 000元。因为漏记这笔业务并不影响科目汇总表的平衡（资产科目一增一减），致使库存现金总账和明细账产生了差额。出纳陈某发现了这个错误，没有提醒王某，而是将库存现金明细账比总账中长出的2 000元现金据为己有。税务人员在审计时发现库存现金总账和明细账不符，在追问之下才发现了陈某贪污长款的事实。

分析：在实际工作中，一旦会计人员粗心大意就会导致记账发生错误，造成总账和明细账的不符；若出纳人员素质不高，将长款据为己有，就会给企业带来较大的损失。

无论是发生现金的盘亏还是盘盈，都应当通过调查分析确定其原因。对于盘亏，尤其要提高警惕，应进一步检查收付款凭证与总账，以确定现金盘亏是出纳员挪用公款或贪污公款所致，还是工作差错所致。如果是大额盘亏，则可定性为挪用或贪污并应对出纳员进行检查，促使其进一步交代问题，最终确定盘亏的原因；如果是小额盘亏，在发现其他可疑线索的情况下，由出纳员说明情况，并责令其即刻补交盘亏款项，应对其工作做出相应的行政处分，这就是对工作差错所致进行的处理。对于盘盈，就应通过调查分析出纳员有无替代他人代管库存现金的情况（事实上，在盘点前，都应要求出纳事先声明）。如果盘盈的金额较小，一般可确定为出纳员在收付款时由于多收或少付造成的；如果金额较大，应考虑其是否为被查单位的“小金库”或其他舞弊问题，还需要进一步的综合调查分析来确定。

最后特别是要责令出纳员交代问题，以便查清问题的真相。

2．挪用现金的问题

挪用现金主要表现为六种形式：一是有意错列现金总额，出纳将现金日记账中收入合计数少列，支出合计数多列；二是“白条抵库”，利用白条借出现金为自己或他人谋取私利；三是收入暂不入账，将收到的现金暂不制证入账挪作他用；四是业务往来的借款，未办理正常手续，将现金挪作他用；五是侵吞银行借款，由于单位内部控制存在缺陷，经办银行借款的人员相互串通，借入款项不入账，并销毁借款存根；六是应收账款收回不及时进行账务处理，应收账款收到现金后不入账，而将现金挪作他用，多发生在会计或出纳身上。

3．坐支现金的问题

坐支现金的主要表现形式为收到现金不存入银行专户，直接支付使用。

4．违规出借账户的问题

例2－15：审计人员在进行审计时发现某工业企业的银行对账单上借方和贷方各有同样的一笔数字，但是该企业的银行日记账上并没有反映这两笔收支。审计人员立即对其开户银行进行函证，最终发现该企业违反银行账户管理规定，出借银行存款账户的事实。

分析：出借银行存款账户的情况多见于小微企业和特殊行业的企业，这种情况一般是在对账单上先有一笔资金收入，在相近日期又有一笔资金支出，金额相等且常以整数出现。对于这种情况，要进一步追查资金的来源和去向，必要时可以进行函证，最后核对有关销售合同，查明是属于出借账户，还是收入没有入账。

5．利用未达账项谋取利益的问题

企业单位与银行之间，对同一项经济业务由于凭证传递上的时间差所形成的一方已登记入账，而另一方因未收到相关凭证，尚未登记入账的事项。未达账项主要是因为企业和银行收到结算凭证的时间不一致所产生的。在一些企业中会出现利用未达账项而谋取利益的情况。

例2－16：某工业企业的出纳人员私自占用企业的资金，为了怕事情败露，在期末时做了一笔企业已收银行未收的调节。

分析：利用未达账项来掩饰，一般来说银行对账单和企业的银行日记账是对不上的，原因是有未达账项，比如银行已收企业未收，企业已收银行未收等。审计人员一定要查看未达账项的期后情况，可以查看未达账项在后期是否入账。

6．设置专户收取回扣的问题

例2－17：某小微工业企业在“其他货币资金”账户下设置“外埠存款”明细账核算外埠采购的银行结算业务。经税务检查人员询问，所采购的是A种新材料。据检查人员掌握，该种材料本市也有生产且质量可靠，为什么采购人员要舍近求远以超过本市产品的价格进行异地采购呢？对此税务检查人员会同该企业内部审计人员赴采购地进行联合调查，发现采购人员为了索取可观的回扣蒙骗有关领导，在财会部门未加严格审查的情况下设置了这种存款专户。仅回扣一项已达数万元，由此虚增了原材料和产品成本，偷逃了企业所得税。

分析：“其他货币资金”账户下的有关明细账，应有特定的、正当的业务需要。但在实际工作中存在着将货币资金从银行存款转入上述其他有关专户而未有合理、正当业务需要的问题。有些采购人员为了游山玩水或者向销货方收取大额的回扣，对本能在本地购进的材料或物资，故意到外埠采购，要求财会部门设置外埠存款专户或银行汇票存款专户。一旦得逞，不仅给企业造成损失浪费，也必然影响了国家的税收。对此类问题，检查人员可以在审阅“其他货币资金”账户下有关存款专户的借方内容发现线索或疑点，然后审阅会计凭证进行账证核对，检查分析设置这种存款专户有无正当合理的业务需要，在此基础上采用查询的方法查证问题。

审计小贴士之一：教你查出“小金库”

一、追根溯源，“小金库”的形成

“小金库”是指违反国家财经法规及其他有关规定，侵占、截留国家和单位收入，未列入本单位财会部门账内或未纳入预算管理，私存私放的各项资金。

小微工业企业的收入种类繁多，代收的款项也较多，且主要以现金结算为主，付款人对是否开具正规的发票并不介意，非常容易给小人之辈留下可乘之机。

就小微工业企业而言，“小金库”的形成来源主要有两类：一类是业务收入的现金不入账；另一类是虚列项目，转到账外。需要说明的是，以现金结算容易出现“小金库”的问题，并不意味着通过银行结算就不会出现以上的问题，只是作弊的难度比现金结算大一些而已。

（一）收入现金不入账

收入现金不入账主要有以下几种情况，如图2－8所示。

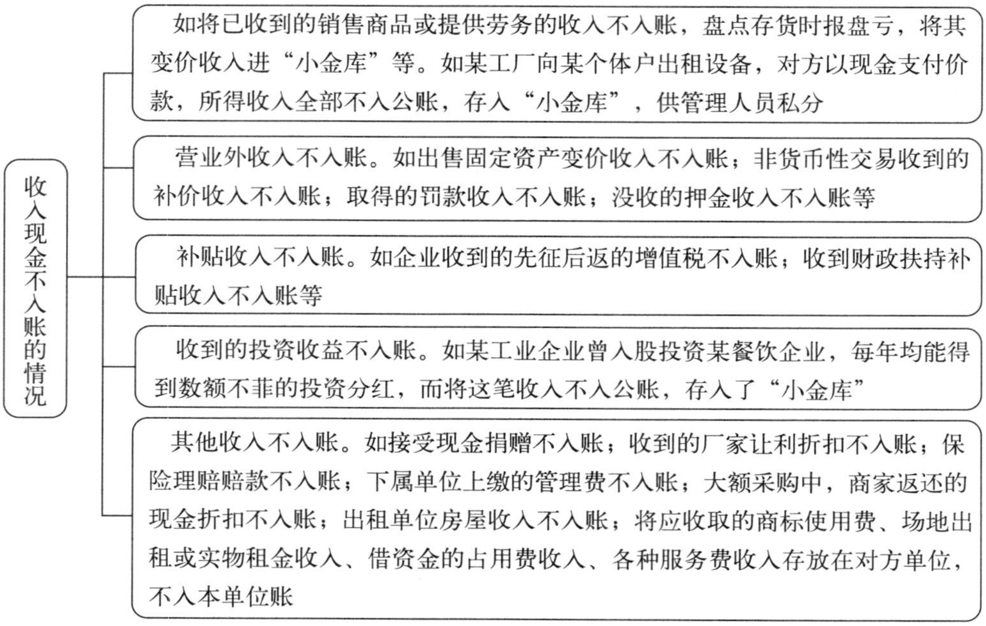

图 2－8　收入现金不入账的情况

（二）虚列项目，将资金转到账外

虚列项目，将资金转到账外，主要有以下几种情况，如图 2－9 所示。

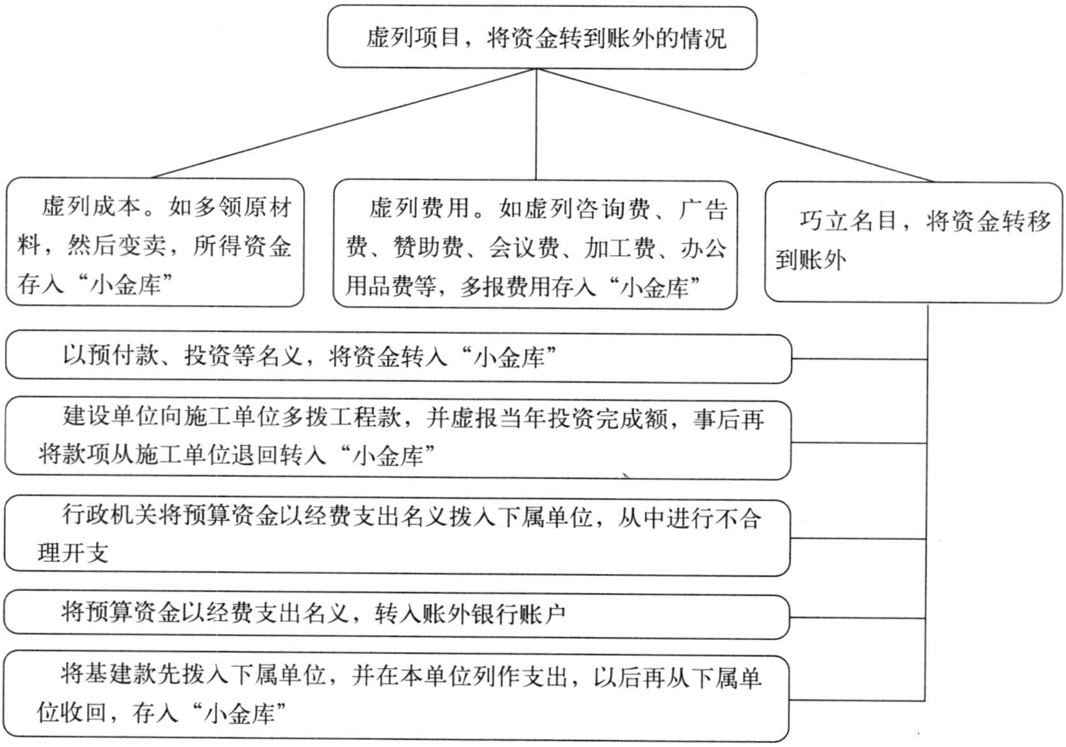

图 2－9　虚列项目，将资金转到账外的情况

二、顺藤摸瓜，查证“小金库”

由于“小金库”只是为小集体或个别人谋利，必定比较隐秘，故一般只是单位高层领导或关键部门主管(如单位主要负责人、总会计师、财务主管、销售主管等)参与。对此，审计人员必须通过加强对这些人的观察，从中发现线索。必要时，审计人员应对外部有关单位的会计账目进行询查。

(一)有举报时的审计方法

在实际工作中，审计人员有可能会接到有关人员提供的线索或举报，如审计人员收到署名“部分职工”或“一个知情人”的检举信，内称××单位经领导授意利用假发票报销，将报销款存入“小金库”，供个别领导经常吃吃喝喝。对此，审计人员应以检举信所说的“假发票”为线索，从两方面去进行调查。

一方面弄清个别领导具体指的是何人？经常吃喝在什么地方？必要时，可以去饭店、宾馆进行调查，掌握吃喝的次数与发票或收据金额。依据吃喝的发票或收据副本，查看这些发票或收据在企业的会计账目中是否入账。如未入账，则需查明是自掏腰包，还是另设有“小金库”。通常后者的可能性较大。

另一方面审阅某一时期的“管理费用”“制造费用”明细账，对付款凭证所附发票实行详查，仔细核对和调查发票中所反映的经济业务，并与有关的实物进行核对，验证发票所记录经济行为的真实性与合理性。如审计人员查出某一张可疑的发票，被审计单位当事人既不能说出该发票所记录经济业务发生的真实性与合理性，审计人员采用其他替代程序也无法证实该发票发生的真实性与合理性，则这张发票属于虚报冒领的可能性很大。虚报冒领者有两种动机，要么是贪污，要么是根据领导的授意为“小金库”筹集资金。如果是后者，则审计人员可要求其指出“小金库”存放何地？或资金交与何人？

将两方面调查的情况进行综合分析，如确定为单位私设“小金库”，审计人员应当按国家有关规定做出相应的处理。

(二)无举报时的审计方法

在无举报的情况下，审计人员要发现并查清“小金库”，必须在常规审计过程中保持特别关注，以发现舞弊迹象。“小金库”审计的一般程序与方法如下所述。

1. 了解被审计单位的基本情况，了解被审计单位的固有风险因素(如被审计单位所处的环境、行业秩序、所面临的外界压力、财务报销管制等)，分析评价关键人员的品质与道德。

2. 了解被审计单位的内部控制情况，必要时进行符合性测试，分析和评价内部控制的弱点。

内部控制的健全程度和执行情况，与舞弊现象的发生有着密切的关系。所以，审计人员应关注被审计单位的内部控制情况，特别要注意下列现象，如图2-10所示。

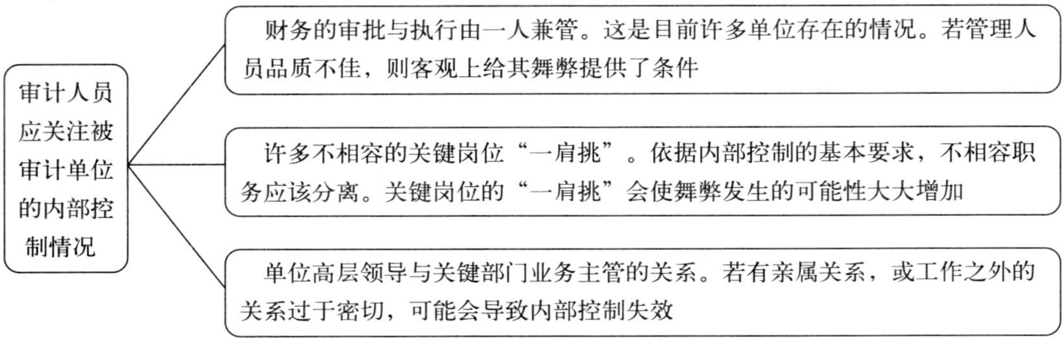

图2-10　审计人员应关注被审计单位的内部控制情况

3. 根据有关人员的反常迹象，获取有关“小金库”的审计线索。“小金库”主要与单位高层领导及关键部门主管有关，审计人员应该对这些人予以高度关注，重点要审查这些人员所经管或签字的业务，特别要注意这些人员的正常收入与其本人及家属的开销是否匹配，有无其他合法收入来源。

4. 进行分析性复核，了解被审计单位的收入、成本、费用等是否存在异常情况。

一般采取以下办法：

如果本期产品的销售价格没有重大变化，依据会计资料中所记录的上期各主要产品的销售收入与销售数量，确定上期主要产品的平均销售价格，然后依据这一价格乘以本期销售量，计算出本期销售收入，并将此收入与本期账面销售收入进行对比，观察二者是否大体一致。如相差较大，则可能存在收入不入账或少入账的情况。

计算公式如下：

某种产品上期平均价格＝该种产品上期销售收入/该种产品上期销售量

按上期价格计算的本期主要产品销售收入＝各主要产品本期销售量×该产品上期平均价格

5. 依据对上述情况的分析，估计可能形成“小金库”的领域、形式和地点，以决定审计的范围、方式和方法。

6. 依据上述程序所获得的审计线索，实施详细测试，以收集充分确凿的审计证据。

一般来讲，可采用以下审计方法：

(1)运用观察、询问等方法了解被审计单位是否存在边角余料、废旧物资及固定资产清理报废等情况，这些项目的账面收入是否与审计人员的调查情况相符。

对于固定资产清理收入不入账的问题，审计人员首先应审阅固定资产和累计折旧明细账，查看清理报废固定资产是否分别从“固定资产”科目和“累计折旧”科目转入“固定资产清理”科目；其次，查看残值或变价收入是否记入“固定资产清理”贷方，清理净收益是否由“固定资产清理”科目转入“营业外收入”科目。

(2)通过审阅、询问、函证，了解被审计单位是否存在投资业务，投资业务应该取得的收入是否与账面记录相符。

(3)通过询问、观察，了解被审计单位是否拥有招待所、其他对外服务、营业场所等，这些部门的收入是否全部纳入本单位的收入。

(4)通过查询方法，检查被审计单位在费用支出中是否存在数额较大的不正常支出，如咨询费、赞助费、办公用品费、设备租赁费、会务费、运输费等，这些支出中有一部分很可能就是为设立“小金库”而巧立名目或无中生有的虚报。审计人员需要对每笔可疑的费用就其应该涉及的凭证实行追查，包括必要的函证。

7. 对审计工作底稿中所记载审计发现的问题进行综合分析与评价，形成初步审计结论。

8. 与被审计单位有关人员进行沟通，征求他们对初步审计结论的意见。

9. 及时做出审计结论与审计决定。

第三章
小微工业企业存货的会计核算

第一节　存货的确认与计价

一、存货的基础知识

（一）存货的概念

存货，是指企业在日常生产经营过程中持有以备出售，或者仍然处在生产过程，或者在生产或提供劳务过程中耗用的材料和物料等，以及农业企业为出售而持有的或在将来收获为农产品的消耗性生物资产。企业的存货包括原材料、在产品、半成品、产成品、商品、周转材料、委托加工物资、消耗性生物资产等。

（二）存货的分类

为了做好存货的核算工作，加强存货管理，提供有用的会计信息需要对存货进行适当的分类，如表 3 - 1 所示。

表 3 - 1　存货的分类

分类	内容	
按经济内容分类	原材料	指企业在生产过程中经加工改变其形态或性质并构成产品、主要实体的各种原料及主要材料、辅助材料、外购半成品（外购件）、修理用备件（备品备件）、包装材料、燃料等
	在产品	指企业正在制造尚未完工的产品。包括正在各个生产工序加工的产品，以及已加工完毕但尚未检验或已检验但尚未办理入库手续的产品
	半成品	指企业经过一定生产过程并已检验合格交付半成品仓库保管，但尚未制造完工成为产成品，仍需进一步加工的中间产品
	产成品	指企业已经完成全部生产过程并已验收入库，可以按照合同规定的条件送交订货单位，或者可以作为商品对外销售的产品
	商品	指企业（批发业、零售业）外购或委托加工完成并已验收入库用于销售的各种商品

（续表）

按经济内容分类	周转材料	指企业能够多次使用、逐渐转移其价值但仍保持原有形态且不确认为固定资产的材料。包括包装物、低值易耗品、企业(建筑业)的钢模板、木模板、脚手架等
	消耗性生物资产	是指为出售而持有的、或在将来收获为农产品的生物资产。包括生长中的大田作物、蔬菜以及存栏待售的牲畜等
按存放地点分类	库存商品	指已验收合格并入库的各种商品
	在途物资	指货款已经支付，但还未运达企业，正在运输途中的存货，以及已经运达企业但尚未验收入库的物资
	委托加工物资	指企业委托外单位加工的各种材料、商品等物资

在正常情况下，存货范围的确定以企业对货物是否具有法人财产权(或法定产权)为标准。凡是在盘存日期，法定产权属于企业的存货，不论其存放何处或处于何种状态，都应确认为企业的存货；反之，凡是法定产权不属于企业的存货，即使存放于企业，也不应确认为企业的存货。

需要说明的是，关于代销商品的归属问题。代销商品是指一方委托另一方代其销售商品。从商品所有权的转移来分析，代销商品在售出以前，所有权属于委托方，受托方只是代对方销售商品。因此，代销商品应作为委托方的存货处理。但为了使受托方加强对代销商品的核算和管理，现行会计制度也要求受托方对其受托代销商品在资产负债表的存货中反映。

二、存货的计价方法

(一)取得存货的计价方法

《小企业会计准则》规定：“小企业取得的存货，应当按照成本进行计量。”这表明企业在持续经营的前提下，存货账面价值的基础应采用历史成本为计价原则。

从理论上讲，凡与存货形成有关的支出，均应计入存货的成本之内。实际工作中，根据存货取得方式的不同，其入账价值的构成也各不相同。

1. 购入的存货

购入存货的实际成本如图 3－1 所示。

购入存货的实际成本

- 购买价款，指进货发票所注明的货款金额
- 运杂费，包括运输费、装卸费、保险费、包装费、仓储费等，不包括属于增值税一般纳税人的企业按规定根据运输费的一定比例计算的可抵扣的增值税额
- 相关税费，包括计入存货成本的进口关税、消费税、资源税、不能抵扣的增值税等
- 外购过程中发生的其他直接费用，包括入库前发生的仓储费、包装费、运输途中合理损耗、入库前的挑选整理费用等

图 3－1　购入存货的实际成本

例 3－1：思泉工业企业为一般纳税人，2014 年 3 月 22 日从 B 企业购入原材料一批，取得的增值税专用发票上注明的原材料价款为 40 000 元，增值税额为 6 800 元。发票等结算凭证已经收到，货款已通过银行转账支付，材料已运到并已验收入库（单料同到）。该企业 2014 年 3 月 22 日的账务处理如下：

借：原材料　40 000
　　应交税费——应交增值税（进项税额）　6 800
　　贷：银行存款　46 800

（1）如果购入材料的发票等结算凭证已收到，货款已经银行转账支付，但材料尚未运到。

①该企业收到发票等结算凭证时：

借：在途物资　40 000
　　应交税费——应交增值税（进项税额）　6 800
　　贷：银行存款　46 800

②在上述材料到达入库时：

借：原材料　40 000
　　贷：在途物资　40 000

（2）如果购入的材料已经运到，并已验收入库，但发票等结算凭证尚未收到，货款尚未支付。3 月末，该企业应按暂估价入账，假定其暂估价为 35 000 元。

①该企业 3 月末按暂估价入账时：

借：原材料　35 000
　　贷：应付账款——暂估应付账款　35 000

② 4 月初将上述会计分录原账冲回：

借：应付账款——暂估应付账款　35 000
　　贷：原材料　35 000

③收到发票等结算凭证并支付货款时：

借：原材料　40 000

　　应交税费——应交增值税(进项税额)　6 800

　　贷：银行存款　46 800

2. 加工取得的存货

企业通过进一步加工取得的存货，主要包括产成品、在产品、半成品、委托加工物资等，其成本由材料采购成本、加工成本构成。通过进一步加工取得的存货的成本中，采购成本是由所使用或消耗的原材料采购成本转移而来的。因此，计量加工取得的存货成本，重点是要确定存货的加工成本。

存货加工成本由直接人工和制造费用构成，其实质是企业在进一步加工存货的过程中追加发生的生产成本。各项成本费用通常要按照一定的比例和标准分配到各个加工的存货当中。

企业发生的各项直接生产成本，借记“生产成本”科目，贷记“原材料”“库存现金”“银行存款”“应付职工薪酬”等科目。企业生产车间(部门)为生产产品和提供劳务而发生的各项间接费用，应记入“制造费用”科目。月末分配结转应由各产品负担的制造费用，借记“生产成本”科目，贷记“制造费用”科目。已经生产完成并已验收入库的产成品以及入库的自制半成品，可于月度终了，借记“库存商品”等科目，贷记“生产成本”科目。

经过1年期以上的制造才能达到预定可销售状态的存货发生的借款费用，也计入存货的成本。

例3-2：思泉工业企业为增值税一般纳税人，购入原材料一批，价款1 000元，于2014年5月1日入库，并以银行存款支付价款和增值税税额。2014年5月15日，生产部门领用该批原材料用于生产甲产品，在生产过程中发生职工薪酬1 500元，发生其他支出100元。6月30日，产品生产完成，经验收合格，转入产成品仓库保管。做会计分录如下：

(1) 购入材料时：

借：原材料　1 000

　　应交税费——应交增值税(进项税额)　(1 000×17%)170

　　贷：银行存款　1 170

(2)生产领用材料时：

借：生产成本　1 000

　　贷：原材料　1 000

(3)发生职工薪酬和其他支出时：

借：生产成本　　1 600

　　贷：应付职工薪酬　　1 500

　　　　银行存款　　100

(4)产品完工入库时：

借：库存商品　　(1 000 + 1 600)2 600

　　贷：生产成本　　2 600

3. 投资者投入的存货

投资者投入的存货，应当按照评估价值确定。

例3－3：思泉工业企业以一批商品对C有限责任公司投资，该商品的成本为80万元，公允价值为100万元，增值税税率为17%，双方认可此商品的公允价值。

(1)思泉工业企业的账务处理如下：

①借：长期股权投资——C公司　　(100 + 100 × 17%)117

　　贷：主营业务收入　　100

　　　　应交税费——应交增值税(销项税额)　　17

②借：主营业务成本　　80

　　贷：库存商品　　80

(2)C公司的账务处理如下：

借：库存商品　　100

　　应交税费——应交增值税(进项税额)　　17

　　贷：实收资本　　117

4. 盘盈的存货

盘盈的存货，按照相同或同类存货的市场价格或评估价值作为实际成本。

(二)发出存货数量的确定

存货的发出数量以及期末结存数量，通常依据以下公式计算：

期初存货数量 + 本期收入数量 = 本期发出数量 + 期末存货数量

在以上等式中，期初存货数量以及本期收入存货，均可从各类存货账册中得到。而本期发出存货的数量以及期末存货的结存，则由两种方法确定，即永续盘存制和实地盘存制。

1. 永续盘存制

也称账面盘存制。采用这种方法，平时对各种存货的增加数和减少数都要根据会计凭证连续记入有关账簿，并且随时结出账面余额。即

期末结存数量 = 期初结存数量 + 本期收入数量 − 期末发出数量

这种盘存制度要求对存货的进出要有严格的手续，以便加强经营管理；在有关账簿中对存货的进出进行连续登记，且随时结出账面结存数，以便掌握存货的占用情况及其动态，有利于加强对存货的管理。

2. 实地盘存制

又称定期盘存制。采用这种方法，平时只根据会计凭证在账簿中登记存货的增加数，不登记减少数，到月末对各种存货进行盘点，根据实际盘点所确定的实存数，倒挤出本月各项财产存货的减少数，即

本期发出数量 = 期初结存数量 + 本期收入数量 − 期末结存数量

根据以上计算，月末对期末结存数实地盘点的结果，是确定本期发出数的依据。采用此种方法相对工作简单、工作量小，但是各项存货的减少数没有严格的手续，不便于实施会计监督。倒挤出的各项存货的减少数成分复杂，除正常耗用外，还可能有微损和丢失的。一般适用于计算数量较困难的物资，如装修用的黄沙、石子、石灰等。

（三）发出存货的计价方法

企业的存货在生产经营中始终处于流动状态，即原有存货不断流出，新的存货又不断流入，这样就出现了存货价值在已销存货和库存存货之间进行分配。因此，企业应当根据各类存货的实际情况，确定发出存货的实际成本。常见的存货计价方法有：个别计价法、先进先出法、加权平均法、移动平均法等。

1. 个别计价法

个别计价法又称个别认定法、具体辨认法、分批实际法。采用这一方法是假设存货的成本流转与实物流转相一致，按照各种存货，逐一辨认各批发出存货和期末存货所属的购进批别或生产批别，分别按其购入或生产时所确定的单位成本作为计算各批发出存货和期末存货成本的方法。

采用这种方法，计算发出存货的成本和期末存货的成本比较合理、准确，但这种方法的前提是需要对发出和结存存货的批次进行具体认定，以辨别其所属的收入批次，所以实务操作的工作量繁重，困难较大。

个别计价法适用于容易识别、存货品种数量不多、单位成本较高的存货计价，如房产、船舶、飞机、重型设备、珠宝、名画、收藏品等贵重物品。

2. 先进先出法

先进先出法是指先收到的存货先发出，或先收到的存货先耗用，并根据此假定计算发出存货的成本和期末库存存货成本的方法。具体方法是：收入存货时，逐笔登记收入存货的数量、单位和金额；发出存货时，按照先进先出的原则逐笔登记存货的发出成本和结存金额。

例 3-4：思泉工业企业 2014 年 6 月份的 A 材料存货数据如下所示。

(1) A 材料收发结存资料，如表 3-2 所示。

表 3-2 A 材料收发结存资料

2014 年		摘要	收入		发出数量	结存数量
月	日		数量（千克）	单价（元）	（千克）	（千克）
6	1	结存				1 000（单价 10 元）
6	5	购入	3 000	11		4 000
6	10	发出			3 500	500
6	20	购入	2 000	12		2 500
6	25	发出			2 000	500
6	30	合计	5 000		5 500	500

(2) 采用先进先出法计算发出存货和期末存货成本，如表 3-3 所示。

表 3-3 材料明细分类账

2014 年		收入			发出			结存		
月	日	数量	单价	金额	数量	单价	金额	数量	单价	金额
6	1							1 000	10	10 000
6	5	3 000	11	33 000				1 000 3 000	10 11	10 000 33 000
6	10				1 000 2 500	10 11	10 000 27 500	500	11	5 500
6	20	2 000	12	24 000				500 2 000	11 12	5 500 24 000
6	25				500 1 500	11 12	5 500 18 000	500	12	6 000
6	30	5 000		57 000	5 500		61 000	500	12	6 000

先进先出法能较真实反映现行价格，可以随时结转存货发出成本，但方法较繁琐；如果存货收发业务较多，且存货单价不稳定时，其工作量较大。在物价持续上升时，期末存货成本接近于市价，而发出成本偏低，利润偏高，不符合会计谨慎性原则。

3. 加权平均法

加权平均法，是指以本月全部进货数量加上月初存货数量作为权数，去除当月全部进货成本加上月初存货成本，计算出存货的加权平均单位成本，以此为基础计算当月发出存货的成本和期末存货成本的一种方法。

公式1：存货加权平均单位成本 =［月初库存存货的实际成本 +（本月各批进货的实际单位成本 × 本月各批进货的数量）］/（月初库存存货数量 + 本月各批进货数量）

公式2：本月发出存货的成本 = 本月发出存货的数量 × 存货加权平均单位成本

公式3：本月月末库存存货成本 = 月末库存存货的数量 × 存货加权平均单位成本

例3－5：仍以例3－4资料为例，采用加权平均法计算A材料发出成本和结转成本，如表3－4所示。

表3－4　A材料明细分类账

2014年		收入			发出			结存		
月	日	数量	单价	金额	数量	单价	金额	数量	单价	金额
6	1							1 000	10	10 000
6	5	3 000	11	33 000				4 000		
6	10				3 500			500		
6	20	2 000	12	24 000				2 500		
6	25				2 000			500		
6	30	5 000		57 000	5 500	11.17	61 435	500		5 565

加权平均单位成本 =（10 000 + 57 000）/（1 000 + 5 000）= 11.17（元）；

发出成本 = 5 500 × 11.17 = 61 435（元）；

结转成本 =（10 000 + 57 000）－ 61 435 = 5 565（元）。

采用加权平均法，只在月末一次计算加权平均单价，比较简单，而且在市场价格上涨或下跌时所计算出来的单位成本平均化，对存货成本的分摊较为折中，能平均反映销售成本及库存成本。但是，这种方法平时无法从账上提供发出和结存存货的单价及金额，不能准确反映销售成本及库存成本，不利于加强对存货的管理。

三、存货的减值

存货在使用的过程中，由于遭受毁损、全部或部分陈旧过时或销售价格低于成本等原因，使存货可变现净值低于其成本的部分，不再计提存货跌价准备。即当存货存在减值情况时，企业不用进行账务处理，资产账面价值不变。这是《小企业会计准则》不同于《小企业会计制度》的地方，需要特别注意。

只有在损失实际发生时，企业才要做账务处理。《小企业会计准则》规定："存货发生毁损，处置收入、可收回的责任人赔偿和保险赔款，扣除其成本、相关税费后的净额，应当计入营业外支出或营业外收入。"

第二节　原材料

原材料是指企业用于制造产品并构成产品实体的原材料、主要原材料和外购半成品，以及购入的供生产耗用但不构成产品实体的辅助原材料。具体包括原料及主要材料、辅助材料、外购半成品(外购件)、修理用备件(备品备件)、包装材料、燃料等的实际成本或计划成本。

一、原材料会计核算的账户设置

为加强原材料采购、入库和发出的核算，企业应设置“原材料”“在途物资”等账户。

(一)“原材料”账户

该账户为资产类账户，用于核算企业库存原材料的增减变动和结存情况。借方登记验收入库原材料的实际成本，贷方登记发出原材料的实际成本；余额在借方，表示库存原材料的实际成本。该账户应按原材料的保管地点(仓库)、材料的类别、品种和规格等进行明细核算。

(二)“在途物资”账户

在途物资是指企业购入尚未到达或尚未验收入库的各种原材料、商品等物资的实际成本。借方登记在途物资的实际成本，贷方登记结转入库材料的实际成本和要求有关单价和个人负责赔偿等在途物资的实际成本，余额在借方，为期末在途物资的实际成本。

企业购入的物资，在支付货款和运杂费或开出、承兑商业汇票时尚未到达或尚未验收入库的，通过“在途物资”的借方，待物资到达、验收入库后，再将相应的“在途物资”转入“原材料”“库存商品”等。企业购入的物资已经到达并已验收入库，但尚未收到发票账单的，均不通过“在途物资”核算，直接借记“原材料”“库存商品”等科目。“在途物资”期末借方余额属于存货的一部分。

(三)“材料采购”账户

“材料采购”账户核算企业采用计划成本进行材料日常核算而购入材料的采购成本。采用实际成本进行材料日常核算而购入材料的采购成本，在“在途物资”科目核算。月末时，对于收到发票账单的收料凭证，应按照实际成本和计划成本分别汇总，并按照计划成本，借记“原材料”“周转材料”等科目，贷记“材料采购”科目；将实际成本大于计划成本的差异，借记“材料成本差异”科目，贷记“材料采购”科目；实际成本小于计划成本的差异做相反的会计分录。其他的账务处理与“在途物资”科目相同。

(四)“材料成本差异”账户

该账户核算企业采用计划成本进行日常核算的材料计划成本与实际成本的差异。企业验收入库发生的材料成本差异，实际成本大于计划成本的差异，借记本科目，贷记“材料采购”科目；实际成本小于计划成本的差异做相反的会计分录。结转发出材料应负担的材料成本差异，按照实际成本大于计划成本的差异借记“生产成本”“销售费用”“管理费用”“其他业务成本”等科目，贷记本科目；实际成本小于计划成本的差异做相反的会计分录。

本科目期末借方余额，反映企业库存材料等的实际成本大于计划成本的差异；贷方余额反映企业库存材料等的实际成本小于计划成本的差异。

(五)“库存商品”账户

该账户核算企业库存的各类商品的实际成本或售价。包括库存产成品、外购商品、存放在门市部准备出售的商品、发出展览的商品及寄存在外的商品等。

企业生产的产成品的入库和出库，平时只记数量不记金额，月末计算入库产成品的实际成本。生产完成验收入库的产成品，按照其实际成本，借记本科目，贷记“生产成本”等科目。对外销售产成品，借记“主营业务成本”科目，贷记本科目。

购入商品到达验收入库后，按照商品的实际成本或售价，借记本科目，贷记“库存现金”“银行存款”“在途物资”等科目。涉及增值税进项税额的，还应进行相应的处理。按照售价与进价之间的差额，贷记“商品进销差价”科目。

对外销售商品结转销售成本或售价，借记“主营业务成本”科目，贷记本科目。月末，分摊已销商品的进销差价，借记“商品进销差价”科目，贷记“主营业务成本”科目。

二、原材料购入和发出的账务处理

(一)原材料购入的账务处理

1. 企业购入并已验收入库的原材料

为了总括反映企业原材料的购入、发出和结存情况，企业应设置“原材料”总账科目。该科目核算企业库存的各种原材料，包括原料及主要原材料、辅助原材料、外购半成品(外购件)、修理用备件(备品备件)、包装原材料、燃料等的实际成本。

“原材料”账户借方登记入库原材料的实际成本，贷方登记发出原材料的实际成本，期末借方余额反映企业库存各种原材料的实际成本。

对于发票账单与原材料同时到达的采购业务，如按规定不能抵扣进项税额的(一般指小规模纳税企业)，按全部成本借记“原材料”科目，贷记“库存现金”“银行存款”“应付账款”等科目；如按规定可以抵扣增值税进项税额的(一般指一般纳税企业)，应借记“应交税费——应交增值税(进项税额)”科目，按专用发票上注明的应计入商品成本的金额，借记“原材料”科目，按应支付或实际支付的金额，贷记“库存现金”“银行存款”“应付账款”等科目。

例3-6：2014年5月15日，思泉工业企业购入原材料一批，取得增值税专用发票上注明的原材料价款为50 000元，增值税进项税额为8 500元，发票等结算凭证已收到，货款已通过银行转账支付，原材料运到，并已验收入库。做会计分录如下：

借：原材料　50 000

　　应交税费——应交增值税(进项税额)　8 500

　　贷：银行存款　58 500

2. 购入但尚未入库的原材料

如果已经付款，但原材料尚未到达或尚未验收入库的采购业务，应单独设置“在途物资”科目。该科目核算企业已支付货款但尚未运抵验收入库的原材料或商品的成本。该科目的借方登记已经付款，但原材料尚未到达或验收入库的存货的实际成本；贷方登记验收入库的原材料的实际成本。期末余额在借方，反映企业购入但尚未运抵的原材料或商品的实际成本。发生此项经济业务时，应根据发票账单等结算凭证，借记“在途物资”“应交税费——应交增值税(进项税额)”科目，贷记“银行存款”等科目；待购入的原材料、商品等运抵企业并验收入库后，再根据有关原始凭证，借记“原材料”科目，贷记“在途物资”科目。

例3-7：思泉工业企业2014年5月17日购入原材料一批，取得的增值税专用发票上注明的价款为200 000元，增值税进项税额为34 000元，发票等结算凭证已收到，货款通过银行转账支付，原材料尚未验收入库。做会计分录如下：

借：在途物资　200 000

　　应交税费——应交增值税(进项税额)　34 000

　　贷：银行存款　234 000

上述原材料到达并验收入库后：

借：原材料　200 000

　　贷：在途物资　200 000

3. 投资者投入的原材料

投资者投入的原材料，按投资各方确认的价值或合同协议约定的价格，借记“原材料”科目，属于增值税一般纳税人的企业，应按专用发票上注明的增值税额，借记“应交税费——应交增值税(进项税额)”科目，按两者之和，贷记“实收资本”科目。

例3-8：2014年6月20日，思泉工业企业收到D企业投入的原材料一批，收到的专用发票注明的增值税进项税额为49 300元，双方确认的价值为300 000元。该企业的会计分录如下：

借：原材料　　300 000
　　应交税费——应交增值税(进项税额)　　49 300
　　贷：实收资本——D 企业　　349 300

(二)原材料发出的账务处理

原材料发出主要包括原材料的领用和销售。

1. 原材料的领用

原材料的领用是指将原材料用于生产、加工或用于其他方面等的消耗。在会计核算上，领用的原材料根据其用途可做如下不同的账务处理：企业生产中领用原材料，按实际成本，借记“生产成本”“制造费用”等科目，贷记“原材料”科目；企业经营中领用原材料，借记“销售费用”“管理费用”科目，贷记“原材料”科目。

企业内部基建工程领用的原材料，按原材料的实际成本加上不予抵扣的增值税额等，借记“在建工程”科目，按原材料的实际成本，贷记“原材料”科目，按不予抵扣的增值税额，贷记“应交税费——应交增值税(进项税额转出)”等科目。

2. 原材料的销售

由于企业原材料的日常领发业务频繁，为了简化日常核算工作，平时一般只登记原材料明细账，反映各种原材料的收发和结余金额，月末根据按实际成本计价的发料凭证，按领用部门和用途，汇总编制“发料凭证汇总表”，据以登记总分类账，进行原材料发出的总分类核算。

企业出售原材料，按已收或应收的价款，借记“银行存款”或“应收账款”科目，按实现的销售收入，贷记“其他业务收入”等科目，按应交的增值税额，贷记“应交税费——应交增值税(销项税额)”科目；月度终了，按出售原材料的实际成本，借记“其他业务成本”科目，贷记“原材料”科目。

例 3-9：思泉工业企业 2014 年 9 月份原材料领用情况，如表 3-5 所示。

表 3-5　材料发出汇总表

(发料凭证汇总表)

单位：元

应贷科目 / 应借科目	原材料	包装物	合计
生产成本	300 000	25 000	325 000
销售费用	30 000	15 000	45 000
在建工程	17 500		17 500
合计	347 500	40 000	387 500

2014 年 9 月 30 日根据“材料发出汇总表”的资料，企业做会计分录如下：

借：生产成本　　325 000
　　销售费用　　45 000
　　在建工程　　17 500
　　贷：原材料　　347 500
　　　　包装物　　40 000

第三节　其他存货

一、周转材料

周转材料，是指企业能够多次使用、逐渐转移其价值但仍保持原有形态且不确认为固定资产的材料。包括包装物、低值易耗品、企业（建筑业）的钢模板、木模板、脚手架等。

周转材料从性质上看和固定资产一样都属于生产资料，可以多次参加周转而不改变其原有的实物形态，在使用过程中需要进行维修，报废时有一定的残值等。但是和固定资产相比，由于其单位价值较低，使用期限较短、易于损坏、更换频繁，为了简化会计核算工作，一般将其视为存货进行管理和核算。

另外，各种包装材料，如纸、绳、铁丝、铁皮等，应在“原材料”科目内核算；用于储存和保管产品、材料而不对外出售的包装物，应按照其价值大小和使用年限长短，分别在“固定资产”科目或“周转材料”科目核算。企业的包装物、低值易耗品，也可以单独设置“包装物”“低值易耗品”科目。包装物数量不多的企业，也可以不设置本科目，将包装物并入“原材料”科目核算。

（一）周转材料的账户设置

为了反映周转材料购入、发出及结存情况，企业应设置“周转材料”账户，该账户是资产类账户。借方登记验收入库周转材料的实际成本，贷方登记发出周转材料的实际成本，余额在借方，反映期末库存周转材料的实际成本。该账户应按照周转材料的种类，分别对“在库”“在用”和“摊销”进行明细核算。

（二）周转材料的购进

周转材料购进的核算与原材料购进的核算基本相同，即对企业购入并已验收入库的周转材料按实际成本，借记“周转材料”科目，按专用发票注明的增值税额，借记“应交税费——应交增值税（进项税额）”科目，贷记“银行存款”“应付账款”等科目；对购入尚未验收入库的周转材料按实际成本，借记“在途物资”科目，按专用发票上注明的增值税额，借记“应交税费——应交增值税（进项税额）”科目，贷记“银行存款”“应付账款”等科目。待验收入库时，借记“周转材料”科目，贷记“在途物资”科目。

（三）周转材料的摊销

在编制资产负债表时，我国会计制度将周转材料纳入存货范围，但日常会计核算既不同于存货，也不同于固定资产。周转材料成本可以采用一次摊销法、分次摊销法或五五摊销法进行摊销。《小企业会计准则》规定，小企业在生产经营活动中领用的周转材料根据具体情况，采用一次摊销的方法。

一次摊销法是指在领用周转材料、出租出借包装物时，将其实际成本一次计入有关费用科目的一种方法。采用一次摊销法时，实际成本在领用时从“周转材料”“低值易耗品”“包装物”等科目一次转入有关费用科目，并不在账上反映其在用价值。采用这一方法时，虽对在用周转材料、低值易耗品和包装物价值在账上不加核算，但仍应加强实物管理，对实物数量在领用时进行登记，或采用以旧换新等办法，以防止丢失或挪用。

需要注意的是，随同产品出售但不单独计价的包装物，按照其成本，借记“销售费用”科目，贷记“周转材料”科目。随同产品出售并单独计价的包装物，按照其成本，借记“其他业务成本”科目，贷记“周转材料”科目。

一次摊销法核算简便，适用于一次领用周转材料价值比较小的情况。如果一次领用周转材料的价值较大，采用该法将会造成领用月份成本、费用负担过多，从而影响到产品成本或利润的准确性。此外，一次摊销法会造成账外资产，不利于对账外资产的管理，为了弥补这一缺陷，应为账外资产设置“备查登记簿”，以便进行实物监督。

例3－10：2014年4月2日，思泉工业企业生产车间领用工具一批，成本23 000元，采用一次摊销法。2014年10月10日，生产车间领用的工具不能继续使用，决定报废。残料已验收入库，价值500元。该企业的会计分录如下：

（1）领用工具时：

借：制造费用　　23 000

　　贷：周转材料　　23 000

（2）工具报废时：

借：原材料　　500

　　贷：制造费用　　500

二、委托加工物资

（一）委托加工物资的账户设置

委托加工物资是指企业委托其他单位进行加工的各种物资。为了正确地反映和控制委托加工材料的发出及收回，正确计算委托加工材料的实际成本，应设置“委托加工物资”账户，该账户借方登记发出材料的实际成本、支付的加工费和外地运杂费，贷方登记已加工完成并验收入库的材料和退回剩余材料的实际成本，期末借方余额反映企业委托外单位加工但尚未加工完成物资的实际成本。该科目应按照加工合同、受托加工单位以及加工物资的品种等进行明细核算。

(二)委托加工物资的账务处理

企业发给外单位加工的物资，按照实际成本，借记“委托加工物资”科目，贷记“原材料”“库存商品”等科目；支付加工费、运杂费等，借记“委托加工物资”科目，贷记“银行存款”等科目；需要交纳消费税的委托加工物资，由受托方代收代缴的消费税，借记“委托加工物资”科目(收回后用于直接销售的)或“应交税费——应交消费税”科目(收回后用于继续加工的)，贷记“应付账款”“银行存款”等科目；加工完成验收入库的物资和剩余的物资，按照加工收回物资的实际成本和剩余物资的实际成本，借记“原材料”“库存商品”等科目，贷记“委托加工物资”科目。

例3-11：2014年3月5日，思泉工业企业供应部发出300张2mm钢板，每张单价成本100元，委托E公司加工成模具，支付加工费2 500元(增值税略)，加工后收回模具500个，剩余钢板20张退回。做会计分录如下：

(1)发出钢板时：

借：委托加工物资　　(300×100)30 000

　　贷：原材料——钢板　　30 000

(2)支付加工费时：

借：委托加工物资——E公司　　2 500

　　贷：银行存款　　2 500

(3)收回未用钢板时：

借：原材料——钢板　　(20×100)2 000

　　贷：委托加工物资——E公司　　2 000

(4)委托加工材料收回入库时：

借：周转材料——模具　　(300×100+2 500-20×100)30 500

　　贷：委托加工物资——E公司　　30 500

三、存货的盘盈盘亏

企业进行存货清查盘点，应当编制“存货盘存报告单”，并将其作为存货清查的原始凭证。经过存货盘存记录的实存数与存货的账面记录核对，若账面存货小于实际存货，为存货的盘盈；反之，为存货的盘亏。

盘盈的各种原材料，按该原材料的市价或同类、类似原材料的市场价格，计入营业外收入。

盘亏或毁损的原材料，其相关的成本及不可抵扣的增值税进项税额，在减去过失人或者保险公司等赔款和残料价值之后，属于自然灾害造成的，计入当期营业外支出。

第四节　存货涉及的主要税务问题

存货是工业企业在日常生产经营过程中消耗的原材料、燃料及经营性辅助设备（不包括固定资产），包括原材料、库存商品、物料用品和燃料。在会计核算中，涉及存货的税务问题主要表现在企业利用存货账户调节成本，存货金额的真实性会影响到当期损益及下期损益的正确性。

1. 存货损失赔款不入账的问题

例3－12：某工业企业由于管理不善发生火灾损失了生产车间的所有物品，包括电子设备、座椅、原材料等，损失多达50万元。对于这次火灾造成的损失，企业可以获得保险公司30万元的赔偿。企业将损失的50万元全部记入“营业外支出”科目，而将保险公司赔偿的30万元直接购买了损失后需增添的各项设备、原材料等，没有进行任何账务处理。企业年底进行所得税申报时，没有进行任何纳税调整。

分析：该工业企业发生火灾是因为管理不善造成的，属于非正常损失。按照有关规定，存货的非正常损失分两种情况从利润中直接扣除：因自然灾害造成的损失，在扣除保险公司赔偿后记入“营业外支出”科目；对因管理不善造成的货物被盗、发生霉变等损失，扣除有关责任人员的赔偿后记入“管理费用”科目。

存货损失的账务处理涉及两个税种：

（1）根据国家税务总局印发的《企业资产损失税前扣除管理办法》的规定，因自然灾害、战争等不可抗力或者人为管理责任导致的存货损失，需经税务机关审批才能在企业所得税前扣除。

（2）根据《中华人民共和国增值税暂行条例》以及《中华人民共和国增值税暂行条例实施细则》的规定，企业发生非正常损失的购进货物，其进项税额不得扣除。如果企业在发生非正常损失之前，已将该购进存货的增值税进项税额实际申报抵扣，则应当在该批货物发生非正常损失的当期将该批存货的进项予以转出。

因此，该企业首先应将损失扣除保险公司的赔偿后再记入“营业外支出”科目，然后再就损失向税务机关申请，经审批才能在企业所得税前扣除，在未经税务机关批准之前，必须先调增应纳税所得额进行补税。

2. 存货账实不符的问题

例3－13：某工业企业2013年年底没有燃煤存货的实物，在账务上也没有反映。2014年该企业前后购进2吨燃煤，共计40万元；实际使用1.5吨，共计30万元。但该企业在账面上"原材料——燃料"科目年末额结余却是红字5万元，税务机关发现其"燃料"库存单显示尚结余0.5吨燃煤，经实地盘存，确定其账实不符。

分析：关于"库存商品"账上出现"红字"的问题，可能产生的情况有：

(1)记账错误。这可能是财会人员的业务水平问题或是企业管理问题造成的，如企业商品间串号，形成"红字"。

(2)偷逃税款。为了达到逃税的目的，部分企业采用销售不开票或是少开票的方式，而商品成本采用多次或一次结转，这样就可以偷逃企业所得税。

存货账面出现红字的种类：

(1)数量为零或者正数，金额红字。原因是存货发出计价不规范或中途变更计价方法，发出价高于账面成本价，多转成本，减少利润，少缴所得税。

(2)数量为红字，金额为正数。原因是未入库就发出，且发出计价长期低于账面成本价，少转成本，虚增利润。

(3)数量和金额都为红字。

存货账面出现红字的原因：

(1)在单价正常的情况下，存货发票未到，存货已入库未做估价入账，就领用发出。

(2)在单价不正常的情况下，也有可能是存货发出计价不规范，高于账面成本价。

《中华人民共和国会计法》规定，公司、企业进行会计核算不得有下列行为：随意改变费用、成本的确认标准或者计量方法，虚列、多列、不列或者少列费用、成本。

因此，该企业的行为违反了相关法规，不仅要补缴相应的税款，还要受到罚款的处罚。

第五节　存货涉及的主要审计问题

1. 随意变更存货计价方法的问题

例3－14：某工业企业2013年选用加权平均的计价方法计算发出存货的成本，但是在2014年上半年由于受众多因素的影响，该存货购进价格开始上扬。为确保利润保持合理的水平，从3月份开始该企业开始改用加权平均法和先进先出法交替使用，致使2014年存货销售成本上升了将近200万元，企业该年度的应纳税所得额也相应减少了200万元，少缴纳企业所得税50万元。对于该企业未经税务机关批准擅自改变存货计价方法，致使当年度的销售成本升高，从而减少应纳税所得额的行为，税务机关要求企业按原适用的存货计价方法调整已结转存货的成本，相应减少该部分存货的成本，并补缴所欠税款。

分析：根据《小企业会计准则》的规定，小企业可以根据自身的需要选用制度所规定的存货计价方法，但选用的方法一经确定，年度内不能随意变更，如确实需要变更，必须在财务报告中说明变更原因及对财务状况的影响。

实际工作中存在随意变更计价方法的问题，违反会计的一致性、可比性原则，造成会计指标前后各期口径不一致，缺乏可比性。有些企业甚至人为地通过变更计价方法来调节生产或销售成本，调节当期利润。对此类问题审查人员应查阅有关财务指标，分析对比各个会计期间财务指标有无异常变化，并查阅有关存货明细账；核查各期采用的计价方法是否一致，发现线索后，通过询问当事人等形式查证问题。

2. 任意确定计划成本的问题

例 3－15：某工业企业的原材料按照计划成本法进行核算，即采购的原材料不是按实际的采购成本入账，而是按事先确定的计划成本，差额记入“材料成本差异”科目，只是在产品销售后才结转材料成本差异。2014 年，该企业为了隐匿利润，逃避所得税，故意确定较高的计划成本，使计划成本远远高于实际成本，表现为“材料成本差异”贷方余额，每月应计原材料成本差异率在 96%～98%之间，领用材料时按计划成本数额转入“生产成本”等账户，但月末结转材料成本差异时，故意以较低的成本差异率(只有 94%左右)调整发出材料的计划成本。经过调整，全年由此多分摊材料成本差异少计利润 20 万元，相应少计所得税 5 万元。

分析：有些企业为了控制超额利润，大都从隐匿收入和虚增成本两个方面进行舞弊，人为提高材料成本差异率、多分摊材料成本差异是采用计划成本进行日常核算企业的常用作弊手段。上述问题留下的线索一般表现为材料成本差异率与以前各期相比有较大的波动，当期生产成本、销售成本、利润等指标呈现较大波动状况等，审查人员可以通过审阅、核实会计资料，复核被审计企业有关计算结果等形式发现线索，然后再做进一步的调查、询问和查证。

对于上述问题，审查人员首先应对比各期销售成本及利润水平，看有无异常情况；然后复核各期商品进销差价率，从中发现疑点；最后对照被审计企业有关会计资料并调查当事人，确定被审计企业问题之所在。审查人员应对比各期的销售数量和成本水平，抽查并复核产成品、商品明细账贷方记录，特别是检查被审计企业单价的计算结果是否正确，从而发现上述问题的线索。对产成品、商品采用实际成本计价的工业企业，计算产成品及商品销售成本时经常采取的欺骗手段是：不按照规定的程序和方法正确计价，而是故意多转或少转销售成本。如采用加权平均法计价时，故意按高于或低于正常的加权平均单价的价格计算发出商品或产成品成本；再如根据企业的需要来确定商品的单价，达到人为调节成本水平的目的，而不是根据账面记录，按规定的程序和方法确定应采用的单价。

3. 虚转成本隐匿利润的问题

例3－16：某工业企业按照实际成本核算材料，为了达到虚增当期库存商品成本、隐匿利润、少缴税款的目的，该企业到了每月月末，都要编制虚假的原始凭证，虚构库存商品发出业务，账务处理为借记“主营业务成本”科目，贷记“库存商品”科目。2014年，该企业通过这种方式共计虚转库存商品成本120万元，少缴企业所得税30万元，同时存货明细账借方出现红字30万元。

分析：虚转成本是一些工业企业常见的调节利润手法，上述问题发生后一般表现为“库存商品”“产成品”“原材料”科目等账实不符、存货成本波动较大等。

有些企业在实际工作中不能正确核算，导致存货明细账常常出现红字，原因是存货发出计价不规范或中途变更计价方法，发出价高于账面成本价造成的。

因此，审查人员应从这些方面入手，审阅被审计企业有关存货账户，核对其账实、账账有无不符的情况，对比前后各期成本水平，必要时审阅记账凭证和原始凭证，并询问有关业务、仓库当事人，核查有关部门所存原始凭证(如领料单)与财会部门原始凭证是否一致，从中发现疑点，做进一步查证。

审计小贴士之二：账外存货的审计

存货，主要包括各类材料、商品、在产品、半成品、产成品等。账外存货是指属于本单位所有但未纳入本单位存货账目核算的存货。对于工业企业而言，存货的种类繁多，且存放地点比较分散，在管理上具有一定的难度，因此更需要加强存货的审计。

一、账外存货的形成

账外存货的形成主要有两种途径：一是取得存货不入账；二是把账内存货通过各种方式转至账外。

(一)取得存货不入账

取得存货不记入相关存货账目，具体有以下几种情况，如图3－2所示。

取得存货不入账的情况

- 购入存货时，对得到的实物折扣不入账，形成账外存货
- 接受捐赠的存货不入账，形成账外存货
- 以实物形式（存货）分得的利润不入账，形成账外存货
- 单位罚没实物（存货）不入账，形成账外存货
- 发生存货盘盈，未按规定将其转入“待处理财产损溢”账户，而形成账外存货
- 以物抵债收回的存货不入账，形成账外存货
- 购入存货不入存货账，而直接计入成本或费用，不进行物品的入库核算和管理形成账外存货
- 其他

图 3－2　取得存货不入账的情况

（二）把账内存货转到账外

把账内存货转到账外的情况如图 3－3 所示。

把账内存货转到账外的情况

- 对已领未用的存货月底不办理退料或假退料手续，也不登记备查账簿，虚增成本，形成账外存货
- 委托加工材料的剩余材料不如实入账，形成账外存货
- 将发出的存货样品以报损的形式增加当期费用，形成账外存货
- 出租、出借的包装物计入成本，形成账外存货
- 将参加展销的存货转移，形成账外存货
- 虚报存货的盘亏、毁损，作为单位的损失或费用处理，将存货转移账外
- 以其他形式将存货由账内转至账外

图 3－3　把账内存货转到账外的情况

二、账外存货的审计方法

被审计单位形成账外存货的动机主要有：使存货脱离财务控制，为个人或少数人所用或消费，将无偿取得的或由账内转出的存货伺机出售以形成“小金库”。因此，审计人员应关注被审计单位存货的效用，对与个人或家庭消费相关的存货，如日用品、装饰材料等，应特别加以关注，同时与“小金库”审计相结合。

从账外存货形成的方式看，一种是与账面记录有联系的，即将应记入存货的支出列入其他科目，或将账内存货转至账外；另一种是与账面记录没有联系的，如接受捐赠、投资、实物折扣和罚没等取得的存货。审计人员应区别不同情况，从账面资料或会计资料以外的其他资料中捕捉线索，查找账外存货。

（一）有举报时的审计方法

在实际工作中，审计人员可能会接到有关人员提供的线索或举报，如审计人员收到署名“一个知情人”或“职工某某”的举报信，揭发某单位领导伙同会计人员虚报盘亏、毁损，将存货转移至账外的问题。对这种举报，审计人员如果向该单位领导直接调查，将引起对方的警惕，增加审计的难度。所以，一般应采取重点账目审查、实地观察、询问和外围调查等审计方法。审计人员应首先查存货、待处理财产损溢、管理费用、营业外支出等重点账目，找出举报时期的存货毁损账务处理；然后检查存货“盘亏清单”“报废申请书”“报废清理单”及事故报告等，验证盘亏、毁损的真实性；在此基础上，向被审计单位领导、存货保管人员及有关经手人员了解情况，查明举报是否属实。

（二）无举报时的审计方法

1. 了解被审计单位基本情况，分析形成账外存货的可能性，判断其有无形成账外存货的动机。

2. 了解被审计单位相关内部风险控制情况，必要时进行符合性测试，分析和评价内部风险控制的薄弱环节。

内部控制制度的健全程度和执行情况与账外存货舞弊现象的发生有密切关系。审计人员应关注被审计单位的相关内部风险控制，需特别注意以下问题，如图3－4所示。

关注内部控制制度应注意的问题

- 审查单位存货采购、保管、发出、核算等环节的不相容职务是否分离，是否存在相互制约关系。即制定采购计划，授权采购或销售的人员与具体执行该项业务的人员是否分开，存货保管人员与记账人员是否分开，存货领用和发放人员是否分开，稽核人员与存货收发、保管、销售人员是否分开。应将一人兼管两项不相容工作的环节列为审计重点
- 是否定期或不定期地对存货进行盘点。审计人员可以询问单位存货盘点工作情况，调阅盘点记录，查看单位的盘点工作是否详细、全面，盘点中发现的问题是如何处理的，结果怎样。将被审计单位盘点资料反映问题较多的或不进行盘点的存货，作为审计重点
- 被审计单位存货的保管状况是否良好。主要是就安全、有效和相关规章制度等方面进行实地检查

图3－4　关注内部控制制度应注意的问题

3. 进行分析性复核，了解被审计单位存货的消耗、毁损等有无异常变动情况。

4. 根据了解的情况做出分析，估计可能形成的账外存货，确定审计方式。

5. 根据所获审计线索，实施详细测试，以收集充分确凿的审计证据。

一般来说，可采用以下审计方法，如图3－5所示。

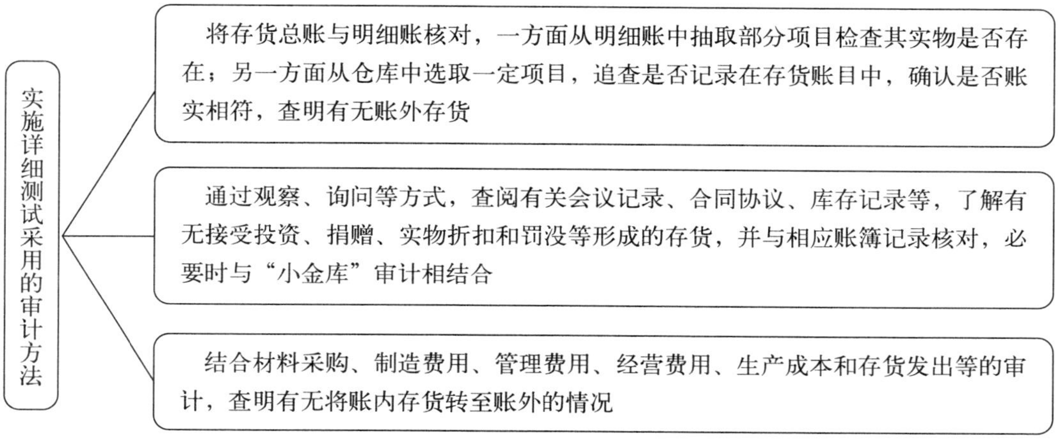

图3－5　实施详细测试采用的审计方法

对于购货过程中多报损耗及向供货单位等索取的赔偿不入账而形成账外存货的情况，应重点查证超定额损耗的成因及货物在运输过程中是否发生过意外及处理过程。检查有无将购入的存货直接记在管理费用、经营费用等开支从而形成账外存货的情况。对于内部单位领用的存货，应检查领用物品的手续是否完整，单据项目填写是否齐全合规，审批是否明确等，并实施证证核对，查证存货是否真正被所需部门领用，有无多领、冒领等转作账外的情况。对于委托加工材料转作账外材料的审查，应根据委托加工合同、协议以及委托加工计划成本、委托加工材料出库单以及对方收料单、记录、凭证等测算实际成本与计划成本的差距，计算加工成材率，以审查单位有无假借委托加工名义将账内材料转到账外。对于生产领用材料可以实地抽查生产车间领料使用情况，查看有无材料被车间多领积压、不退库从而形成账外材料。

6. 检查有无将盘盈存货转移账外及虚报盘亏、毁损的问题。审计人员应广泛地调查了解被审计单位是否对存货进行定期盘点，对盘点结果是否及时处理，通过审阅待处理财产损溢、营业外支出、管理费用等明细账户及相应的会计凭证，了解被审计单位对存货盘盈或盘亏的处理是否正确、及时，是否存在弄虚作假的问题。

7. 对所获取的审计证据进行综合分析与评价，形成初步审计结论，并记录在审计工作底稿中。

8. 与被审计单位有关人员进行沟通，征求他们对初步审计结论的意见。

9. 做出审计结论与审计决定。

第四章
小微工业企业应收款项的会计核算

第一节　应收票据

一、应收票据的基础知识

应收票据是指企业持有的、尚未到期兑现的商业汇票。商业汇票是债务人所做的书面承诺，具有较强的法律效力。同时，应收票据可以背书转让或用于贴现等融资活动，具有较强的流动性。在我国，除商业汇票外，大部分票据都是即期票据，可以即刻收款或存入银行成为货币资金，不需要作为应收票据核算。因此，在我国应收票据即指商业汇票。

商业汇票按承兑人不同，分为由付款人承兑的商业承兑汇票和由银行承兑的银行承兑汇票。商业汇票按照票据有效期内本金是否计算利息，又分为带息票据和不带息票据。带息票据是到期时，按票据面额和票面利率收取本息的票据，它的到期值等于票面本息之和。不带息票据则是到期时按票据面额收款的票据，它的到期值等于票据面额，如图 4－1 所示。

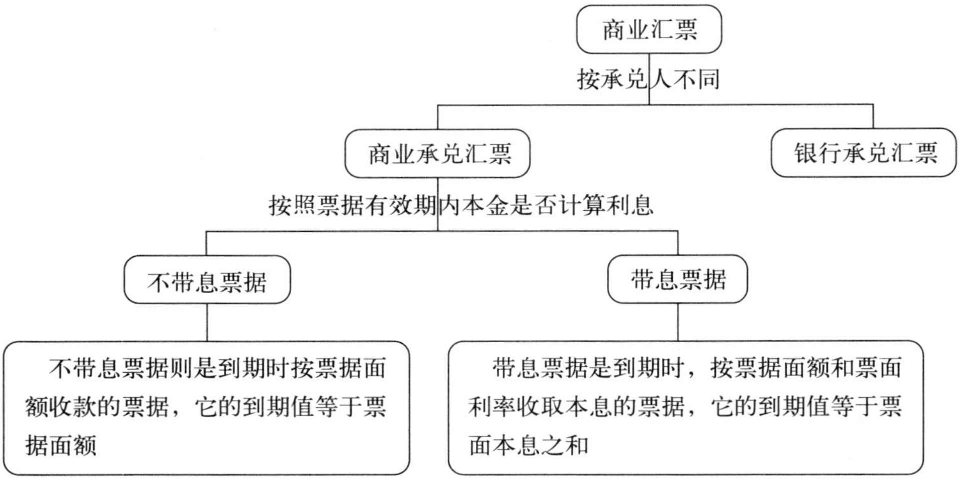

图 4－1　商业汇票的分类

二、应收票据的账务处理

为了反映和监督企业应收票据的取得和收回情况，企业应当设置“应收票据”科目，该科目核算企业因销售商品、产品、提供劳务等而收到的商业汇票。“应收票据”的借方登记收到的应收票据面值及计提的利息，贷方登记到期收回、到期前向银行贴现或转入应收账款的票据面值及利息。期末借方余额，反映企业持有的商业汇票的票面价值和应计利息。

企业应当按照商业汇票的种类明细科目，设置“应收票据备查簿”，逐笔登记每一张应收票据的种类、号数和出票日期、票面金额、票面利率、交易合同号和付款人、承兑人、背书人的姓名或单位名称、到期日、背书转让日、贴现日期、贴现率和贴现净额、未计提的利息，以及收款日期和收回金额、退票情况等资料，应收票据到期结清票款或退票后，应当在备查账簿内逐笔注销。

应收票据的账务处理包括以下几方面的内容。

(一)应收票据的取得

应收票据取得的原因不同，其账务处理亦有区别。因债务人抵偿前欠货款而取得的应收票据，借记“应收票据”科目，贷记“应收账款”科目；因企业销售商品、提供劳务等而收到开出承兑的商业汇票，应按应收票据的面值入账，借记“应收票据”科目，按实现的营业收入，贷记“主营业务收入”等科目，按专用发票上注明的增值税额，贷记“应交税费——应交增值税(销项税额)”等科目。商业汇票到期收回票面金额，借记“银行存款”科目，贷记“应收票据”科目。

例4－1：思泉工业企业2014年3月1日采用托收承付结算方式向乙公司销售商品一批，货款300 000元，增值税额51 000元，以银行存款代垫运杂费6 000元，已办理托收手续。假设该企业采用小企业会计准则核算，则该企业应编制会计分录如下：

借：应收账款　357 000
　　贷：主营业务收入　300 000
　　　　应交税费——应交增值税(销项税额)　51 000
　　　　银行存款　6 000

3月15日，思泉工业企业收到乙公司寄来的一张3个月到期的银行承兑汇票，面值357 000元，抵付产品货款。该企业应编制会计分录如下：

借：应收票据　357 000
　　贷：应收账款　357 000

6月15日，思泉工业企业上述票据到期，收回票面金额357 000元存入银行。该企业应编制会计分录如下：

借：银行存款　357 000
　　贷：应收票据　357 000

(二)应收票据的转让

企业需采购物资或抵偿债务，但无足够的货币资金时，可以将持有的未到期的应收票据背书转让，即在应收票据的背面签字后转让给收款人。但在票据到期时，如果票据的签发人无力支付票款，则背书人应负连带责任。

企业将持有的应收票据背书转让取得所需物资时，按应计入取得物资成本的价值，借记“原材料”“库存商品”等科目，按专用发票上注明的增值税额，借记“应交税费——应交增值税(进项税额)”科目，按应收票据的账面余额，贷记“应收票据”科目，按实际收到或支付的金额，借记或贷记“银行存款”等科目。

例4-2：承例4-1，假定思泉工业企业于4月15日将上述应收票据背书转让，以取得生产经营用材料，材料价款300 000元，适用的增值税税率为17%，并收到银行存款6 000元。该企业应编制会计分录如下：

借：原材料　300 000

　　应交税费——应交增值税(进项税额)　(300 000×17%)51 000

　　银行存款　6 000

　贷：应收票据　357 000

(三)应收票据的贴现

应收票据的贴现是指票据的持有人因急需资金，将未到期的商业汇票背书后转让给银行，银行受理后，从票面金额中扣除按银行的贴现率计算确定的贴现息后，将余额付给企业的业务。票据贴现实质上是为企业融通资金的一种方式。票据贴现的计算公式如下：

贴现净额 = 票据面值 - 贴现息

贴现息 = 票据面值 × 贴现率 × 贴现期

贴现期 = 票据期限 - 企业已持有的票据期限

按照中国人民银行《支付结算办法》的规定，实付贴现金额按到期价值扣除贴现日至票据到期前一日利息计算。承兑人在异地的，贴现利息的计算期应另加3天的划款期。

应收票据的贴现一般有两种情形：带追索权贴现和不带追索权贴现。所谓追索权，是指企业在转让应收款项的情况下，接受方在应收款项拒付或逾期支付时，向应收款项转让方索取应收金额的权利。因为应收票据是向银行贴现的，所以追索权由银行享有。

1. 带追索权贴现

带追索权贴现时，贴现企业因背书而在法律上负有连带偿债责任，这种责任可能发生，也可能不发生；可能是部分的，也可能是全部的。

企业持未到期的商业汇票向银行带追索权贴现时，应按照实际收到的金额(贴现净额)，借记“银行存款”科目，按照贴现息，借记“财务费用”科目，按照商业汇票的票面金额，贷记“短期借款”科目。会计分录如下：

借：银行存款(贴现净额)

财务费用(贴现息)

贷：短期借款(票面金额)

2. 不带追索权贴现

不带追索权贴现时，票据一经贴现，企业将应收票据上的风险(不可收回账款的可能性)和未来经济利益全部转让给银行，企业贴现所得收入与票据账面价值之间的差额计入当期损益。会计分录如下：

借：银行存款(贴现净额)

财务费用(贴现息)

贷：应收票据(票面金额)

例4-3：思泉工业企业于2014年6月10日将一张3月10日签发、5个月期限、票面价值100 000元的商业汇票向银行不带追索权贴现，银行贴现率为9%。做会计分录如下：

贴现期为2个月；

到期值=100 000(元)；

贴现利息=100 000×9%×2/12=1 500(元)；

贴现净额=100 000-1 500=98 500(元)。

借：银行存款	98 500	
财务费用	1 500	
贷：应收票据		100 000

例4-4：若例4-3中，企业向银行进行带追索权贴现，其他条件不变。做会计分录如下：

借：银行存款	98 500	
财务费用	1 500	
贷：短期借款		100 000

(四)应收票据到期

应收票据到期，应根据以下不同的情况做相应账务处理。

(1)收回应收票据，按实际收到的金额，借记“银行存款”科目，按应收票据的账面余额，贷记“应收票据”科目，按其差额，贷记“财务费用”科目。

例4-5：思泉工业企业持有的不带息、面额为50 000元、期限6个月的商业汇票到期，收到货款50 000元，做会计分录如下：

借：银行存款	50 000	
贷：应收票据		50 000

(2)因付款人无力支付票款，收到银行退回的商业承兑汇票、委托收款凭证、未付票款通知书或拒绝付款证明等，按应收票据的账面余额，借记“应收账款”科目，贷记“应收票据”科目。

需要说明的是，企业持有的应收票据，不得计提坏账准备。到期不能收回的应收票据只需转入“应收账款”科目即可。

例4-6：思泉工业企业持有的一张面值为50 000元，6个月期限的商业承兑汇票，到期未能收到票款。做会计分录如下：

借：应收账款　　50 000

　　贷：应收票据　　50 000

第二节　应收账款

一、应收账款的确认与账务处理

应收账款是指企业在正常生产经营活动中，因销售商品、产品、提供劳务等，应向购货单位或接受劳务单位收取的款项，包括向客户收取的货款、增值税款和为客户代垫的运杂费等。在资产负债表上，应收账款列为流动资产，其范围是指那些预计在一年或超过一年的一个营业周期内收回的应收款项。

核算应收账款，应确定入账时间和入账价值，即应收账款应于销售收入实现时按销售收入的实际发生额计价入账，以保证正确反映应收账款的形成、收回情况，合理地确认、计量坏账损失。在发生商业折扣时，应当考虑有关的折扣和折让因素。

企业应设置“应收账款”科目，核算应收账款的增减变动及结果。不单独设置“预收账款”科目的企业，预收的款项也在“应收账款”科目核算。该科目借方登记企业因销售商品、产品、提供劳务等而应收取的款项，企业代购货方垫付的包装费、运杂费等代垫的费用；贷方登记应收账款的收回及确认的坏账损失。期末如为借方余额，反映企业尚未收回的应收账款；期末如为贷方余额，反映企业预收的款项。按不同的购货单位或接受劳务的单位及其他应收款的项目分类，“应收账款”科目应按不同的债务人设置明细账，进行明细核算。

企业发生应收账款时，按应收金额，借记“应收账款”科目，按实现的销售收入，贷记“主营业务收入”“其他业务收入”等科目，按专用发票上注明的增值税额，贷记“应交税费——应交增值税(销项税额)”科目；收回应收账款时，借记“银行存款”等科目，贷记“应收账款”科目。

例 4-7： 思泉工业企业于 2014 年 1 月 15 日赊销给 A 公司一批产品，货款为 2 000 000 元，应收取增值税额为 340 000 元，以银行存款代垫运杂费 10 000 元。做会计分录如下：

借：应收账款——A 公司　　2 350 000

　　贷：主营业务收入　　2 000 000

　　　　应交税费——应交增值税(销项税额)　　340 000

　　　　银行存款　　10 000

1 月 20 日，A 公司签发了一张面值为 2 350 000 元、期限为 3 个月的不带息票据。则该企业应做会计分录如下：

借：应收票据　　2 350 000

　　贷：应收账款——A 公司　　2 350 000

例 4-8： 思泉工业企业采用托收承付结算方式向乙公司销售一批商品，开具的增值税专用发票上记载的价款为 200 000 元，增值税额为 34 000 元，已办理托收手续。做会计分录如下：

借：应收账款——乙公司　　234 000

　　贷：主营业务收入　　200 000

　　　　应交税费——应交增值税(销项税额)　　34 000

该企业实际收到款项时：

借：银行存款　　234 000

　　贷：应收账款——乙公司　　234 000

二、应收账款的坏账损失

在市场经济条件下，由于广泛采用商业信用，企业在赊销产品或提供劳务时，可能会因顾客没有能力或不愿支付，具体是购货人拒付、破产、死亡等原因导致应收账款无法收回的款项，在会计上称为坏账。由于坏账而产生的损失，称为坏账损失。

(一) 坏账损失的确认

企业应收账款符合下列条件之一的，如图 4-2 所示，减除可收回的金额后确认的无法收回的应收及预付款项，作为坏账损失。

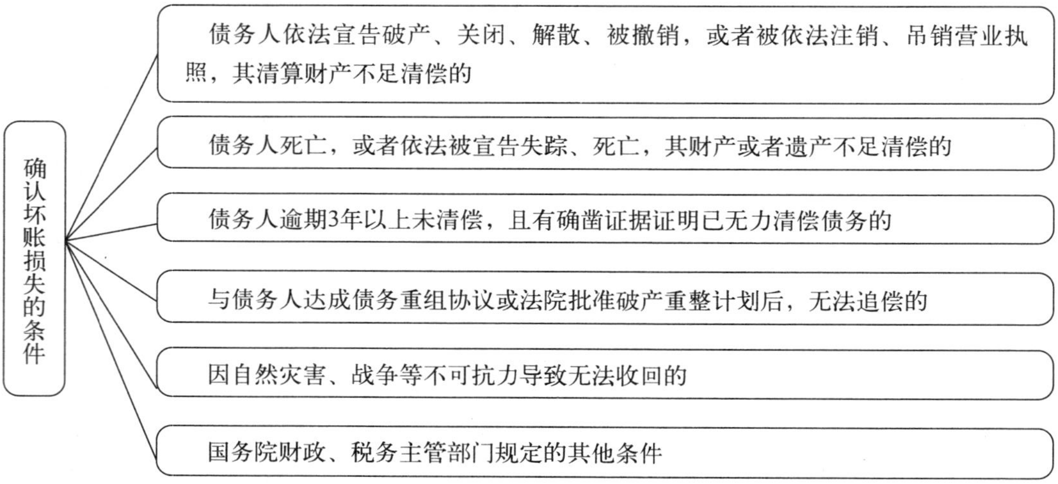

图 4－2　确认坏账损失的条件

（二）坏账损失的账务处理

根据《小企业会计准则》的有关规定，小企业对坏账的核算应采用直接转销法。直接转销法是指在实际发生坏账时，将坏账损失直接计入期间费用，同时冲销应收账款。在直接转销法下，企业不需要设置“坏账准备”科目。当坏账损失实际发生时，应当按照可收回的金额，借记“银行存款”等科目，按照其账面余额，贷记“应收账款”科目，按照其差额，借记“营业外支出”科目。

由此可以看出，直接转销法的采用充分体现了企业账务处理简单易懂的宗旨。

例 4－9： 思泉工业企业应收乙公司账款余额合计为 100 000 元，2014 年 12 月 31 日该企业获知乙公司已经依法宣告破产，破产财产尚不足以支付税款。假定该企业以前未确认坏账损失，并采用小企业会计准则核算，则该企业应编制会计分录如下：

借：营业外支出　　100 000

　　贷：应收账款——乙公司　　100 000

第三节　预付账款与其他应收款

一、预付账款

（一）预付账款的确认与账务处理

预付账款核算企业按照合同规定预先支付给供应单位的款项，包括根据合同规定预付的购货款、租金等。

为了反映预付款项的支付和结算业务，企业可通过“预付账款”科目予以核算。根据《小企业会计准则》规定，预付款项较少的小企业，也可不设置本科目，将预付的款项直接记入“应付账款”科目借方。

企业因购货而预付的款项，借记“预付账款”科目，贷记“银行存款”等科目。收到所购物资，按照应计入购入物资成本的金额，借记“在途物资”或“原材料”“库存商品”等科目，按照应交增值税进项税额，借记“应交税费——应交增值税(进项税额)”科目，按照应支付的金额，贷记“预付账款”科目。补付的款项，借记“预付账款”科目，贷记“银行存款”等科目；退回多付的款项，做相反的会计分录。

企业为在建工程预付的工程价款，也通过“预付账款”科目核算。借记“预付账款”科目，贷记“银行存款”等科目。按工程进度结算工程价款，借记“在建工程”科目，贷记“预付账款”“银行存款”等科目。

例4－10：思泉工业企业向乙公司采购材料5 000吨，单价10元，所需支付的款项总额50 000元。2014年9月12日，该企业按照合同规定向乙公司预付货款的50%。9月30日，收到乙公司发来的5 000吨材料，取得的增值税专用发票上记载的价款为50 000元，增值税额为8 500元。该企业以银行存款补付其余款项。假定不考虑其他税费，该企业采用小企业会计准则核算，做会计分录如下：

(1)预付50%货款时：

借：预付账款——乙公司	(50 000×50%)25 000	
贷：银行存款		25 000

(2)收到材料时：

借：原材料	50 000	
应交税费——应交增值税(进项税额)	8 500	
贷：预付账款——乙公司		58 500

(3)以银行存款补付其余款项时：

借：预付账款——乙公司	(58 500－25 000)33 500	
贷：银行存款		33 500

(二)预付账款的坏账损失

企业的预付账款也会发生坏账损失，坏账损失的条件与应收账款科目相同，此处不再重复。《小企业会计准则》规定，预付账款实际发生坏账损失时，应当按照可收回的金额，借记“银行存款”等科目，按照其账面余额，贷记“预付账款”科目，按照其差额，借记“营业外支出”科目。

例4－11：接例4－10，若企业在9月12日预付货款后，乙公司不幸倒闭，导致企业只收回了预付账款的一半，剩余的一半乙公司无法偿还，则企业应做会计分录如下：

借：银行存款　　(25 000÷2)12 500

　　营业外支出　　12 500

　　贷：预付账款　　25 000

二、其他应收款

其他应收款是指企业除应收票据、应收账款、预付账款、应收股利、应收利息等以外的其他各种应收及暂付款项。包括各种应收的赔款、应向职工收取的各种垫付款项等。企业出口产品或商品按照税法规定应予退回的增值税款，也作为其他应收款核算。

其他应收、暂付款主要包括的内容如图4－3所示。

其他应收、暂付款的主要内容

- 应收的各种赔款、罚款，如因职工失职造成一定损失而应向该职工收取的赔款，或因企业财产等遭受意外损失而应向有关保险公司收取的赔款等
- 存出保证金，如租入包装物支付的押金
- 应向职工收取的各种垫付款项，如为职工垫付的水电费、应由职工负担的医药费、房租等
- 备用金，如暂付给企业有关部门和个人周转使用的款项等
- 其他各种应收、暂付款项

图4－3　其他应收、暂付款的主要内容

企业应设置“其他应收款”科目对上述内容进行核算。在发生各种其他应收款项时，借记“其他应收款”科目，贷记“库存现金”“银行存款”等科目。收回各种款项时，借记“库存现金”“银行存款”等科目，贷记“其他应收款”科目。

例4－12：思泉工业企业在采购过程中发生材料毁损，按保险合同规定，应由保险公司赔偿损失30 000元，赔款尚未收到，假设该企业采用小企业会计准则核算，应编制会计分录如下：

借：其他应收款——保险公司　　30 000

　　贷：材料采购　　30 000

该企业是小微工业企业，以银行存款替副总经理垫付应由其个人负担的医疗费5 000元，拟从其工资中扣回，应编制会计分录如下：

(1)垫付医疗费时：

借：其他应收款　　5 000

　　贷：银行存款　　5 000

(2)扣款时：

借：应付职工薪酬　　5 000

　　贷：其他应收款　　5 000

按照《小企业会计准则》的规定，确认其他应收款实际发生的坏账损失，应当按照可收回的金额，借记“银行存款”等科目，按照其账面余额，贷记“其他应收款”科目，按照其差额，借记“营业外支出”科目。会计分录如下：

借：银行存款

　　营业外支出

　　贷：其他应收款

“其他应收款”坏账损失的确认条件同应收账款。其他应收款中所包括的内容是相当繁杂的。在实际生活中，由于一些企业内部管理不严，其他应收款长期得不到清理，致使其他应收款金额巨大，应当引起高度重视。

第四节　应收款项涉及的主要税务问题

1. 利用往来科目隐瞒收入

例4－13：某工业企业向某公司销售产品，结算后却不确认收入，而是首先按相同金额用资金支付一笔款项作为预付账款核算，即借记“预付账款”科目，贷记“银行存款”或“库存现金”科目，让人误以为是购买物品所支付的预付款，之后某个时间再将此收入的资金做相反的会计分录，即借记“银行存款”或“库存现金”科目，贷记“预付账款”科目，视同退款。

分析：该账务处理违反了税法的相关规定。预付账款是企业按照购货合同规定预先支付给供应单位的款项，一般按实际付出的金额入账。但在有些企业中，预付账款却不是真正意义上的预付资金，而是为了隐瞒收入。该案例中采取的方式，就是在取得收入时，借记“银行存款”科目，贷记“预付账款”科目，以后再借记“预付账款”科目，贷记“库存现金”科目进行销账，其目的就是隐匿收入、偷逃税金。

2. 隐瞒购销业务收入的问题

例4-14： A公司是B工业企业的长期客户，该公司主要采用赊购的方式购买B企业的产品。B企业相应的账务处理为借记“应收账款”科目，贷记“主营业务收入”科目。年底收到欠款进行结算时，B企业的账务处理本应该为借记“银行存款”或“库存现金”科目，贷记“应收账款”科目，但是由于B企业需要向A公司购买生产设备，于是双方私下达成协议，A公司可以用所欠账项抵销B公司购买设备的价款，双发都不再反映应收账款、收入等科目。

分析： 该账务处理违反了税法的相关规定。应收账款是核算企业因销售商品、材料、提供劳务以及代垫运杂费等，应向购货单位收取的款项。B企业向A公司提供产品而产生的应收账款，应该按时反映，及时收回，B企业不能因为向A公司购买产品，往来款项就不在账面上反映。双方这么做就是为了达到收入支出账外核算，以此规避相关税费。

第五节　应收款项涉及的主要审计问题

1. 为达成销售任务虚增收入的问题

例4-15： 某会计师事务所审计人员A在审计B工业企业时发现该企业的12月份利润表中的利润比其他几个月份高出好几倍，通过详细的审查发现该企业的一笔销售收入未结转成本，且对应的应收账款款项、户名经函证查无此单位。经过审查财务人员才知道是该企业经理为完成销售任务而在年底虚增了一笔收入。

分析： 有些工业企业经营方式比较特殊，采取承包制。一般情况下企业承包人为了隐匿收入、体现经营业绩或是为了完成承包任务就会利用年底结账的机会，人为地虚列销售收入、挂往来账、虚增利润。待下一年年初再用红字将此笔虚列的往来账冲销掉。这种问题需要关注该企业的经营是否以业绩作为考核目标，承包人是否有作假的动机，利润的变化是否有异常等。

2. 利用应收款项放贷，利息未计收入的问题

例4-16： 某工业企业收到外单位还来的欠款时，不在银行日记账反映，而是同时签发相同金额的转账支票，有偿转借给另一个单位，对支出银行存款也不反映在银行日记账中，将两笔业务合并记作：借记“应收账款——甲公司”科目，贷记“应收账款——乙公司”科目。收取利息后不记收入，而是转入“小金库”。审计人员在对该企业审计时，发现这笔相反借贷关系的账务处理违反常规，立即进行核实，利用应收账款违规放贷的事实最终浮出水面。

分析：根据国家有关规定，企业间可以互相拆借资金，但是有些企业却采取不正当的方式违规放贷，逃避利息收入，上述案例就是工业企业利用应收账款放贷，将利息收入转入“小金库”的。查找此类问题，最主要的是要弄清该企业应收账款的性质，是由于正常的经营业务形成的，还是没有任何实质内容的虚构业务。向银行和对方单位的取证非常重要，可以看到整个资金的走向。对方单位支付的款项（实质是利息）如果没有在企业的账上反映，就可以认定为“小金库”。

3. 存在关联关系的问题

例 4－17：A 公司和 B 工业企业没有任何业务上的往来，A 公司也从未收到过 B 企业的任何资金，但是 A 公司的负责人与 B 企业的财务主管是夫妻关系，于是 A 公司就以收取一定使用费为条件，在审计人员的函证中证明该公司收到过 B 企业的预付款，给审计人员的工作制造了很大的障碍，使两个公司的会计核算失去了真实性。

分析：企业的预付款业务必须以有效、合法的供应合同为基础，而实际工作中有的企业的预付款业务根本无对应的合同，而是利用预付款这一“中转站”往来搭桥，为他人进行非法结算，将所得回扣或佣金据为己有；或利用该项业务转移资金，隐匿收入、私设“小金库”或私分。查找此类问题的关键点在于除了函证之外，还要对资金的去向做必要的追踪，这样才能找出隐藏的问题。

第五章
小微工业企业对外投资的会计核算

第一节　投资概述

一、投资的基础知识

财务会计中的投资有广义和狭义之分，广义的投资包括对外投资和对内投资。对外投资是企业将企业内部资产让渡给企业外部以谋求经济利益的投资，包括权益性投资、债权性投资、期货投资、房地产投资等。对内投资是企业资产投资，包括固定资产投资、无形资产投资、存货投资等。狭义的投资一般仅包括对外投资，不包括对内投资。本章所称的投资是狭义投资中的权益性投资和债权性投资。

投资是指企业为通过分配来增加财富，或为谋求其他利益，而将资产让渡给其他单位所获得的另一项资产。投资具有以下特点，如图 5 – 1 所示。

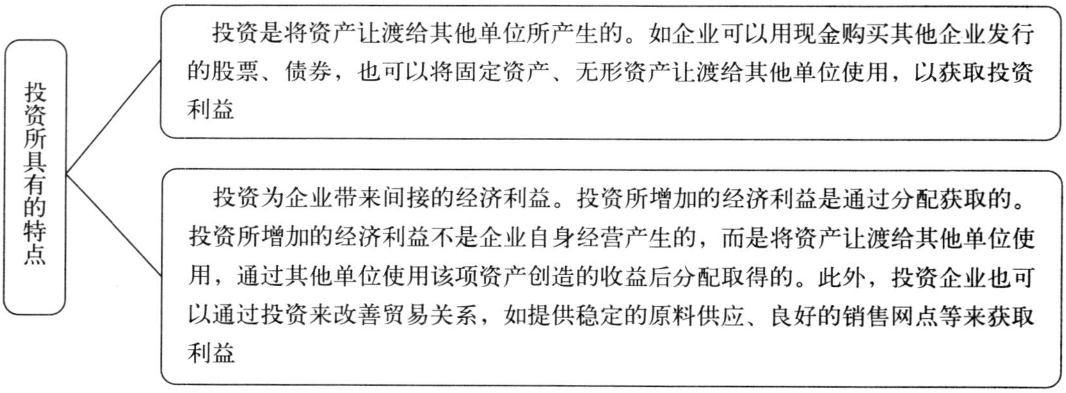

图 5 – 1　投资所具有的特点

二、投资的账务处理

（一）投资的确认

投资的确认主要解决投资入账的时间问题，即企业取得的某项投资，在符合何种条件时才能作为投资入账。

(二)投资的核算

投资的核算，如表 5－1 所示。

表 5－1　投资的核算

项目	内容
初始投资成本的确定	初始投资成本的确定主要解决为取得一项投资发生的支出有多少可以记入投资账户，确认为企业的一项资产，并在资产负债表资产方列示的问题。遵循历史成本原则，投资的初始成本是指取得投资时所付出的全部代价，包括买价和其他相关费用。以非货币性资产或通过债务重组方式取得的投资，则应按照相关准则规定的方法确定投资成本
投资持有期间的计量	投资持有期间的计量主要解决是否要调整投资账面价值以及期末按什么价值在报表上反映的问题
投资的期末计价	投资的期末计价主要解决报告期末投资以什么价值在资产负债表上揭示的问题。根据历史成本原则，投资在资产负债表上应按其账面价值反映

(三)投资损益的确认与计量

投资损益的确认与计量主要解决企业从被投资单位分配的股利和利息，债券溢折价返销以投资处理或收回所产生的净收入与投资账面价值的差额等，是否计入投资损益，是否全额计入投资收益的问题。

企业投资按投资回收期的长短，可以分为短期投资和长期投资，这是投资的基本分类。

第二节　短期投资

短期投资核算包括短期投资的取得及其成本的确定、短期投资收益的确认、短期投资的处理与短期投资的期末计价等内容。为此，企业应设置“短期投资”“投资收益”“应收股利”“应收利息”等科目进行核算。

一、短期投资成本的概念及确定

短期投资是指能够随时变现并且持有时间不准备超过一年(含一年)的投资，包括股票、债券、基金等。短期投资通常易于变现，且持有时间较短，不以控制被投资单位等为目的。短期投资应当具备以下两个条件，如图 5－2 所示。

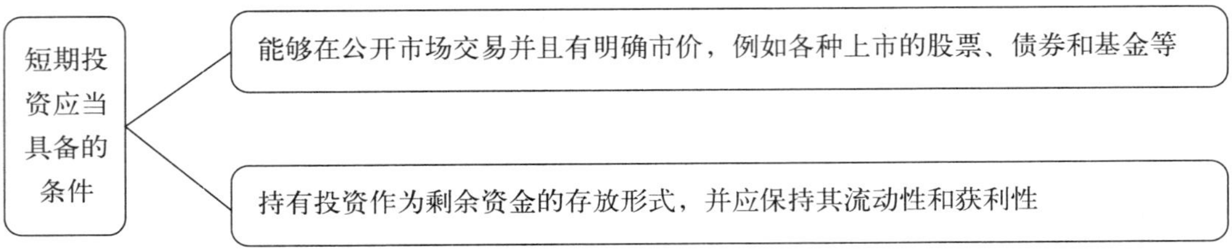

图 5－2　短期投资应当具备的条件

企业的投资是作为短期投资还是长期投资，不能仅仅依据持有时间的长短而判断，主要依据企业管理部门的意图而定。只要不是以控制被投资单位为目的，而是存放剩余现金，即使短期投资实际持有时间已超过一年，仍可作为短期投资，除非企业管理当局意图改变投资目的。

二、短期投资会计核算的账户设置

短期投资会计核算的账户设置，如表 5－2 所示。

表 5－2　短期投资会计核算的账户设置

账户	内容
短期投资	借方登记取得短期投资的实际投资成本，贷方登记短期投资处置的成本，期末余额在借方，反映企业持有的各种短期投资的实际成本。“短期投资”账户应按短期投资各类明细科目设置明细账，进行明细核算
投资收益	核算企业对外投资所取得的收益或发生的损失。该科目为损益类科目，借方登记企业投资收益，贷方登记投资损失。期末，企业应将本科目的余额转入“本年利润”账户，结转后应无余额。“投资收益”账户应按投资收益种类设置明细账，进行明细核算
应收股利	核算企业因进行股权投资应收取的现金股利以及应收其他单位的利润，期末余额在借方，反映企业尚未收回的现金股利、利润。“应收股利”账户应按被投资单位设置明细账，进行明细核算
应收利息	核算企业因进行债券投资应收取的利息，期末余额在借方，反映尚未收回的利息。“应收利息”账户应按照债券种类设置明细账，进行明细核算

三、短期投资的计量

短期投资的计量包括短期投资取得时初始投资成本的计量、持有期间新投资成本的计量和期末成本的计量。

（一）初始投资成本的计量

根据《小企业会计准则》的规定，短期投资应当按照购买价款和相关税费作为成本进行计量。实际成本是指取得各种股票、债券时实际支付的购买价款和相关税费，即交易费用也计入投资成本。购入的各种股票、债券、基金等，实际支付的价款中包含已宣告但尚未领取的现金股利或已到付息期但尚未领取的债券利息，应单独核算，不计入短期投资的成本。

（二）持有期间成本的计量

短期投资在持有期间应按照历史成本计量，账面价值等于初始投资成本。被投资单位宣告分派的现金股利或债务人的应付利息均应计入投资收益。其中，被投资单位宣告分派的现金股利，借记"应收股利"科目，贷记"投资收益"科目。在债务人应付利息日，按照分期付息、一次还本债券投资的票面利率计算的利息收入，借记"应收利息"科目，贷记"投资收益"科目。

（三）期末账面价值的计量

期末账面价值是指期末投资在资产负债表上反映的价值。根据《小企业会计准则》的规定，企业的短期投资不计提跌价准备，期末应按历史成本计量，账面余额依旧是初始投资成本。即使短期投资预计可能发生损失，也要在损失实际发生时进行账务处理。

例5－1：思泉工业企业于2014年2月以银行存款购入下列公司的股票作为短期投资，如表5－3所示。

表5－3　股票投资一览表

单位：元

项目	股数（股）	每股单价（元）	税费（元）	投资成本（元）
股票A	20 000	6.50	800	130 800
股票B	5 000	10.00	780	50 780
股票C	40 000	5.60	1 000	225 000
合计				406 580

做相关的会计分录如下：

借：短期投资——股票A　　130 800

　　　　　　——股票B　　50 780

　　　　　　——股票C　　225 000

　贷：银行存款　　406 580

四、短期投资损益的确认及短期投资的账务处理

(一)短期投资损益的确认

短期投资取得的股利、利息及其持有期间的损益分别按下列方法处理:

(1)短期投资取得时实际支付的价款中包含的已宣告但尚未发放的现金股利，或已到付息期但尚未领取的债券利息，属于在购买时暂时垫付的资金，是在投资时所取得的一项债权。因此，企业应当在实际收到时冲减已记录的应收股利或应收利息，不确认为投资收益。

(2)企业短期投资的损益，只能在短期投资处置时确认。确认的投资收益为处置短期投资所获得的净收入与短期投资账户余额的差额。这里的“净收入”指处置短期投资时所获得的价款减去发生的相关费用后的余额。

例5-2: 2014年9月12日，思泉工业企业以银行存款购入B股份有限公司已宣告但尚未分派现金股利的股票20 000股，作为短期投资进行管理，每股成交价10.5元，其中，0.5元为已宣告但尚未分派的现金股利，股权截止日为9月20日；另支付相关税费10 000元。该工业企业的会计分录如下:

借：短期投资——B股票　　210 000

　　应收股利——B股票　　10 000

　　贷：银行存款　　220 000

其中，短期投资成本计算如下:

成交价	(20 000×10.5) 210 000元
加：支付的相关税费	10 000元
减：已宣告尚未分派的现金股利	(20 000×0.5)10 000元
短期投资成本	210 000元

承上，如2014年9月20日，该工业企业收到原已计入“应收股利”的现金股利10 000元，则:

借：银行存款　　10 000

　　贷：应收股利——B股票　　10 000

(二)短期投资的账务处理

短期投资的账务处理，主要指短期投资出售的账务处理。出售短期投资，应当按照实际收到的出售价款，借记“银行存款”或“库存现金”科目，按照该项短期投资的账面余额，贷记“短期投资”科目，按照尚未收到的现金股利或债券利息，贷记“应收股利”或“应收利息”科目，按照其差额，贷记或借记“投资收益”科目。此处的投资收益金额即为企业此项短期投资的损益，为出售价款扣除其账面余额、相关税费后的净额。

例 5－3： 2014 年 12 月 31 日，思泉工业企业出售其所持有的 B 股份有限公司的股票 20 000 股，实际收回金额 252 000 元，款项已存入银行；该批股票的账面余额为 200 000 元。该工业企业的会计分录如下：

借：银行存款　　252 000

　　贷：短期投资——B 股票　　200 000

　　　　投资收益　　52 000

第三节　长期股权投资

长期资产是企业除流动资产以外的其他资产，主要包括长期股权投资、长期债券投资、固定资产、生产性生物资产、无形资产、长期待摊费用等。长期资产是企业的资本性支出，其核算的正确与否会影响若干年度的会计期间有关财务状况和经营成果的会计信息质量，这一点对经营规模较小的企业同样重要。

一、长期股权投资的概念及分类

长期股权投资是指企业准备长期持有（通常在一年以上）的权益性投资。长期股权投资依据对被投资单位产生的影响分为以下四种类型，如图 5－3 所示。

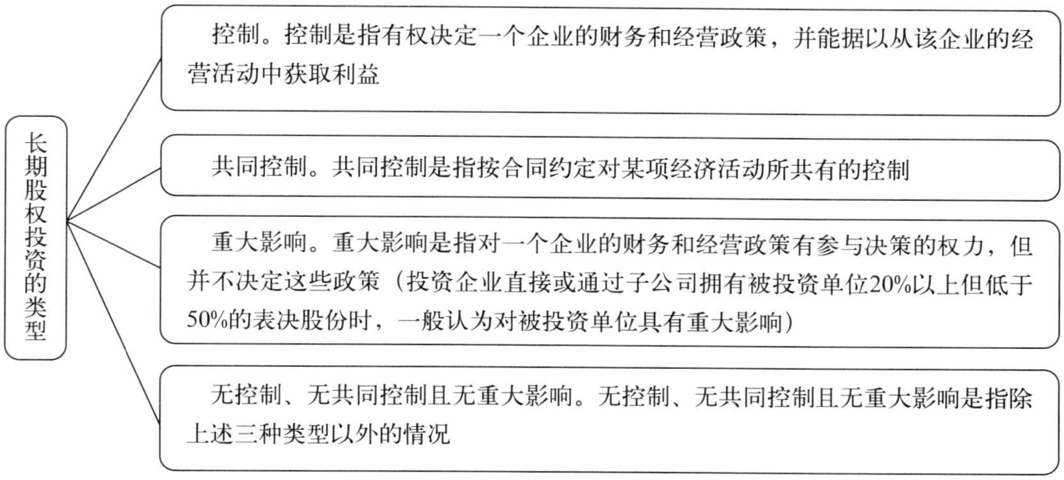

图 5－3　长期股权投资的类型

企业长期股权投资核算的内容包括：长期股权投资取得时，初始投资成本的确定；长期股权投资的成本法；长期股权投资的处置等。为此，企业应设置“长期股权投资”总账科目。

二、长期股权投资初始成本的确定

长期股权投资初始投资成本应当分情况确定。

（一）以现金购入的长期股权投资

按实际支付的全部价款（包括支付的税金、手续费等相关费用）作为初始投资成本；实际支付的价款中含有已宣告但尚未领取的现金股利的，在计算初始投资成本时应予以扣除。按照扣除后的金额，借记“长期股权投资”科目，按照应收的现金股利，借记“应收股利”科目，按照实际支付的购买价款和相关税费，贷记“银行存款”科目。

例5－4： 思泉工业企业于2014年1月6日购买甲公司发行的股票20 000股准备长期持有，该股票市价为12元。购买时另支付相关税费2 000元。款项已通过银行存款支付。做会计分录如下：

借：长期股权投资——甲公司　　　　(20 000×12＋2 000)242 000

　　贷：银行存款　　　　242 000

例5－5： 思泉工业企业于2014年1月6日购买甲公司发行的股票20 000股准备长期持有，包含已宣告但尚未发放的现金股利，每股0.2元，该股票市价为12元。购买时另支付相关税费2 000元。款项已通过银行存款支付。做会计分录如下：

借：长期股权投资——甲公司　　　　242 000

　　应收股利——甲公司　　　　(20 000×0.2)4 000

　　贷：银行存款　　　　246 000

（二）以非货币性交易换入的长期股权投资

按换出资产的账面价值加上应支付的相关税费作为初始投资成本。如涉及补价的，应按以下规定确定换入长期股权投资的初始投资成本：

（1）收到补价的，按换出资产的账面价值加上应确认的收益和应支付的相关税费减去补价后的余额，作为初始投资成本。

（2）支付补价的，按换出资产的账面价值加上应支付的相关税费和补价，作为初始投资成本。

以材料换入的长期股权投资，如该项材料的进项税额不可抵扣的，长期股权投资的入账价值还应加上不可抵扣的增值税进项税额。

进行账务处理时，以初始投资成本，借记“长期股权投资”科目，按照换出非货币性资产的账面价值，贷记“固定资产清理”“无形资产”等科目，按照支付的相关税费，贷记“应交税费”等科目，按照其差额，贷记“营业外收入”或借记“营业外支出”等科目。

例5－6：思泉工业企业以固定资产对其他单位投资，投出资产的账面原价为2 250 000元，已计提折旧为250 000元，已提减值准备为零。另外，支付固定资产清理费用20 000元，该工业企业应做会计分录如下：

借：固定资产清理　　2 000 000
　　累计折旧　　250 000
　　贷：固定资产　　2 250 000
借：固定资产清理　　20 000
　　贷：银行存款　　20 000

长期股权投资初始投资成本＝2 250 000－250 000＋20 000＝2 020 000（元）。

借：长期股权投资　　2 020 000
　　贷：固定资产清理　　2 020 000

三、长期股权投资的成本法

（一）成本法的适用范围

成本法是指投资后按实际成本确认账面金额，并且在持有期间一般因被投资单位净资产的增减而变动投资账面余额的方法。无论企业长期股权投资的类型是什么，《小企业会计准则》规定，均应采用成本法计量。不再按照《小企业会计制度》的规定，分别采用成本法和权益法。

（二）成本法的核算方法

1．取得长期股权投资的会计核算

长期股权投资在取得时，应按实际成本作为投资成本。

（1）以现金购入的长期股权投资，按实际支付的全部价款（包括支付的税金、手续费等相关费用）作为投资成本。实际支付的价款中包含已宣告但尚未领取的现金股利，应按实际支付的价款减去已宣告但尚未领取的现金股利后的差额，作为投资的实际成本，借记“长期股权投资”科目，按已宣告但尚未领取的现金股利金额，借记“应收股利”科目，按实际支付的价款和相关税费，贷记“银行存款”科目。

（2）通过非货币性资产交换取得的长期股权投资，应当按照非货币性资产的评估价值与相关税费之和，借记“长期股权投资”科目，按照换出非货币性资产的账面价值，贷记“固定资产清理”“无形资产”等科目，按照支付的相关税费，贷记“应交税费”等科目，按照其差额，贷记“营业外收入”或借记“营业外支出”等科目。

2．长期股权投资持有期间投资收益的会计核算

（1）采用成本法核算时，除追加或收回投资外，长期股权投资的账面余额一般应当保持不变。

(2)股权持有期间，企业应于被投资单位宣告发放现金股利或利润时确认投资收益。按被投资单位宣告发放的现金股利或利润中属于应由本企业享有的部分，借记“应收股利”科目，贷记“投资收益”科目。收到现金股利或利润时，借记“银行存款”科目，贷记“应收股利”科目。

3. 处置长期股权投资的会计核算

在使用成本法的情况下，企业处置长期股权投资时，按实际取得的价款，借记“银行存款”等科目，按长期股权投资的账面余额，贷记“长期股权投资”科目，按尚未领取的现金股利或利润，贷记“应收股利”科目，按其差额，贷记或借记“投资收益”科目。

例5-7：思泉工业企业于2014年4月2日购入乙公司股份200 000股，每股价格12元，另支付相关税费2 000元，企业购入乙公司股份占乙公司有表决权资本的3%，并准备长期持有。乙公司于2014年5月2日宣告分派2013年度的现金股利，每股0.2元。该工业企业的会计分录如下：

(1)购入时：

借：长期股权投资——乙公司　　(200 000×12+2 000)2 402 000

　　贷：银行存款　　2 402 000

(2)乙公司宣告分派股利时：

借：应收股利　　(200 000×0.2)40 000

　　贷：投资收益　　40 000

例5-8：思泉工业企业于2013年1月1日以银行存款购入丙公司10%的股份，并准备长期持有。实际投资成本420 000元。丙公司于2013年5月2日宣告分派2012年度的现金股利400 000元。假设丙公司2013年1月1日股东权益合计为3 400 000元，其中股本为3 000 000元，未分配利润为400 000元，2013年实现净利润1 000 000元；2014年5月1日宣告分派现金股利600 000元。该工业企业的会计分录如下：

(1)2013年1月1日投资时：

借：长期股权投资——丙公司　　420 000

　　贷：银行存款　　420 000

(2)2013年5月2日丙公司宣告发放现金股利时：

借：应收股利　　(400 000×10%)40 000

　　贷：投资收益　　40 000

收到现金股利时：

借：银行存款　　40 000

　　贷：应收股利　　40 000

(3)2014年5月1日丙公司宣告发放现金股利时：

借：应收股利　　(600 000×10%)60 000

　　贷：投资收益　　60 000

收到现金股利时：

借：银行存款　　60 000

　　贷：应收股利　　60 000

四、长期股权投资的账务处理

处置长期股权投资的投资损益应当在符合股权转让日的条件时才能确认。处置长期股权投资，应当按照处置价款，借记“银行存款”科目，按长期股权投资的账面价值，贷记“长期股权投资”科目，按尚未领取的现金股利或利润，贷记“应收股利”科目，按其差额，贷记或借记“投资收益”科目。

例5-9：思泉工业企业将作为长期投资核算的甲公司股票30 000股全部出售，每股售价11元，支付相关税费2 000元，款项已通过银行收付，该股票账面价值为303 000元。做会计分录如下：

投资收益=售让股票实际收到价款-股票投资账面价值=30 000×11-2 000-303 000=25 000(元)。

借：银行存款　　328 000

　　贷：长期股权投资　　303 000

　　　　投资收益　　25 000

五、长期股权投资的损失

企业长期股权投资符合下列条件之一的，减除可收回金额后确认的无法收回的长期股权投资，作为长期股权投资的损失：

(1)被投资单位已依法宣告破产、关闭、解散、被撤销，或者被依法注销、吊销营业执照的。

(2)被投资单位财务状况严重恶化，累计发生巨额亏损，已连续停止经营3年以上，且无重新恢复经营改组计划等。

(3)对被投资单位不具有控制权，投资期限届满或者投资期限已超过10年，且被投资单位因连续3年经营亏损导致资不抵债的。

(4)被投资单位财务状况严重恶化，累计发生巨额亏损，已完成清算或清算期超过3年以上的。

(5)国务院财政、税务主管部门规定的其他条件。

长期股权投资损失应当于实际发生时计入营业外支出，同时冲减长期股权投资账面余额。这是《小企业会计准则》异于《小企业会计制度》的地方：长期股权投资预计发生损失时不再计提减值准备，而是当损失实际发生时，直接减少其账面金额。

第四节　长期债券投资

长期债券投资是指企业以购买长期债券的方式向其他单位投资，且投资期限在一年以上的债券投资。长期债券投资的核算包括长期债券投资初始成本的确定，长期债券投资溢折价的摊销和利息的计提，长期债券投资收益的处置等内容。为此，企业需设置"长期债券投资"总账科目，按照债券种类和被投资单位，分别通过面值、溢折价、应计利息进行明细核算。

一、长期债券投资初始成本的确定

长期债券投资取得时的初始投资成本，是指取得长期债券投资时支付的全部价款的金额。实际支付的价款中包含的已到付息期但尚未领取的利息，作为应收项目单独核算，不作为债券投资的初始投资成本。在进行账务处理时，应当按照债券票面价值，借记"长期债券投资"(面值)科目，按照实际支付的购买价款和相关税费，贷记"银行存款"科目，按照其差额，借记或贷记"长期债券投资"(溢折价)科目。若实际支付的购买价款中包含已到付息期但尚未领取的债券利息，应当按照债券票面价值，借记"长期债券投资"(面值)科目，按照应收的债券利息，借记"应收利息"科目，按照实际支付的购买价款和相关税费，贷记"银行存款"科目，按照其差额，借记或贷记"长期债券投资"(溢折价)科目。

例5－10：思泉工业企业在2014年12月31日购进C公司当年7月1日发行的面值为2 000 000元的两年期债券，票面利率6%，到期还本付息。共支付价款2 080 000元，其中包括佣金手续费10 000元，6个月应计利息60 000元。做会计分录如下：

债券溢价＝2 080 000－2 000 000－60 000＝20 000(元)。

借：长期债券投资——面值	2 000 000	
——溢价	20 000	
——应计利息	60 000	
贷：银行存款		2 080 000

二、长期债券投资溢折价及利息的计提

(一)长期债券投资溢折价及账务处理

购入长期债券时，按购入价格与债券面值之间的差异可分为按债券面值购入、按高于或低于债券面值的价格购入。溢价或折价购入是由于债券的名义利率(或票面利率)与实际利率(或市场利率)不同而引起的。当债券票面利率高于市场利率，表明债券发行单位实际支付的利息将高于按市场利率计算的利息，发行单位则在发行时按照高于债券票面价值的价格发行，即溢价发行，对购买单位而言则为溢价购入。溢价发行对投资者而言，是为以后多得利息而事先付出的代价；对于发行单位而言，是为以后多付利息而事先得到的补偿。如果债券的票面利率低于市场利率，表明发行单位今后实际支付的利息低于按照市场利率计算的利息，则发行单位按照低于票面价值的价格发行，即折价发行，对于购买单位而言，是折价购入。折价发行对投资者而言，是为今后少得利息而事先得到的补偿；对发行单位而言，是为今后少付利息而事先付出的代价。

长期债券投资溢价或折价按以下公式计算：

债券投资溢价或折价＝(债券初始投资成本－尚未到期的债券利息)－债券面值

长期债券投资溢价或折价采用直线法摊销。在债务人应付利息日，按照应分摊的债券溢折价金额，借记或贷记“投资收益”科目，贷记或借记“长期债券投资”(溢折价)科目。

(二)长期债券投资利息的账务处理

长期债券投资利息，应根据不同情况分别进行账务处理，如图5－4所示。

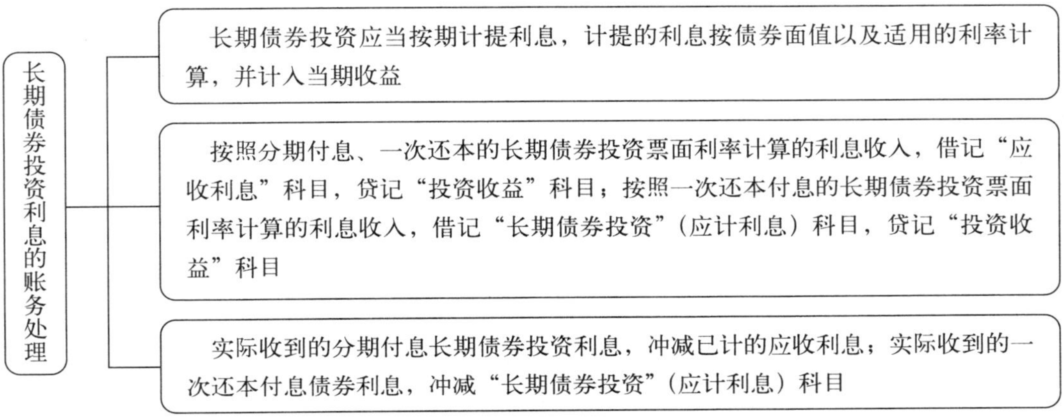

图5－4　长期债券投资利息的账务处理

例 5－11：承例 5－10，思泉工业企业在 2014 年 12 月 31 日计提持有债券利息。做会计分录如下：

债券利息 =2 000 000×6% =120 000(元)。

借：长期债券投资——应计利息　　120 000

　　贷：投资收益　　120 000

2015 年末做相同的账务处理。

(三)年度终了计算利息并按直线法摊销溢折价的账务处理

直线法是将债券的溢折价按债券的还款期限(或付息期数)平均分摊。在直线法摊销溢折价的方法下，每期溢折价的摊销数额相等。按每期摊销金额，借记或贷记“投资收益”科目，贷记或借记“长期债券投资”(溢折价)科目。

例 5－12：思泉工业企业于2014 年1 月2 日购入B 企业2014 年1 月1 日发行的5 年期债券，票面年利率 12%，债券面值 1 000 元。该工业企业按 1 050 元的价格购入 80 张，另付有关税费 400 元。该债券每年付息一次，最后一年还本金并付最后一次利息。该工业企业按年计算利息，按直线法摊销溢折价。购买时的会计分录如下：

借：长期债券投资——面值　　(1 000×80)80 000

　　　　　　　　——溢价　　[(1 050－1 000)×80＋400]4 400

　　贷：银行存款　　84 400

年度终了计算利息并摊销溢价，如表 5－4 所示。

表 5－4　债券溢价摊销(直线法)

单位：元

计息	应收利息	利息收入	溢价摊销	未摊销溢价	面值和未摊销溢价之和
日期	(1)＝面值×票面利率	(2)＝(1)－(3)	(3)＝4 400÷5	(4)＝上期(4)－(3)	(5)＝上期(5)－(3)
2014 年 1 月				4 400	84 400
2015 年 12 月	9 600	8 720	880	3 520	83 520
2016 年 12 月	9 600	8 720	880	2 640	82 640
2017 年 12 月	9 600	8 720	880	1 760	81 760
2018 年 12 月	9 600	8 720	880	880	80 880
2019 年 12 月	9 600	8 720	880	0	80 000
合计	48 000	43 600	4 400		

借：应收利息　　9 600
　贷：长期债券投资——溢价　　880
　　　投资收益　　8 720

（1）各年收到债券利息（除最后一次付息外）：

借：银行存款　　9 600
　贷：应收利息　　9 600

（2）到期还本并收到最后一次利息：

借：银行存款　　89 600
　贷：长期债券投资——面值　　80 000
　　　应收利息　　9 600

三、长期债券投资损益的确认及账务处理

（一）长期债券投资损益的确认

长期债券投资损益包括债券持有期间的利息收入、处置收入与其账面价值的差额等。具体按以下办法处理，如图5－5所示。

长期债券投资损益的账务处理

- 按债券面值取得的投资，在债券持有期间按期计提的利息收入确认为当期投资收益
- 溢价或折价取得的债券投资，在债券持有期间按期计提的利息收入，经调整溢价或折价摊销后的金额，确认为当期投资收益

图5－5　长期债券投资损益的账务处理

（二）长期债券投资的账务处理

出售或到期收回债券本息时，按实际收到的金额借记“银行存款”科目，按照其债券账面余额，贷记“长期债券投资”（成本、溢折价、应计利息）科目，按照应收未收的利息收入，贷记“应收利息”科目，按差额贷记或借记“投资收益”科目。

例5－13：思泉工业企业持有的两年期债券于2014年1月1日到期。债券面值200 000元，利息30 000元，收回债券本金和利息230 000元，存入银行。做会计分录如下：

借：银行存款　　230 000
　贷：长期债券投资——面值　　200 000
　　　应收利息　　30 000

四、长期债券投资的损失

根据《小企业会计准则》的规定，当小企业的长期债券投资符合下列条件之一的，不再计提减值准备，而是在损失实际发生时计入营业外支出，同时冲减长期债券投资账面余额。长期债券投资账面余额减除可收回的金额后确认的无法收回的部分，作为长期债券投资损失。

(1)债务人依法宣告破产、关闭、解散、被撤销，或者被依法注销、吊销营业执照，其清算财产不足清偿的。

(2)债务人死亡，或者依法被宣告失踪、死亡，其财产或者遗产不足清偿的。

(3)债务人逾期3年以上未清偿，且有确凿证据证明已无力清偿债务的。

(4)与债务人达成债务重组协议或法院批准破产重整计划后，无法追偿的。

(5)因自然灾害、战争等不可抗力导致无法收回的。

(6)国务院财政、税务主管部门规定的其他条件。

第五节　对外投资涉及的主要审计问题

1. 股权转让账务处理的问题

例5-14： 某工业企业2014年协议转让一项股权投资，初始投资成本为100万元，取得转让所得80万元，会计上确认的投资损失为20万元，年底未做任何纳税调整。税务机关根据文件的规定，认为该企业当年股权转让所得80万元可以冲减投资成本，但其投资损失20万元应做当期纳税调整，并从以后年度取得的投资收益或者转让所得中结转扣除。如果该企业在5年内对其投资损失中的20万元未扣除或者未完全扣除，则可以在2020年度一次性全额税前扣除。

分析： 该企业在会计上的处理没有问题，但是根据相关的规定，每一纳税年度扣除的股权投资损失，不得超过当年实现的股权投资收益和股权投资转让所得，超过部分可以向以后纳税年度结转扣除。但是企业股权投资转让损失连续向后结转5年仍不能从股权投资收益和股权投资转让所得中扣除的，准予在该股权投资转让年度后第6年一次性扣除。

因此，该企业当年股权转让所得中80万元可以冲减投资成本，其投资损失20万元应做当期纳税调整，并从以后年度取得的投资收益或者转让所得中结转扣除。如果该企业在5年内对其投资损失中的20万元未扣除或者未完全扣除，则可在2020年度一次性全额税前扣除。

2. 长期债券投资入账的问题

例 5－15：某工业企业 2013 年以银行存款 50 万元购入某公司面值为 40 万元的长期债券，其中含相关税金及手续费 4 万元，含已到付息期但尚未领取的债券利息 3 万元，该企业账务处理时借记“长期债券投资”科目 50 万元，贷记“银行存款”科目 50 万元。审计人员在审计时发现该企业 2014 年收到了债券发行方支付的债券利息，直接冲减“长期债券投资”科目，查阅 2013 年相关账目，发现长期债券投资入账方面存在问题。

分析：根据相关会计准则的规定，企业购入的长期债券按照实际支付的价款减去已到付息期但尚未领取的债券利息及税金、手续费等相关税费后的金额，作为债券投资的成本。长期债券应按期计提利息。购入到期还本付息的债券，按期计提的利息，于确认利息收入时，记入“应计利息”科目。

应审查确认债券投资入账价值是否按实际支付款计算，含有应计利息的是否扣除应计利息。查明债券溢价和折价在债券到期前采用直线法予以摊销的正确性，查明对含有应得利息的债券投资其应计利息是否单独核算、债券投资增减变动及其收益(损失)核算的账务是否正确。审查确认会计报表有关一年内到期的长期债券投资和期末债券的市价。

第六章
小微工业企业固定资产的会计核算

第一节　固定资产的概述

固定资产指为生产商品、提供劳务、出租或经营管理而持有的、使用年限超过一年、单位价值较高的资产。企业的固定资产包括房屋、建筑物、机器、机械、运输工具、设备、器具、工具等。固定资产的基本特征如图 6－1 所示。

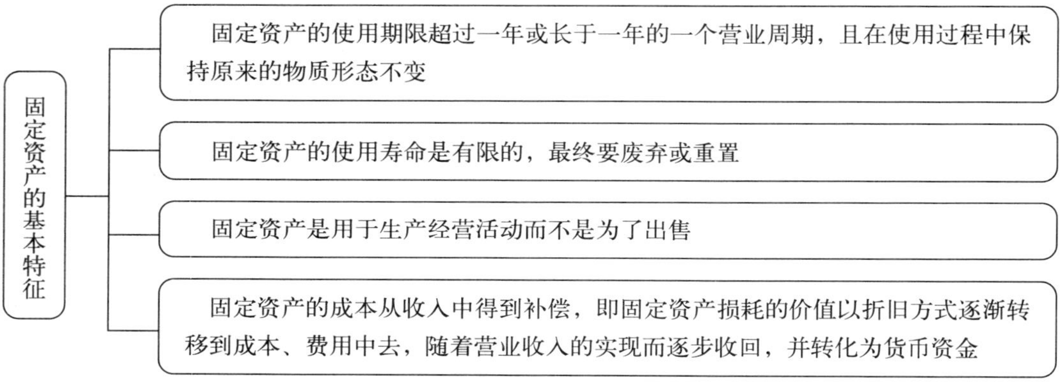

图 6－1　固定资产的基本特征

企业应当根据固定资产定义，结合本企业的具体情况，制定适合于本企业的固定资产目录、分类方法、每类或每项固定资产的折旧年限、折旧方法和预计净残值，作为进行固定资产核算的依据。企业临时租入的固定资产和以经营租赁方式租入的固定资产，应另设备查簿进行登记，不作为固定资产核算。

第二节　固定资产的取得

一、固定资产取得时的成本确定

固定资产的价值构成是指固定资产价值所包括的范围。它包括企业为购建某项固定资产达到预定可使用状态前所发生的一切合理、必要的支出。这些支出既有直接发生的，如固定资产的价款、进口关税等税金、运输和保险等相关费用、包装费和安装成本等；也有间接发生的，如应承担的借款利息、外币借款折合差额以及应分摊的其他间接费用等。

固定资产取得时的成本应当根据以下情况分别确定，如图 6－2 所示。

固定资产取得时的成本确定

- 外购固定资产的成本包括购买价款、相关税费、运输费、装卸费、保险费、安装费等，但不含按照税法规定可以抵扣的增值税进项税额
- 自行建造固定资产的成本，由建造该项资产在竣工决算前发生的支出（含相关的借款费用）构成
- 投资者投入的固定资产，应当按照评估价值和相关税费确定
- 融资租入的固定资产，按照租赁协议或者合同确定的价款，加上运输费、途中保险费、安装调试费以及融资租入固定资产达到预定可使用状态前发生的利息支出和汇兑损益后的金额作为其成本
- 盘盈的固定资产，按其市价或同类、类似固定资产的市场价格或评估价值，减去按该项资产的新旧程度估计的价值损耗后的余额作为其成本

图 6－2　固定资产取得时的成本确定

二、固定资产会计核算的账户设置

固定资产会计核算应设置“固定资产”“累计折旧”“在建工程”“固定资产清理”等账户，如表 6－1 所示。

表 6－1　固定资产会计核算的账户设置

账户	内容
固定资产	本账户核算企业生产经营活动中使用的固定资产的原值。借方登记增加的固定资产原值；贷方登记减少的固定资产原值；期末余额在借方，反映企业期末固定资产的账面原值。临时租入的固定资产，应当另设置备查簿进行登记，不在本账户核算
累计折旧	本账户核算企业固定资产的累计折旧。借方登记减少固定资产转出的折旧额；贷方登记提取的折旧额；期末余额在贷方，反映企业提取的固定资产折旧累计数
在建工程	本账户核算企业进行基建工程、安装工程、技术改造工程等发生的实际支出，包括安装设备的价值。借方登记企业出包或自营基建工程达到预定可使用状态前所发生的全部净支出以及改扩建过程中发生的有关支出；贷方登记基建工程达到预定使用状态转出的实际工程成本；期末余额在借方，反映企业尚未完工的基建工程发生的各项实际支出。为了反映在建工程的明细资料，企业应设置“建筑工程”“安装工程”“技术改造工程”和“其他支出”等明细科目。此外，为在建工程需要专门购入的工程物资，购入时应通过“工程物资”科目进行核算，待实际用于在建工程时转入本科目

（续表）

账户	内容
工程物资	本账户核算企业为建筑工程等购入的各种物资的实际成本，包括为工程准备的材料、尚未安装设备的实际成本等。借方登记企业购入为工程准备的物资和工程完工后应办理退库手续的剩余工程物资；贷方登记领用、盘亏、报废、毁损的工程物资；期末余额在借方，反映企业为工程购入但尚未领用的材料及购入需要安装设备的实际成本
固定资产清理	本账户核算企业因出售、报废、毁损等原因转入清理的固定资产价值及在清理过程中所发生的清理费用和清理收入等。借方登记转入清理的固定资产账面价值的净值、清理过程中发生的清理费用和应交的税金以及结转的固定资产清理后的净收益；贷方登记收回出售固定资产的价款、残料价值和变价收入、应由保险公司或过失人赔偿的损失以及结转的固定资产清理后的净损失；期末余额在借方，反映企业尚未清理完毕固定资产的净值以及清理净收益(清理收入－清理费用)

三、固定资产取得的账务处理

(一)购入的固定资产

企业购入不需要安装的固定资产，应当按照实际支付的购买价款、相关税费(不包括按照税法规定可抵扣的增值税进项税额)、运输费、装卸费、保险费等，借记“固定资产”科目，按照税法规定可抵扣的增值税进项税额，借记“应交税费——应交增值税(进项税额)”科目，贷记“银行存款”“长期应付款”等科目。购入需要安装的固定资产，先记入“在建工程”科目，安装完成后再转入“固定资产”科目。

例6－1：思泉工业企业购入机器一台，购买价款为200 000元，增值税为34 000元，运杂费为8 500元，均以银行存款付讫，机器设备已交付生产使用。做会计分录如下：

借：固定资产　　(200 000＋8 500)208 500

　　应交税费——应交增值税(进项税额)　　34 000

　　贷：银行存款　　242 500

例6－2：思泉工业企业以银行存款购入磨床一台，购买价款为500 000元，增值税为85 000元，支付运杂费为1 600元，安装费用为7 800元，现已安装完毕，交付生产使用。做会计分录如下：

(1)购入并交付安装时：

借：在建工程　　(500 000＋1 600)501 600

　　应交税费——应交增值税(进项税额)　　85 000

　　贷：银行存款　　586 600

(2)发生安装费用时：

借：在建工程　　7 800

　　贷：银行存款　　7 800

(3)安装完毕，交付使用时：

借：固定资产　　(501 600 +7 800)509 400

　　贷：在建工程　　509 400

(二)自行建造的固定资产

自行建造完成的固定资产，按照竣工决算前所发生的必要支出作为入账价值，借记“固定资产”科目，贷记“在建工程”科目。建造固定资产竣工决算前所发生的必要支出，包括企业以专门借款购建的固定资产，在达到竣工决算前实际发生的借款费用等。企业自行建造固定资产包括自营建造和出包建造两种方式。

1. 自营建造固定资产的成本确定

自营的工程，领用工程用物资时，应按工程物资的实际成本，借记“在建工程”科目，贷记“工程物资”等科目；工程领用本企业材料的，应按材料的实际成本加上不能抵扣的增值税进项税额，借记“在建工程”科目，按材料的实际成本，贷记“原材料”科目，按不能抵扣的增值税进项税额，贷记“应交税费——应交增值税(进项税额转出)”科目。

工程领用本企业的商品产品时，按商品产品的实际成本加上应交纳的相关税费，借记“在建工程”科目，按应交纳的相关税费，贷记“应交税费——应交增值税(销项税额)”等科目，按库存商品的实际成本，贷记“库存商品”科目。

工程应负担的职工工资及福利费，借记“在建工程”科目，贷记“应付职工薪酬”科目。

企业在建工程在竣工决算前发生的借款利息，应当根据借款合同利率计算确定的利息费用，借记“在建工程”科目，贷记“应付利息”等科目。办理竣工决算后发生的利息费用，借记“财务费用”科目，贷记“应付利息”等科目。

企业在建工程在试运转过程中形成的产品、副产品或试车收入冲减在建工程成本。

企业自营建造工程办理决算竣工，借记“固定资产”科目，贷记“在建工程”科目。

2. 出包建造固定资产的成本确定

发包的工程，应于按合同规定向承包企业预付工程款、备料款时，根据实际支付的价款，借记“在建工程”科目，贷记“银行存款”科目；以拨付给承包企业的材料抵作预付备料款的，应按工程物资的实际成本，借记“在建工程”科目，贷记“工程物资”科目；将需要安装的设备交付承包企业进行安装时，应按设备的成本借记“在建工程”科目，贷记“工程物资”科目。与承包企业办理工程价款结算时，补付的工程款，借记“在建工程”科目，贷记“银行存款”“应付账款”等科目。

例6-3：思泉工业企业自行建造仓库一座，购入为工程准备的物资300 000元，支付增值税额为51 000元。实际领用工程物资345 000元，剩余物资转为存货；另外还领用了生产用的原材料一批，实际成本为50 000元，应转出的增值税为8 500元；支付工程人员工资50 000元，应负担的辅助生产成本7 800元。工程达到预定可使用状态并交付使用。做会计分录如下：

(1)购入为工程准备的物资时：

借：工程物资　　(300 000 +51 00)351 000

　　贷：银行存款　　351 000

对于工程物资，由于增值税的进项税额不予抵扣，因此，将增值税的进项税额全部记入工程物资的成本之中。

(2)工程领用工程物资时：

借：在建工程——建筑工程(仓库)　　345 000

　　贷：工程物资　　345 000

(3)工程领用原材料时：

借：在建工程——建筑工程(仓库)　　58 500

　　贷：原材料　　50 000

　　　　应交税费——应交增值税(进项税额转出)　　8 500

(4)分配工程人员工资费用时：

借：在建工程——建筑工程(仓库)　　50 000

　　贷：应付职工薪酬　　50 000

(5)应负担的辅助生产成本：

借：在建工程——建筑工程(仓库)　　7 800

　　贷：生产成本——辅助生产成本　　7 800

(6)固定资产建造完工，交付生产使用时：

借：固定资产　　(345 000 +58 500 +50 000 +7 800)461 300

　　贷：在建工程——建筑工程(仓库)　　461 300

(7)剩余工程物资转为存货时：

剩余工程物资 =351 000 -345 000 =6 000(元)。

借：原材料　　5 128

　　应交税费——应交增值税(进项税额)　　872

　　贷：工程物资　　6 000

例6-4：思泉工业企业将一幢厂房的工程出包给A企业承建，按规定先预付承包单位工程款800 000元，工程完工后，收到承包单位的有关工程结算账单，补付工程款100 000元，工程完工经验收后交付使用。做会计分录如下：

(1)按规定预付承包单位工程款时：

借：在建工程——建筑工程(厂房)　　800 000

　　贷：银行存款　　800 000

(2)收到承包单位账单，补付工程款时：

借：在建工程——建筑工程(厂房)　　100 000

　　贷：银行存款　　100 000

(3)工程完工，交付生产使用时：

借：固定资产　　900 000

　　贷：在建工程——建筑工程(厂房)　　900 000

(三)投资者投入的固定资产

投资者投入的固定资产，应按投资合同或协议约定价值和相关税费作为初始成本。借记“固定资产”科目，按投资各方确认的价值在其注册资本中所占的份额，贷记“实收资本(或股本)”科目；两者差额确认为资本公积，贷记“资本公积——资本溢价”或“资本公积——股本溢价”科目。

例6-5：思泉工业企业收到B公司作为资本投入的仓库一间，该仓库按照投资合同和投资协议确定价值为72 000元，B公司享有思泉工业企业注册资本60 000元。做会计分录如下：

借：固定资产　　72 000

　　贷：实收资本　　60 000

　　　　资本公积——资本溢价　　12 000

(四)融资租入的固定资产

租赁固定资产是企业取得资产的方式之一。根据租赁的目的，以与租赁资产所有权有关的风险和报酬归属于出租人或承租人的程度为依据，将租赁分为融资租赁和经营租赁两类。融资租赁是指实质上转移与资产所有权有关的全部风险和报酬的租赁。经营租赁是指融资租赁以外的租赁。

融资租入的固定资产，应当在固定资产科目项下单独设置明细科目进行核算。企业应在租赁开始日，按租赁协议或者合同确定的价款、运输费、途中保险费、安装调试费以及融资租入固定资产达到预定可使用状态前发生的借款费用等，借记“固定资产”科目(融资租入固定资产)，按租赁协议或者合同确定的设备价款，贷记“长期应付款——应付融资租赁款”科目，按支付的其他费用，贷记“银行存款”等科目。租赁期满，如合同规定将固定资产所有权转归承租企业，应进行转账，将固定资产从“融资租入固定资产”明细科目转入有关明细科目。

例6-6：思泉工业企业以融资租赁方式租入设备一台，租期5年，该设备在租赁开始日按租赁合同确定的价款为450 000元，同时以银行存款支付途中运输等费用8 000元。租赁期满，资产产权转归承租企业。做会计分录如下：

(1)租入设备时：

借：固定资产——融资租入固定资产　　458 000

　　贷：长期应付款——应付融资租赁款　　450 000

　　　　银行存款　　8 000

(2)租赁期满，资产产权转入企业时：

借：固定资产——生产经营用固定资产　　458 000

　　贷：固定资产——融资租入固定资产　　458 000

(五)盘盈的固定资产

盘盈的固定资产，按其市价或同类、类似固定资产的市场价格，减去按该项资产的新旧程度估计的价值损耗后的余额，借记“固定资产”科目，贷记“待处理财产损溢——待处理非流动资产损溢”科目。

例6－7：思泉工业企业盘盈生产机器一台，同类设备的市场价格为5 000元，估计折旧3 500元。做会计分录如下：

借：固定资产　　(5 000－3 500)1 500

　　贷：待处理财产损溢——待处理非流动资产损溢　　1 500

经过调查，无法查明原因：

借：待处理财产损溢——待处理非流动资产损溢　　1 500

　　贷：营业外收入　　1 500

第三节　固定资产的后续支出

固定资产的后续支出是指固定资产在使用过程中发生的改建支出、修理费用等。企业的固定资产投入使用后，由于各个组成部分耐用程度不同或者使用的条件不同，因而往往发生固定资产的局部损坏。为了保持固定资产的正常运转和使用，充分发挥其使用效能，就必须对其进行必要的后续支出。

固定资产的后续支出通常包括固定资产在使用过程中发生的日常修理费、大修理费用、改建支出、房屋的装修费用等。这些支出按其性质不同可分为两类：一类是资本性支出，另一类是费用性支出。

一、资本化的后续支出

固定资产资本化的后续支出主要是指改建支出。固定资产的改建支出，是指改变房屋或者建筑物结构、延长使用年限等发生的支出。固定资产在使用过程中进行改建的，除已提足折旧的固定资产和经营租入固定资产以外，其他固定资产的改建支出应当计入固定资产成本。如对厂房进行改建延长了厂房等固定资产的使用寿命；对设备的改造提高固定资产的生产能力；对生产线的改进大大降低了产品的成本等都表明后续支出提高了固定资产原定的创利能力，应将后续支出予以资本化。可资本化的固定资产后续支出发生时，借记“在建工程”等科目，贷记“银行存款”等科目。

例6－8：思泉工业企业扩建一生产车间用房，该房原值500 000元，已提折旧120 000元。扩建中实际发生成本支出180 000元，拆除部分的变价收入30 000元，发生的支出符合资本化的条件。工程已完工交付生产使用。做会计分录如下：

(1)固定资产转入扩建时：

借：在建工程	380 000	
累计折旧	120 000	
贷：固定资产		500 000

(2)发生的有关支出时：

借：在建工程	180 000	
贷：银行存款		180 000

(3)收到拆除部分的变价收入时：

借：银行存款	30 000	
贷：在建工程		30 000

(4)工程完工时：

借：固定资产	530 000	
贷：在建工程		530 000

二、费用化的后续支出

固定资产费用化的后续支出主要是指固定资产大修理支出和日常修理费。该支出不能提高相关固定资产的生产能力，应在其发生时确认为当期费用，不能计入固定资产原值。

固定资产在使用过程中发生的日常修理费，应当在发生时计入制造费用或管理费用。企业生产车间(部门)发生的固定资产修理费用等后续支出，记入“制造费用”科目，行政管理部门等发生的固定资产修理费用等后续支出，记入“管理费用”科目。

已提足折旧的固定资产的改建支出、经营租入固定资产的改建支出、符合税法规定的固定资产大修理支出通过“长期待摊费用”科目核算，借记“长期待摊费用”科目，贷记“银行存款”等科目。

例6－9：思泉工业企业管理部门的车辆委托修理厂进行经常性修理，支付修理费6 000元，用银行存款转账支付。做会计分录如下：

借：管理费用	6 000	
贷：银行存款		6 000

第四节　固定资产的折旧

一、固定资产折旧的相关概念

折旧是指在固定资产的使用寿命内，按照确定的方法对应计折旧额进行系统分摊。

应计折旧额是指应当计提折旧的固定资产的原价扣除其预计净残值后的金额。

预计净残值是指固定资产预计使用寿命已满，企业从该项固定资产处置中获得的扣除预计处置费用后的金额。

已提足折旧是指已经提足该项固定资产的应计折旧额。

固定资产折旧是固定资产由于磨损和损耗而逐渐转移的价值。这部分转移的价值以折旧费的形式计入相关成本费用，并从企业的营业收入中得到补偿。

固定资产磨损和损耗包括固定资产的有形损耗和无形损耗。其中，有形损耗又分为实物损耗和自然损耗。固定资产的实物损耗是指固定资产在使用过程中其实物形态由于运转磨损等原因发生的损耗，一般是指机器磨损。固定资产本身结构、质量和使用状况，以及固定资产的维修情况，对固定资产实物磨损程度起决定性的作用。固定资产的自然损耗，是指固定资产受自然条件的影响发生的腐蚀性损失。固定资产的无形损耗，是指固定资产在使用过程中由于技术进步等非实物磨损、非自然损耗等原因发生的价值损失。

二、固定资产折旧的影响因素

影响固定资产折旧的因素是多方面的，主要因素如表6－2所示。

表6－2　固定资产折旧的影响因素

因素	内容
固定资产原值	固定资产原值是指取得固定资产的原始成本，即固定资产的账面价值
固定资产的预计净残值	固定资产的预计净残值是指固定资产报废时预计可以收回的残值扣除清理费用后的数额。由于残值可以通过自身的回收得到补偿，因此，不需要以折旧的方式收回；而清理费用是固定资产使用中的一种必要的追加耗费，应以折旧的方式收回。事实上，在固定资产转入清理前，残值和清理费用都未实际发生，因此，计算固定资产折旧时使用的净残值充其量也只是一个预计量。将预计净残值与固定资产原值相比，即为预计净残值率，即：预计净残值率＝预计净残值/固定资产原值×100%

（续表）

因素	内容
固定资产的使用年限	固定资产的使用年限就是固定资产可持续使用的时间，其长短直接影响到各期应计提的折旧额。企业在确定固定资产的使用年限时，主要应当考虑的因素有：(1)该资产的预计生产能力或实物产量。(2)该资产的有形损耗，如设备使用中发生磨损、房屋建筑物受到自然侵蚀等。(3)该资产的无形损耗，如因新技术的出现而使现有的资产技术水平相对陈旧、市场需求变化使产品过时等。(4)有关资产使用的法律或者类似的限制。在固定资产使用过程中，企业应当定期对固定资产的使用年限进行复核。如果固定资产使用年限的预期数与原先的估计数有重大差异，则应相应调整固定资产折旧年限
固定资产的折旧方法	固定资产不同的折旧方法，实质上涉及固定资产的成本在它的折旧年限内如何分配的问题。《小企业会计准则》规定，小企业应当根据固定资产的性质和使用情况，合理确定其折旧年限和净残值，并考虑固定资产所含经济利益预期实现方式等，选择折旧方法。可选用的折旧方法包括年限平均法、工作量法、年数总和法、双倍余额递减法等。折旧方法一经确定，不得随意变更。如需变更，应将变更的内容及原因在变更当期的会计报表附注中说明

三、固定资产折旧的范围

确定固定资产折旧的范围，一是要从空间上确定哪些固定资产应当提取折旧，哪些固定资产不应当提取折旧；二是要从时间范围上确定应提折旧的固定资产什么时间开始提取折旧，什么时间停止提取折旧。

《小企业会计准则》规定：除下列情况外，小企业应对所有固定资产计提折旧，如图 6－3 所示。

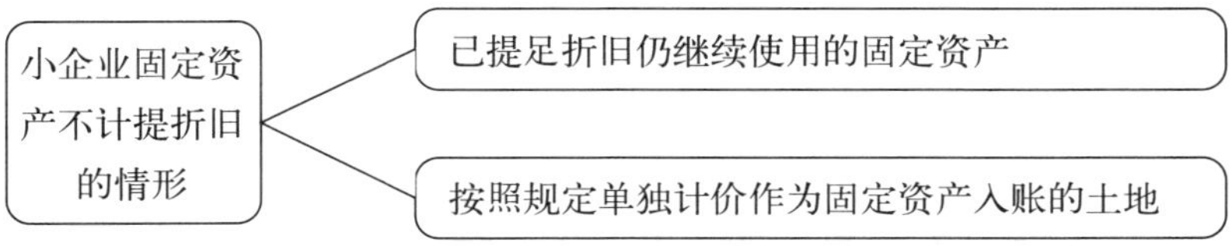

图 6－3　小企业固定资产不计提折旧的情形

对于固定资产，企业应当按月计提折旧，当月增加的固定资产，当月不计提折旧，从下月起计提折旧；当月减少的固定资产，当月仍计提折旧，从下月起不计提折旧。固定资产提足折旧后，不管能否继续使用，均不再提取折旧；提前报废的固定资产，也不再补提折旧。所谓提足折旧，是指已经提足该项固定资产应提的折旧总额。

四、固定资产折旧的方法

企业固定资产的折旧方法包括年限平均法、工作量法、年数总和法、双倍余额递减法等。折旧方法一经确定，不得随意变更。如需变更，应将变更的内容及原因在变更当期的会计报表附注中说明。

(一)年限平均法

又称直线法，是指按固定资产使用年限平均计算折旧的一种方法。按照这种方法计算提取的折旧额，在各个使用年份或月份都是相等的，折旧的积累额呈直线上升趋势。计算公式如下：

固定资产年折旧额＝[固定资产原值－(预计残值收入－预计清理费用)]÷固定资产预计使用年限

固定资产月折旧额＝固定资产年折旧额/12

例6－10： 思泉工业企业一项生产设备原价为50 000元，预计使用年限为10年，预计残值收入为4 000元，预计清理费用为1 500元，则：

固定资产年折旧额＝[50 000－(4 000－1 500)]/10＝4 750(元)；

固定资产月折旧额＝4 750÷12＝395.83(元)。

在实际工作中，为了反映固定资产在一定时间内的损耗程度和便于计算折旧，企业每月应计提的折旧额一般是根据固定资产的原值乘以月折旧率计算确定的。固定资产折旧率是指一定时期内固定资产折旧额与固定资产原值之比。计算公式如下：

固定资产年折旧率＝[(固定资产原值－预计净残值)÷固定资产原值]÷固定资产预计使用年限×100%＝(1－预计净残值率)÷固定资产预计使用年限×100%

固定资产月折旧率＝固定资产年折旧率÷12

固定资产月折旧额＝固定资产原值×固定资产月折旧率

例6－11： 承接例6－10，固定资产月折旧额的计算如下：

固定资产年折旧率＝[50 000－(4 000－1 500)]÷(10×50 000)×100%＝9.5%；

固定资产月折旧率＝9.5%÷12＝0.79%；

固定资产月折旧额＝50 000×0.79%＝395(元)。

按年限平均法计算折旧简便易行，但此法只有在固定资产各个期间使用程度比较均衡的情况下才较为合理。

（二）工作量法

工作量法是按固定资产在规定的折旧年限内可以完成工作量的比例计算折旧额的一种方法。这里的工作量指小时数、产量数、行驶里程数、工作台班数等。按照工作量法计算折旧固定资产的折旧额，应根据固定资产在本期内的工作量和单位折旧额确定。计算公式如下：

单位工作量折旧 = 固定资产原值 ×（1 - 预计净残值率）÷ 预计总工作量

某项固定资产月折旧额 = 单位工作量折旧额 × 该项固定资产当月工作量

例 6 - 12：思泉工业企业的一辆运货卡车，原值为 100 000 元，预计总行驶里程为 96 万公里，预计净残值率为 4%，本月行驶 5 000 公里。本月的折旧额计算如下：

每公里折旧额 = 100 000 ×（1 - 4%）÷ 960 000 = 0.1（元/公里）；

本月折旧额 = 0.1 × 5 000 = 500（元）。

（三）加速折旧法

加速折旧法，是指在固定资产使用的前期多提折旧，从而使固定资产的成本在其折旧年限中加快得到补偿的一种折旧方法。从另一方面看，采用这种方法，每期计提的折旧数额，随时间的增加而逐渐减少，因此这种方法也称递减折旧法。

加速折旧法的种类很多，主要有双倍余额递减法和年数总和法。

1. 双倍余额递减法

双倍余额递减法，又称为双重余额递减法，是指以固定的、加倍的直线折旧率应用于递减的账面净值来计算折旧的方法。计算公式如下：

年折旧率 = 2 ÷ 预计使用年限 × 100%

年折旧额 = 年初固定资产账面净值 × 年折旧率

由于每年年初固定资产净值没有扣除预计净残值，因此，在应用这种方法计算折旧额时必须注意不能使固定资产的账面折余价值降低到其预计净残值以下，即实行双倍余额递减法计提折旧的固定资产，应在其折旧年限到期前两年内将固定资产净值扣除预计净残值后的余额在这两年平均分摊。

例 6 - 13：某项固定资产原值为 30 000 元，预计使用年限为 8 年，预计净残值为 900 元。

根据计算出的折旧率，计算各年的折旧额如表 6 - 3 所示。

表6-3　折旧计算表（双倍余额递减法）

单位：元

年次	年折旧额	累计折旧	账面净值
1	30 000×25% =7 500	7 500	22 500
2	22 500×25% =5 625	13 125	16 875
3	16 875×25% =4 218.75	17 343.75	12 656.25
4	12 656.25×25% =3 164.06	20 507.81	9 492.19
5	9 492.19×25% =2 373.05	22 880.86	7 119.14
6	7 119.14×25% =1 779.79	24 660.65	5 339.35
7	(5 339.35 -900)/2 =2 219.68	26 880.33	3 119.67
8	(5 339.35 -900)/2 =2 219.67	29 100	900

2. 年数总和法

年数总和法，又称年数比率法或折旧年限积数法，是以固定资产的原值减去预计净残值后的净额为基数，乘以一个逐年递减的分数，计算各年固定资产折旧额的一种方法。在这种方法下，计提折旧的基数是固定不变的，折旧率依据固定资产的使用年限来确定，且各年折旧率呈递减趋势，因此，计算出来的折旧额也呈递减趋势。计算公式如下：

年折旧率 =（预计使用寿命 - 已使用年限）÷预计使用寿命的年数总和 ×100%

年折旧额 =（固定资产原值 - 预计净残值）×年折旧率

月折旧额 =（固定资产原值 - 预计净残值）×月折旧率

五、固定资产折旧的账务处理

固定资产折旧的总分类核算，一般应先编制“固定资产折旧计算表”和“固定资产折旧计算汇总表”，然后再据以进行账务处理。“固定资产折旧计算表”由各车间、部门分别编制。在年限平均法下，此表是根据月初各类应计折旧的固定资产原值和分类折旧率计算编制的。为了简化核算工作，在实际工作中，往往根据上月计提的固定资产折旧额，加上上月增加的固定资产应计折旧额，减去上月减少的固定资产应计折旧额，来计算本月的折旧额。

对于各车间、部门编制的“固定资产折旧计算表”，财会部门应进行认真审核，审查应计提折旧的范围、依据和方法是否符合企业会计制度的规定，认真核对表内各数字的计算是否正确。然后，财会部门根据各车间、部门的固定资产折旧计算表，编制整个企业的“固定资产折旧计算汇总表”，作为进行分类核算的依据。

例 6-14：思泉工业企业 2014 年 4 月计提固定资产折旧的情况如表 6-4 所示。

表 6-4　思泉工业企业 2014 年 4 月折旧计算表

使用部门	固定资产项目	上月折旧额	上月增加固定资产		上月减少固定资产		本月折旧额	分配费用
			原价	折旧额	原价	折旧额		
车间 1	厂房	3 000					3 000	制造费用
	机器设备	15 000					15 000	制造费用
	其他设备	900					900	制造费用
	小计	18 900					18 900	
车间 2	厂房	2 000					2 000	制造费用
	机器设备	12 000	40 000	200			12 200	制造费用
	小计	14 000	40 000	200			14 200	
车间 3	厂房	2 100					2 100	制造费用
	机器设备	14 000			30 000	900	13 100	制造费用
	小计	16 100			30 000	900	15 200	
厂部管理部门	房屋建筑	1 200					1 200	管理费用
	运输工具	1 500					1 500	管理费用
	小计	2 700					2 700	
合计		51 700	40 000	200	30 000	900	51 000	

根据上述固定资产折旧计算表编制会计分录如下：

借：制造费用——车间 1　　18 900
　　　　　　——车间 2　　14 200
　　　　　　——车间 3　　15 200
　　管理费用——厂部管理部门　　2 700
　　贷：累计折旧　　51 000

第五节　固定资产的账务处理

企业在生产经营过程中，对那些不适用或不需要的固定资产可以出售转让，也可以用固定资产对外投资、捐赠、抵偿债务，还可能由于调拨、盘亏等原因发生固定资产的减少。

一、投资转出的固定资产

投资转出的固定资产，应按转出固定资产的账面价值，借记“固定资产清理”科目，按投出固定资产已提折旧，借记“累计折旧”科目，按投出固定资产的账面价值，贷记“固定资产”科目；按投出固定资产应支付的相关税费，借记“固定资产清理”科目，贷记“银行存款”“应交税费”等科目；按固定资产清理的账户，借记“长期股权投资”科目，贷记“固定资产清理”科目。

例 6-15：思泉工业企业向外单位投资转出仓库一处，原价为 300 000 元，已提折旧 60 000 元。做会计分录如下：

借：固定资产清理　240 000
　　累计折旧　60 000
　　贷：固定资产　300 000
借：长期股权投资　240 000
　　贷：固定资产清理　240 000

二、捐赠转出的固定资产

捐赠转出的固定资产，应按固定资产净值，转入“固定资产清理”科目，对于应支付的相关税费，也应通过“固定资产清理”科目进行归集；按“固定资产清理”科目的余额，借记“营业外支出”科目，贷记“固定资产清理”科目。

例 6-16：思泉工业企业将 1 台账面原值为 50 000 元，已提折旧为 21 000 元的设备捐赠给另一单位，捐出时支付运杂费 500 元。做会计分录如下：

(1)注销捐赠资产价值时：

借：固定资产清理　29 000
　　累计折旧　21 000
　　贷：固定资产　50 000

(2)发生清理费用时：

借：固定资产清理　500
　　贷：库存现金　500

(3)确认相应的营业外支出时：

借：营业外支出——捐赠支出　29 500
　　贷：固定资产清理　29 500

三、盘亏的固定资产

盘亏的固定资产，按其账面价值，借记“待处理财产损溢——待处理非流动资产损溢”科目，按照已计提的折旧，借记“累计折旧”科目，按照其原值，贷记“固定资产”科目。经批准处理后，按照残料价值，借记“原材料”等科目，按照可收回的保险赔偿或过失人赔偿，借记“其他应收款”科目，按科目余额，贷记“待处理财产损溢——待处理固定资产损溢”科目，按照其借方差额，如属于经营损失，借记“管理费用”科目；如属于非正常损失，借记“营业外支出”科目。

例6－17：思泉工业企业盘亏机器一台，原价58 000元，已提折旧48 000元，属于经营损失。做会计分录如下：

（1）盘亏固定资产时：

借：待处理财产损溢——待处理非流动资产损溢　　10 000

　　累计折旧　　48 000

　　贷：固定资产　　58 000

（2）报经批准时：

借：管理费用　　10 000

　　贷：待处理财产损溢——待处理非流动资产损溢　　10 000

四、出售、报废和毁损等原因减少的固定资产

出售、报废和毁损等原因减少的固定资产，按固定资产账面净值，借记“固定资产清理”科目，按已提折旧，借记“累计折旧”科目，按固定资产原值，贷记“固定资产”科目。

（一）固定资产的出售

企业固定资产主要为本企业生产经营使用，但对某些不需要的资产，也可以转让、出售。

例6－18：思泉工业企业出售不需用的车床一台，原始价值120 000元，已提折旧45 000元。用银行存款支付清理费用3 000元，取得变卖收入80 000元。做会计分录如下：

（1）转入清理时：

借：固定资产清理　　75 000

　　累计折旧　　45 000

　　贷：固定资产　　120 000

（2）发生清理费用时：

借：固定资产清理　　3 000

　　贷：银行存款　　3 000

（3）取得变卖收入时：

借：银行存款　　80 000

　　贷：固定资产清理　　80 000

（4）结转清理净收益时：

借：固定资产清理　　（80 000－75 000－3 000）2 000

　　贷：营业外收入　　2 000

（二）固定资产的报废和毁损

固定资产到了预计使用年限或因其他特殊原因丧失了生产能力，不能继续使用时，要办理报废手续，转入清理。

例 6-19：思泉工业企业生产车间某种机器设备已到规定的使用年限，决定实行报废，该机器的原始价值为 40 000 元，预计净残值率为 3%。清理过程中，实际支付清理费用 800 元，取得残料变价收入 1 800 元。做会计分录如下：

该项机器的预计残值 = 40 000 × 3% = 1 200（元），由于该机器已到规定的使用年限，故已提折旧数额 = 40 000 − 1 200 = 38 800（元）。

（1）注销固定资产和累计折旧的价值时：

借：固定资产清理　　1 200
　　累计折旧　　38 800
　　贷：固定资产　　40 000

（2）支付清理费用时：

借：固定资产清理　　800
　　贷：银行存款　　800

（3）取得残料变价收入时：

借：银行存款　　1 800
　　贷：固定资产清理　　1 800

（4）结转清理净损失时：

借：营业外支出　　（1 200 + 800 − 1 800）200
　　贷：固定资产清理　　200

第六节　固定资产涉及的主要税务问题

1. 折旧未做纳税调整的问题

《中华人民共和国企业所得税法实施条例》规定，企业的固定资产由于技术进步等原因，确需加速折旧的，可以缩短折旧年限或者采取加速折旧的方法；但是，采取缩短折旧年限方法的，最低折旧年限不得低于《企业所得税法实施条例》规定折旧年限的 60%。同时，企业当月购置的资产折旧必须从下月开始计提。因此，企业未按会计准则规定的折旧年限和时间而多计提的折旧费用，应当调增利润，并补缴相应的企业所得税。

例 6-20：某工业企业在 2014 年 1 月开始进行生产经营活动，购置了生产厂房、土地、车、家具、电器、电脑等固定资产，账务处理为借记“固定资产”科目，贷记“银行存款”或“库存现金”科目，由于担心资产贬值过快，同时也想增加费用，减少利润，故决定房屋按 10 年、车辆按 8 年、家具按 2 年计提折旧，并且以双倍余额递减法从当月开始计提折旧，当年共计提折旧 10 万元，年末未做纳税调整。

分析：该企业计提的折旧是错误的，固定资产折旧年限应按相关法规中规定的各类固定资产分类折旧年限执行。

根据《中华人民共和国企业所得税法实施条例》的规定，除国务院财政、税务主管部门另有规定外，固定资产计算折旧的最低年限如下：

(1)房屋、建筑物，为20年；

(2)飞机、火车、轮船、机器、机械和其他生产设备，为10年；

(3)与生产经营活动有关的器具、工具、家具等，为5年；

(4)飞机、火车、轮船以外的运输工具，为4年；

(5)电子设备，为3年。

2. 未按规定计提固定资产折旧的问题

6-21：某工业企业2014年1月购置了一批加工设备，价值21万元，由于技术进步，该设备更新换代较快，因此该企业考虑采用加速折旧的方法计提折旧，同时还可以多计成本少计利润。从2014年1月开始，该企业用年数总和法计提折旧，折旧年限为5年，当年实际计提7万元。该企业当年按利润表反映的利润进行纳税申报，没有进行应纳税所得额的调整。

分析：该企业出现了以下错误：没有按规定进行纳税调整；没有按规定时间计提折旧。

根据《中华人民共和国企业所得税法实施条例》的规定，固定资产按照直线法计算的折旧，准予扣除。企业应当自固定资产投入使用月份的次月起计提折旧；停止使用的固定资产，应当自停止使用月份的次月起停止计算折旧。企业应当根据固定资产的性质和使用情况，合理确定固定资产的预计净残值。固定资产的预计净残值一经确定，不得变更。

因此，该企业首先应进行账务调整，将2014年1月提取的折旧进行更正，其次在纳税申报时应按直线法与年数总和法计提折旧的差额进行纳税调整。

3. 经营租赁计提折旧的问题

例6-22：某工业企业2010年成立，经营场地采用了租赁的方式，此外该企业还租赁了生产设备、电力设备、运输设备以及办公设备等，每年支付租金100万元。除部分办公座椅没有固定资产入账而直接按费用列支外，该企业将生产设备、电力设备、运输设备以及办公设备等全部按固定资产入账，作为固定资产管理，其账务处理为借记“固定资产”科目，贷记“银行存款”科目，并按月提取折旧，折旧额计入管理费用，年底企业没有进行任何纳税调整。

分析：该企业明显错误理解了计提固定资产折旧的范围，租赁的资产中只有融资租赁的资产必须计提折旧，而经营租赁的资产不用计提折旧。

第七节　固定资产涉及的主要审计问题

1. 融资租赁列支费用的问题

例 6－23：某工业企业由于资金紧张，从某租赁公司融资租赁了 6 辆运输卡车用于生产物资采购和销售产品的运输，租赁公司为其开具了租赁发票，该企业将租赁费全额在“管理费用”科目核算。税务机关在对该企业进行审计时发现该企业大量报销车辆的费用，但是在固定资产的账上却未发现，经过核实发现该企业融资租赁固定资产却按经营租赁记账。

分析：该企业租赁的部分物品是固定资产没有问题，但是融资性租赁固定资产必须按固定资产管理，并计提折旧费用。在遇到这样的审计问题时，需要充分理解相关法律法规的规定，根据范围进行认定即可。在确认融资租赁和经营租赁时，还要根据租赁合同按固定资产租赁时间的长短、金额的大小、到期资产的处理等具体情况分析确定。

现行的《企业会计准则》规定：符合下列一项或者数项标准的，应当认定为融资租赁：①在租赁期届满时，租赁资产的所有权转移给承租人。②承租人有购买租赁资产的选择权，所订立的购买价款预计将远低于行使选择权时租赁资产的公允价值，因而在租赁开始日就可以合理确定承租人将会行使这种选择权。③即使资产的所有权不转移，但是租赁期占租赁资产使用寿命的大部分。④承租人在租赁开始日的最低租赁付款额现值，几乎相当于租赁开始日租赁资产公允价值；出租人在租赁开始日的最低租赁收款额现值，几乎相当于租赁开始日租赁资产公允价值。⑤租赁资产性质特殊，如果不做较大改造，只有承租人才能使用。

2. 违规提取超龄固定资产折旧的问题

例 6－24：某工业企业的固定资产按照直线法计提折旧。税务机关在审计时发现，2013 年该企业计提的累计折旧只有 8 万元，但是 2014 年却猛增到 12 万元。查阅企业当年的固定资产台账，并未发现购买任何资产，企业存在随意增加折旧额的现象。税务机关对固定资产明细账进行细致审核，发现固定资产的净额中出现“红字”，由此该企业超龄使用的固定资产继续提取折旧的事实得以曝光。

分析：该企业为了多计费用、调节利润，在原来固定资产已经计提折旧完毕后还在计提折旧。审计这类问题要关注固定资产的折旧年限(期限)。这类问题可以分为以下两种情况：

(1)在固定资产无增减变动的情况下：采用直线折旧法进行折旧的企业，其每年各月提取的折旧额基本是一致的，较平稳。在审计时，应以“累计折旧”账户为中心，如果在某月发现该账户的贷方发生额陡然增加，就应将偏高月份的固定资产折旧计算表与相邻月份的分类计提基数、折旧额逐项对照分析，进一步查明有无虚增固定资产或者提高折旧率以及计算误差等情况。

(2)在固定资产有增减变动的情况下：审核投入固定资产有无在当月计提折旧。审计时，根据"固定资产"账户借方统计出本月增加的固定资产金额，再根据"累计折旧"账户贷方确定本月折旧的增加数，据此判断当月新增的固定资产是否提取了折旧；同时对停止使用的固定资产，看有无在次月停止计提折旧。

此外，要注意审核超龄使用的固定资产有无继续提取折旧的情况。按照规定，对已提足折旧的固定资产不再提取折旧。正常情况下，折旧总额等于该项固定资产原值加上预计清理费减去预计残值，即固定资产原值大于已提折旧的折旧额。对于超龄使用固定资产是否继续提取折旧，可直接审查固定资产卡片或固定资产明细分类账。如果该账户反映固定资产的净额出现"红字"，那么就是多提了折旧，就应做利润调整。

3. 固定资产成本核算不实的问题

例 6－25：某工业企业 2013 年从外地购买了一批固定资产，共花费了 52 万元。其中固定资产的买价是 49 万元，运输费、安装费等是 3 万元。企业将其中 49 万元作为固定资产入账价值，而其他杂费直接列入管理费用。2014 年该企业以部分家具没有使用为借口，将这部分家具按原值与折旧的差额 12 万元直接列支费用。税务机关在对该企业进行审计时，发现其固定资产原值构成和调整不符合规定，要求其补交欠缴的税款。

分析：审计各类新增固定资产原值构成是否真实、合法，主要查看：

(1)有无购入、融资租入固定资产的运输费、安装费、保险费等挤占生产成本或其他费用。

(2)自用自建工程中支付的料、工、费是否列入成本费用。

(3)固定资产盘盈处理是否符合规定。

(4)要审计企业有无任意调整已入账的原值，按照规定，固定资产的价值确定后，除 4 种特殊情况外，一般不得随意调整。

①国家统一规定的清产核资。

②将固定资产的一部分拆除。

③固定资产发生永久性损害，经有关部门审核，可调整到该固定资产可收回金额，并确定损失。

④根据实际价值调整原暂估价值或发现原计价有错误。

如果不符合这 4 个条件，擅自调整固定资产账面价值，必然影响折旧的计算基础。因此，应通过审计企业提供的固定资产明细分类账、原始凭证，核实入账的固定资产价值是否真实。

审计小贴士之三：账外固定资产的审计

一、账外固定资产的形成

固定资产包括企业用于生产经营的房屋、建筑物、机器、机械、运输工具等。账外固定资产，是指属于本单位所有但未纳入本单位固定资产账目核算的固定资产。

账外固定资产的形成主要有两种途径，一是取得固定资产不入账；二是把账内固定资产通过各种方式转到账外。

（一）取得固定资产不入账

取得固定资产不记入固定资产账目，具体有以下几种情况，如图6－4所示。

取得固定资产不入账的情况

- 接受捐赠的固定资产不入账。对外国组织、有关机构或团体等捐赠的固定资产不入账，有意逃避财务控制。这种舞弊行为容易发生在行政机关、事业单位、从事公用事业的企业
- 用“小金库”购入的固定资产不入账
- 对外投资以固定资产形式分回的利润不入账。接受投资的单位以房产、汽车等固定资产形式分配利润时，对外投资单位不入账。这种舞弊行为容易发生在有对外投资的单位
- 罚没固定资产不入账。特指有执法职能的行政机关将执法中罚没的部分固定资产不入账
- 盘盈的固定资产不入账。盘盈的固定资产不在账务中反映
- 以物抵债收回的固定资产不入账。债务人以固定资产清偿所欠债务，而债权人未将此项固定资产记账。这种舞弊行为容易发生在应收、预付款项较多且账龄时间较长的单位
- 虚列工程支出形成账外固定资产。在自营基建工程中利用多列、虚列工程支出等手段购建的固定资产不入固定资产账。这种舞弊行为容易发生在有自营建设工程的单位
- 故意混淆资本性支出和收益性支出界线，以各种名义在费用、专项资金中列支固定资产。如以维修费、租赁费、购配件和购低值易耗品等名义购建固定资产，并直接在管理费用、制造费用、经营费用等费用科目或专项资金中列支，形成账外固定资产
- 其他

图6－4　取得固定资产不入账的情况

（二）把账内固定资产转至账外

把账内固定资产转移至账外有以下几种情况，如图6－5所示。

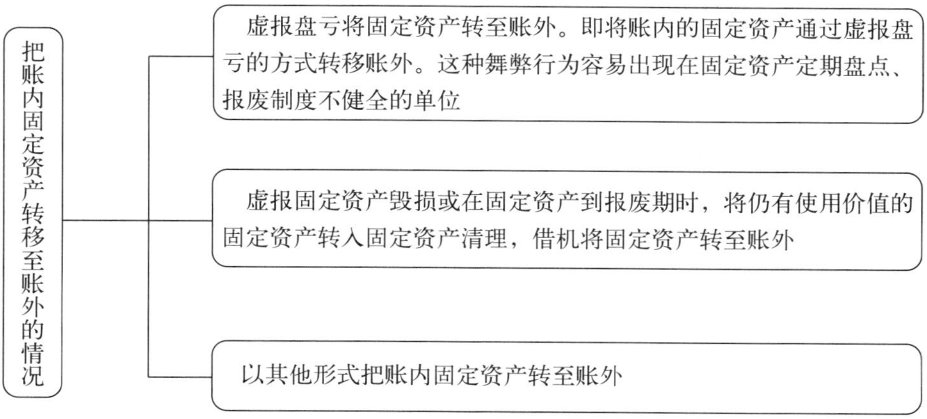

图6－5　把账内固定资产转移至账外的情况

二、账外固定资产的审计方法

被审计单位形成账外固定资产的动机主要有：为使固定资产脱离财务控制，便于个人所用或消费，或将其出租、出售和投资，并把取得的收入放入“小金库”；将本应计入固定资产的支出直接计入期间费用或在专项资金中列支等，从而逃避有关部门对固定资产购置的控制或操纵利润水平等。因此，审计人员应加强对单位高层人士的监督，如所乘坐的汽车、居住的房屋等，分析被审计单位的利润水平，从中发现线索。

从账外固定资产形成的方式看，一种是与账面记录有联系，即将应记入固定资产的支出列入其他科目，或将账内固定资产转至账外；另一种是与账面记录没有联系的，如接受捐赠、投资和罚没等取得固定资产或用“小金库”等账外资产取得的固定资产。审计人员应区别不同情况，从账面资料或会计资料以外的其他资料中捕捉线索，查找账外固定资产。

（一）有举报时的审计方法

在实际工作中，审计人员往往会接到有关人员提供的线索或举报，如收到署名“一个知情人”或“职工某某”的检举信，其中揭发某单位领导伙同会计虚报固定资产毁损，将固定资产转移账外并进行投资。对这种举报，审计人员如果向该单位领导直接调查，将引起对方的警惕，增加审计的难度。所以，一般应采取重点账目审查、实地观察、盘点、外围调查等审计方法。审计人员应首先查阅固定资产、固定资产清理、待处理财产损溢、营业外支出等重点账目，找出举报时期的固定资产毁损账务处理；然后检查固定资产“报废申请书”“报废清理单”及事故报告等，验证报废、毁损的真实性；在此基础上，向被审计单位领导、固定资产保管人员及有关经手人员了解情况；最后再实地调查，查看固定资产是否真实存在，核对报废、毁损的技术鉴定。

在发现疑点后，若被审计单位领导或有关人员拒绝配合，审计人员可采取以下步骤进行外围调查。首先，通过工商部门查找接受固定资产投资的单位所在地址、电话，再登门向对方单位了解情况、查阅相关账簿及凭证，取得充分的证据。第二步，审计人员可与被审计单位的领导直接交锋，以详实的证明材料开展攻心战，迫使其交代虚报毁损、设置账外固定资产并进行账外投资的真实情况。

（二）无举报时的审计方法

1. 了解被审计单位基本情况，分析形成账外固定资产的固有风险，判断其有无形成账外固定资产的动机。

2. 了解被审计单位相关内部风险控制情况，必要时进行符合性测试，分析和评价内部风险控制的弱点。

内部风险控制制度的健全程度与执行情况和账外固定资产舞弊现象的发生有密切的关系。审计人员应关注被审计单位的相关内部风险控制制度，需特别注意以下问题，如图6－6所示。

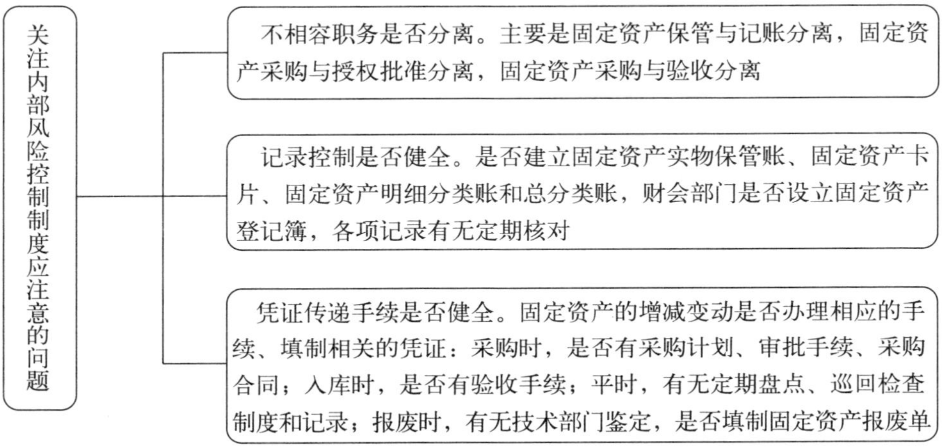

图6－6　关注内部风险控制制度应注意的问题

3. 进行分析性复核，了解被审计单位固定资产、成本费用、利润水平等有无异常变动情况。

4. 根据了解的情况做出分析，估计可能形成的账外固定资产，确定审计方法。

5. 根据所获得的审计线索，实施详细测试，以收集充分确凿的审计证据。

一般来说，可采用以下审计方法：

（1）将固定资产总账与固定资产明细账、固定资产卡片核对，并现场抽查盘点固定资产，确认是否账实相符，有无账外固定资产。根据被审计单位定期盘点制度健全程度或记录管理规范程度，合理确定盘点范围。操作中应从明细账中抽取部分项目检查其实物是否存在；同时抽查部分固定资产实物，与固定资产明细账核对，检查是否已记录在固定资产明细账中。

（2）通过观察询问等方式，查阅有关会议记录、合同协议、盘盈清单等，了解有无接受投资、捐赠、罚没和盘盈等形成固定资产的情况，并与账面记录核对。如发现"小金库"，检查"小金库"的来源有无来自账外固定资产出租、出售或投资的情况，以及有无用"小金库"购置固定资产的情况。

(3)结合管理费用、制造费用、经营费用、低值易耗品、在建工程、应收款项和专项资金支出等的审计，查明有无应计入固定资产而未计入的情况。

审查中应注意：固定资产的维修是否正常，有无假借日常维修之机，利用开具假发票等手段，购置账外固定资产；固定资产与低值易耗品在会计核算上是否分开，有无假借购置低值易耗品名义，购置账外固定资产；对单位购建或自行建设的房屋、库房、大型设备等，应检查工程预算、决算报告，看有无虚列工程支出形成的账外固定资产；对长期未收回的应收和预付款项，应向有关当事人了解情况或函证，以查证有无债务人以固定资产抵偿债务而债权单位未入账；检查对专项资金支出中列支的大额支出，检查有无利用专项资金支出形成的固定资产而不计入固定资产的情况。

(4)检查固定资产盘亏、毁损和报废情况，审查固定资产盘亏和报废申请、事故报告、报废清单等，验证盘亏、报废和毁损的真实性。若固定资产仍在现场，必须及时查验，看其是否确属已报废、毁损；若固定资产已不存在，应了解其去向，检查是否假借报废、毁损之名而形成账外固定资产。

6. 对取得的审计证据进行综合分析和评价，形成初步审计结论，并记录在审计工作底稿中。

7. 与被审计单位有关人员进行沟通，征求他们对初步审计结论的意见。

8. 做出审计结论与审计决定。

第七章
小微工业企业无形资产和长期待摊费用的会计核算

第一节　无形资产

一、无形资产的概述

(一)无形资产的概念与特征

无形资产是指企业为生产产品或者提供劳务、出租给他人或为管理目的而持有的、没有实物形态的非货币性长期资产，如商标权、专利权、非专利技术、特许经营权、著作权、土地使用权等。

自行开发建造厂房等建筑物，相关的土地使用权与建筑物应当分别进行处理。外购土地及建筑物支付的价款应当在建筑物与土地使用权之间按照合理的方法进行分配；难以合理分配的，应当全部作为固定资产。

无形资产与其他的资产相比具有以下特征，如表7－1所示。

表7－1　无形资产具有的特征

特征	内容
非实体性	一方面无形资产没有人们感官可感触的物质形态，只能从观念上感觉它。它或者表现为人们心目中的一种形象，或者以特许权形式表现为社会关系范畴；另一方面，它在使用过程中没有有形损耗，报废时也无残值
垄断性	无形资产的垄断性表现在以下几个方面：有些无形资产在法律制度的保护下，禁止非持有人无偿地取得；排斥他人的非法竞争，如专利权、商标权等；有些无形资产的独占权虽不受法律保护，但只要能确保密秘不泄露于外界，实际上也能独占，如专有技术，秘诀等；还有些无形资产不能与企业整体分离，除非整个企业产权转让，否则别人无法获得，如商业信誉
不确定性	一方面，无形资产的有效期受技术进步和市场变化的影响很难准确确定；另一方面，有效期不稳定
共享性	是指无形资产有偿转让后，可以由几个主体同时共有，而固定资产和流动资产不可能同时在两个或两个以上的企业中使用，例如，商标权受让企业可以使用，同时出让企业也可以使用

（续表）

特征	内容
高效性	无形资产能给企业创造远远高于其成本的经济效益。企业拥有的无形资产越丰富，则其获利能力越强，反之，企业拥有的无形资产越短缺，则企业的获利能力就越弱，市场竞争力也就越差

(二)无形资产的内容

无形资产的内容如表7－2所示。

表7－2　无形资产的内容

无形资产	内容
专利权	是指国家专利主管机关依法授予发明创造专利申请人对其发明创造在法定期限内所享有的专有权利，包括发明专利权、实用新型专利权和外观设计专利权等
非专利技术	也称专有技术，是指不为外界所知、在生产经营活动中已采用了的、不享有法律保护的、可以带来经济效益的各种技术和经验。非专利技术一般包括工业专有技术、商业贸易专有技术和管理专有技术等
商标权	商标是用来辨认特定的商品或劳务的标记。商标权指专门在某类指定的商品或产品上使用特定的名称或图案的权利。商标权包括独占使用权和禁止权两个方面。独占使用权指商标权享有人在商标的注册范围内独家使用其商标的权利；禁止权指商标权享有人排除和禁止他人对商标独占使用权进行侵犯的权利
著作权	又称版权，指作者对其创作的文学、科学和艺术作品依法享有的某些特殊权利。著作权包括两方面的权利，即精神权利(人身权利)和经济权利(财产权利)。前者指作品署名、发表作品、确认作者身份、保护作品的完整性、修改已经发表的作品等项权利
土地使用权	指国家准许某企业在一定期间内对国有土地享有开发、利用、经营的权利。根据我国土地管理法的规定，我国土地实行公有制，任何单位和个人不得侵占、买卖或者以其他形式非法转让。企业取得土地使用权的方式大致有行政划拨取得、外购取得和投资者投入取得等几种形式
特许权	又称经营特许权或专营权，指企业在某一地区经营或销售某种特定商品的权利或是一家企业接受另一家企业使用其商标、商号、技术秘密等的权利。前者一般是由政府机构授权，准许企业使用或在一定地区享有经营某种业务的特权，如水、电、邮电通讯等专营权，烟草专卖权等；后者指企业间依照签订的合同，有限期或无限期使用另一家企业的某些权利，如连锁分店使用总店的名称等

二、无形资产的确认与计量

（一）无形资产的确认

无形资产确认是指将符合无形资产确认条件的项目，作为企业的无形资产加以记录并将其列入企业资产负债表的过程。企业要确认某项资产为无形资产，首先必须符合无形资产的定义，其次还要符合下面两个条件，如图 7－1 所示。

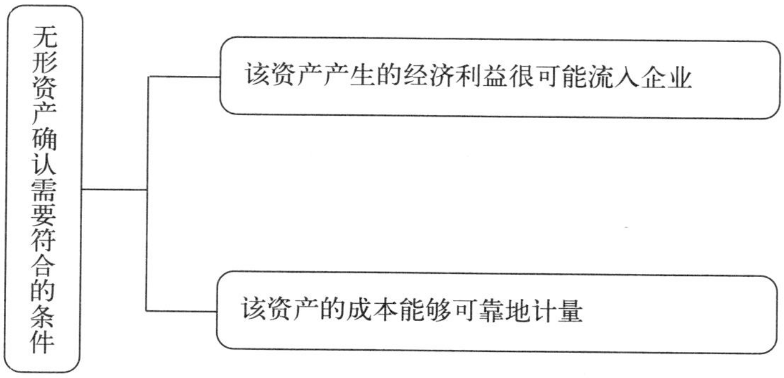

图 7－1　无形资产确认需要符合的条件

（二）无形资产的计量

《小企业会计准则》按无形资产取得方式的不同，对无形资产成本的确定做了明确的规定。如图 7－2 所示。

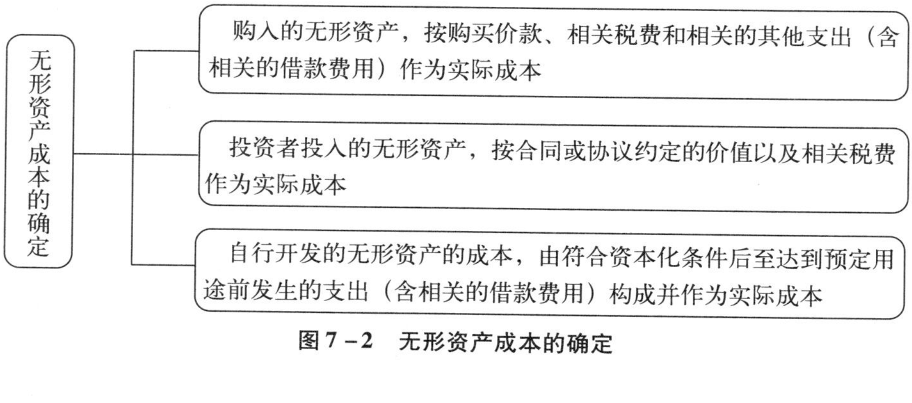

图 7－2　无形资产成本的确定

三、无形资产的账务处理

企业应设置“无形资产”账户核算无形资产的取得、价值摊销及处置等。该账户是资产类账户，其借方反映企业所取得的各种无形资产的价值，贷方反映企业无形资产的价值摊销和处置，余额在借方，反映尚未摊销的无形资产价值。该账户按无形资产的类别设置明细账户进行明细核算。

(一)无形资产的取得

1. 购入的无形资产

企业购入无形资产时，应按实际支付购买价款、相关税费和相关的其他支出(含相关的利息费用)，借记“无形资产”科目，贷记“银行存款”“应付利息”等科目。其中，相关的其他支出包括使无形资产达到预定用途前所发生的专业服务费用、测试无形资产是否能够正常发挥作用的费用等。

例7－1：思泉工业企业购买某项新产品的专利权，价款为350 000元。发生业务洽谈、技术考察等相关费用9 800元，价款已从银行存款中付讫。做会计分录如下：

借：无形资产——专利权 359 800

　　贷：银行存款 359 800

2. 投资者投入的无形资产

按投资各方确认的价值和相关税费作为实际成本。进行账务处理时借记“无形资产”科目，贷记“实收资本”“资本公积”等科目。

例7－2：思泉工业企业收到A公司投入的一项专利技术，合同约定的价值为360 000元。根据该经济业务，该企业做会计分录如下：

借：无形资产 360 000

　　贷：实收资本 360 000

3. 自行开发取得的无形资产

《小企业会计准则》规定，小企业自行开发的无形资产的成本，由符合资本化条件后至达到预定用途前发生的支出(含相关的借款费用)构成，借记“研发支出”科目，贷记“银行存款”等科目。开发项目达到预定用途形成无形资产的，按照应予资本化的支出，借记“无形资产”科目，贷记“研发支出”科目。

《小企业会计准则》规定，小企业自行开发无形资产发生的支出，同时满足下列条件的，才能确认为无形资产：

(1)完成该无形资产以使其能够使用或出售在技术上具有可行性；

(2)具有完成该无形资产并使用或出售的意图；

(3)能够证明运用该无形资产生产的产品存在市场或无形资产自身存在市场，无形资产将在内部使用的，应当证明其有用性；

(4)有足够的技术、财务资源和其他资源支持，以完成该无形资产的开发，并有能力使用或出售该无形资产；

(5)归属于该无形资产开发阶段的支出能够可靠地计量。

例 7－3：思泉工业企业为研制一项专利技术发生研发费用 100 000 元，此处的研发费用符合资本化条件。在申请专利过程中发生专利登记费 30 000 元，律师费 8 900 元，现该企业已取得这项专利权，则应做会计分录如下：

(1)研发过程发生的费用：

借：研发支出——专利权　　100 000

　　贷：银行存款　　100 000

(2)申请专利所有权时发生的费用：

借：无形资产——专利权　　38 900

　　贷：银行存款　　38 900

(3)取得专利权后：

借：无形资产——专利权　　100 000

　　贷：研发支出——专利权　　100 000

4. 自行开发建造的厂房等建筑物

外购土地及建筑物支付的价款应当在建筑物与土地使用权之间按照合理的方法进行分配，其中属于土地使用权的部分，按照实际支付的价款，借记“无形资产”科目，贷记“银行存款”等科目。

例 7－4：思泉工业企业以 590 000 元的价格购得一块荒地的使用权，欲开发建造生产厂房。则取得土地使用权时，做会计分录如下：

借：无形资产——土地使用权　　590 000

　　贷：银行存款　　590 000

(二)无形资产的摊销

无形资产应当自取得当月起按直线法分期平均摊销，计入损益。其摊销年限应按以下原则确定，如图 7－3 所示。

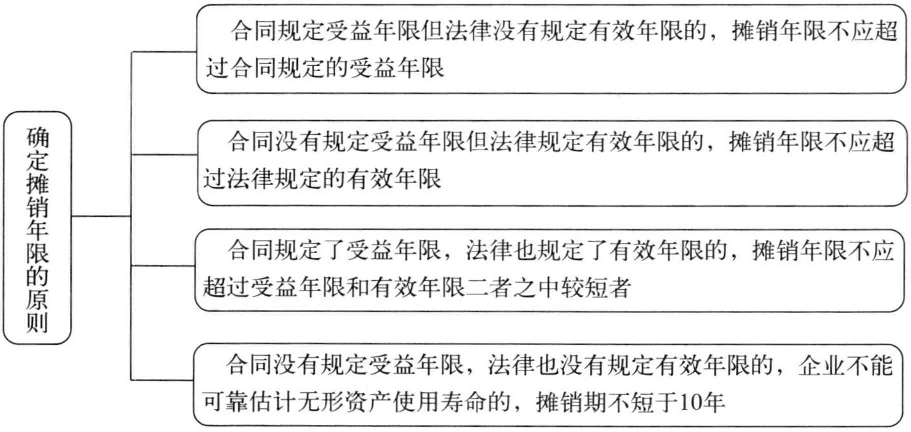

图 7－3　确定摊销年限的原则

企业一般按月进行账务处理，因此，企业应当按月对无形资产进行摊销，自无形资产可供使用(即其达到预定用途)当月起开始摊销，处置当月不再摊销。

无形资产的摊销额一般应当计入当期损益，企业自用的无形资产，其摊销金额计入管理费用；出租的无形资产，其摊销金额计入其他业务成本；某项无形资产包含的经济利益通过所生产的产品或其他资产实现的，其摊销金额应当计入相关资产的成本。

例7－5：思泉工业企业前一年取得的一项专利权的有效年限为10年，该专利权入账价值为72 000元，则做会计分录如下：

月摊销额＝无形资产价值÷(摊销年限×12)＝72 000÷(10×12)＝600(元)。

借：管理费用——无形资产摊销	600	
贷：累计摊销		600

(三)无形资产的处置

因出售、报废、对外投资等原因处置无形资产，应当按照取得出售无形资产的价款等处置收入，借记“银行存款”等科目，按照其已计提的累计摊销，借记“累计摊销”科目，按照应支付的相关税费及其他费用，贷记“应交税费——应交营业税”“银行存款”等科目，按照其成本，贷记“无形资产”科目，按照其差额，贷记“营业外收入——非流动资产处置净收益”科目或借记“营业外支出——非流动资产处置净损失”科目。

例7－6：思泉工业企业将一项专利权出售，取得收入200 000元，该专利权的账面余额为150 000元，应交的营业税为10 000元。做会计分录如下：

借：银行存款	200 000	
贷：无形资产——专利权		150 000
应交税费——应交营业税		10 000
营业外收入——非流动资产处置净收益		40 000

第二节　长期待摊费用

一、长期待摊费用的概念及内容

长期待摊费用是指企业已经支出、但摊销期限在1年以上(不含1年)的各项费用，包括已提足折旧的固定资产的改建支出、经营租入固定资产的改建支出、固定资产的大修理支出和其他长期待摊费用等。

固定资产的大修理支出，是指同时符合下列条件的支出：

(1)修理支出达到取得固定资产时的计税基础50%以上；

(2)修理后固定资产的使用寿命延长2年以上。

二、长期待摊费用的账务处理

长期待摊费用应当单独核算，在费用项目的受益期限内分期平均摊销。已提足折旧的固定资产的改建支出，按照固定资产预计尚可使用年限分期摊销；经营租入固定资产的改建支出，按照合同约定的剩余租赁期限分期摊销；固定资产的大修理支出，按照固定资产尚可使用年限分期摊销；其他长期待摊费用，自支出发生月份的下月起分期摊销，摊销期不得低于3年。

企业发生的长期待摊费用，借记“长期待摊费用”科目，贷记“银行存款”“原材料”等科目。摊销时，应按月采用年限平均法，按照长期待摊费用的受益对象，借记“制造费用”“管理费用”等科目，贷记“长期待摊费用”科目。

例7-7：思泉工业企业年初对办公用房进行修理，领用修理备件及维修材料300 000元(暂不考虑增值税进项税额转出)，以银行存款支付修理人员工资60 000元，修理费用总额360 000元，费用在两年内平均摊销。做会计分录如下：

借：长期待摊费用　　360 000

　　贷：原材料　　300 000

　　　　应付职工薪酬　　60 000

借：应付职工薪酬　　60 000

　　贷：银行存款　　60 000

每月摊销时：

每月摊销费用=360 000÷2÷12=15 000(元)。

借：管理费用　　15 000

　　贷：长期待摊费用　　15 000

第三节　无形资产和长期待摊费用涉及的主要税务问题

无形资产是企业拥有或者控制的没有实物形态的可辨认非货币性资产。长期待摊费用是指企业已经支出、但是摊销期限在1年以上的各项费用。在会计核算中，涉及无形资产和长期待摊费用的税务问题主要表现在摊销年限、长期待摊费用与固定资产的划分等方面。

1. 改造固定资产虚列费用的问题

例7－8： 某工业企业2012年1月份购置了一栋房产用于扩大产能，固定资产入账价值为100万元，折旧按12年平均进行摊销。2014年3月15日，该企业对该房产进行改建，改变了房屋整体结构，共花费了30万元。该企业将这笔花销全部记入“长期待摊费用”科目，按3年进行摊销，年末未进行纳税调整。

分析： 该企业未界定清楚长期待摊费用与固定资产的界限，将原本是在固定资产核算的支出列入长期待摊费用，导致虚增费用、利润减少。

根据《企业所得税法》及其《企业所得税法实施条例》的规定，未足额提取折旧的固定资产的改建支出不属于长期待摊费用，按照规定除了已足额提取折旧的固定资产和以经营租赁方式租入的固定资产外，企业所拥有的固定资产，仍然具有可利用价值，仍然在计算折旧时予以扣除。而这时企业用于对这些固定资产的改建支出，将增加固定资产的价值或者延长固定资产的使用年限，其性质属于资本化投入，应计入固定资产原值，按规定提取折旧后进行扣除，而不是作为长期待摊费用分期摊销。改建的固定资产延长使用年限的，除了属于已足额提取折旧的固定资产和租入的固定资产外，应适当延长固定资产的折旧年限。

2. 无形资产违规摊销的问题

例7－9： 某工业企业在2012年取得200万元的土地所有权，列“无形资产——土地”科目，按土地使用证的使用年限进行摊销，每月摊销2 000元。2014年1月1日，该企业在这块土地上进行厂房的建设，至2014年12月31日该工程仍在进行中，当年土地实际摊销3.6万元。

分析： 在这个案例中，该企业在进行修建厂房时，未将摊余的无形资产账面价值转移至“在建工程”科目，致使利润虚减，少缴了企业所得税。

根据《小企业会计制度》规定：小企业购入或以支付土地出让金方式取得的土地使用权，在未开发或者建造自用项目前，作为无形资产核算，待该项土地开发时再将其账面价值转入相关的在建工程。

因此，该企业应将已摊销的无形资产予以冲回，将土地所有权的账面价值转入“在建工程”科目等相应的工程成本中。

3. 违规摊销费用的问题

例7－10： 某工业企业2012年1月以每年10万元的租金租赁某废弃厂房作为生产经营场所，租赁期为8年。开始经营时，该企业只是购置了生产设备、电脑、桌椅等，并未进行装修。2014年3月，该企业为改善工作环境，决定对厂房进行重金改建装修，共耗资100余万元。由于不是本企业的固定资产，该企业决定按管理费用直接摊销，账务处理为借记“管理费用”科目，贷记“银行存款”或“库存现金”科目，年末企业未进行任何纳税调整。

分析：该企业一次性进行摊销改建装修费用，并未按税法规定进行处理。

根据《企业所得税法》的规定："租入固定资产的改建支出应作为长期待摊费用。"同时，根据《企业所得税法实施条例》的规定："该法第十三条第(四)项所称其他应当作为长期待摊费用的支出，自支出发生月份的次月起，分期摊销，摊销年限不得低于3年。"

因此，该企业应当按照合同规定的剩余租赁年限进行摊销，就其多摊销的部分进行纳税调整。

4. 违规延长无形资产年限的问题

例7－11：某工业企业2014年3月1日向A公司购买某项专有技术，支付价款为240万元，双方合同约定该项专有技术的收益年限为8年。根据相关法律规定，该项无形资产的有效使用年限为10年。该企业认为使用时间不止10年，决定按12年进行摊销。

分析：该案例中，该企业摊销年限的选择既超过了合同规定的受益年限，也超过了法律规定的有效年限，致使当年费用少计、利润虚增。

根据相关规定：无形资产的成本，应当自取得当月起在预计使用年限内平均摊销。如果预计使用年限超过了相关合同规定的受益年限或法律规定的有效年限，摊销年限不应超过受益年限和有效年限二者之中较短者；合同规定了受益年限但法律没有规定有效年限的，摊销年限不应超过受益年限；合同没有规定受益年限但法律规定了有效年限的，摊销年限不应超过有效年限。如果合同没有规定受益年限，法律也没有规定有效年限的，摊销年限不应超过10年。

因此，该企业应按受益年限和有效年限二者之中较短者8年进行摊销。

第四节　无形资产和长期待摊费用涉及的主要审计问题

1. 无形资产核算不实的问题

例7－12：某工业企业在2014年11月份与B公司签订了协议，将本企业的专有技术出售给B公司，双方协议价格250万元，B公司于12月5日预付了150万元价款。B公司在取得该无形资产后，又转手出租给了C公司，出租协议价款为100万元，为避免缴纳税款，B公司要求C公司将款项直接支付该企业，抵顶欠款。B公司无形资产实际入账价值为150万元。审计人员在审计该企业相关账务时，发现该企业处置某一项无形资产时，其价款却来自不同企业，经询问该企业得知该资产只出售给了B公司。该企业出示了合同原本，双方成交价格为250万元，由此发现B公司隐藏收入100万元的事实。

分析：在这个案例中，B公司采取了收入不入账的操作手法，但是合同却露了马脚，其购买的无形资产没有按规定要求入账。无形资产是企业为了生产、经营由股东投入、自行创造、购入等方式而持有的没有实物形态的，但在一定期间能为企业带来经济利益流入的非货币性的长期资产。

在会计和审计实务中，无形资产的确认应符合以下特性：

(1)无形资产不具有实物形态。

(2)无形资产属于非货币性长期资产。

(3)无形资产持有的目的是使用而不是出售。

(4)无形资产在创造经济利益方面存在不确定性。

(5)无形资产取得具有有偿性。

根据有关规定：自行开发并依法申请取得的无形资产，其入账价值应按依法取得时发生的注册费、律师费等费用确定；依法申请取得前发生的研究与开发费用，应于发生时确认为当期费用。无形资产在确认后发生的支出，应在发生时确认为当期费用。企业出租无形资产时，所取得租金应按规定予以确认；同时，还应确认相关的费用。

由于无形资产的价值具有相对的不确定性，在审计中必须对其存在性、归属性和会计处理的合法性给予一定的关注。无形资产的审计可采用以下特殊审计程序：

(1)索取并审阅被审计单位无形资产明细账，逐一检查与无形资产相关的文件、资料，了解其内容和计价依据、所有权等。

(2)审查无形资产当年增加的科目，关注入账价值中资本化支出和费用的划分是否合理。

(3)审查无形资产摊销期间估计的合理性及其本期摊销是否正确、账务处理是否合规。

(4)审核本期无形资产转让、出租等处置的合法性及其账务处理。

(5)检查无形资产在资产负债表中是否适当披露。

2. 固定资产化整为零违规列支的问题

企业存在将购入的固定资产不记账而是以长期待摊费用的形式列示的情况。

例7－13：审计人员到某工业企业进行检查，发现尽管该企业的经营情况良好，营业收入也稳步增长，但多年来账面上固定资产的规模并未同步扩大，盈利情况也不理想，企业所得税的税负明显偏低。审计人员进一步检查发现账面上新增固定资产确实很少，但对固定资产的大额修理支出却特别多，而且长期待摊费用账户还有大量未摊销的大额修理费，相关凭证显示大额修理费全部是固定资产的部件和配件。审计人员立即针对固定资产明细账核对所有固定资产，该企业以大修理的名义将购进的部分固定资产化整为零的违规问题终于浮出水面。

分析：在这个案例中将固定资产采取化整为零的方式在现实中比较常见，但由于企业账面核算清晰规范，具有一定的迷惑性，检查人员从账面上很难发现问题。将购进的固定资产化整为零并以大额修理费的名义列支，检查人员从账面上虽一时无法判断大额修理费的真假，但可以倒过来检查被化整为零的机器设备。因为机器设备的成本虽可以很快从账面上摊销，但其实物形态不可能很快消除，只要企业还在使用，检查生产车间并盘点实物资产，就很容易发现企业已做费用列支而账面上没有记载的这些账外机器设备。所以，检查类似问题时，检查人员不应拘泥于会计账簿和凭证，而应采取账实核对的方法，这样就很容易发现疑点并抓住问题的突破口，取得事半功倍的效果。检查时，不仅要贯彻账实核对的思路，充分关注是否存在有账无物或有物无账等问题，还要仔细核对和分析实物的品名、规格和批次，不能仅核对数量敷衍了事。

第八章
小微工业企业负债的会计核算

第一节　应付账款和应付票据

一、应付账款

为了核算企业因购买材料、商品和接受劳务供应等而产生的应付账款及其偿还情况，应设置“应付账款”科目。该科目借方反映已经支付或已转销的款项，贷方反映单位应支付的款项，期末贷方余额反映企业尚未支付的应付账款。

企业购入材料、商品等，待验收入库且款项未支付时，根据有关凭证借记“原材料”“库存商品”等科目，按专用发票上注明的增值税额，借记“应交税费——应交增值税（进项税额）”等科目，按该两项科目的合计金额，贷记“应付账款”科目。

企业接受外单位提供劳务，根据供应单位的发票账单，借记“生产成本”“管理费用”等科目，贷记“应付账款”科目。支付款项时，借记“应付账款”科目，贷记“银行存款”科目。若企业以商业汇票抵付应付账款，则借记“应付账款”科目，贷记“应付票据”科目。

应付账款应在短期内支付，若有些应付账款由于债权单位撤销或其他原因导致无法支付，应转入营业外收入，借记“应付账款”科目，贷记“营业外收入”科目。

为了加强对应付账款的管理，企业应按供货单位设置“应付账款”科目的明细账，进行明细核算。

例8－1：2014 年 9 月 30 日，思泉工业企业向 A 公司购入原材料一批，价款为 50 000 元，增值税为 8 500 元，付款条件为“2/10，1/20，n/90”。原材料已验收入库，货款尚未支付。做会计分录如下：

（1）购入原材料时：

借：原材料　　50 000

　　应交税费——应交增值税（进项税额）　　8 500

　　贷：应付账款　　58 500

（2）如果该企业在 10 月 5 日付款，则可享受 2% 的折扣，只需付款：50 000 ×（1 － 2%）+ 8 500 = 57 500（元）。

借：应付账款 58 500
　　贷：银行存款 57 500
　　　　财务费用 1 000

(3)如果该企业在11月15日付款，则不再享受折扣时：

借：应付账款 58 500
　　贷：银行存款 58 500

(4)如果A公司在11月13日被撤销，导致该企业无法支付这笔货款时：

借：应付账款 58 500
　　贷：营业外收入 58 500

二、应付票据

应付票据是由出票人出票、委托付款人在指定日期无条件支付确定的金额给收款人或者持票人的票据。企业开出的应付票据按承兑人不同，分为商业承兑汇票和银行承兑汇票。

企业应设置“应付票据”科目，核算企业购买材料、商品和接受劳务供应等而开出、承兑的商业汇票，包括银行承兑汇票和商业承兑汇票。企业应当设置“应付票据备查簿”，详细登记每一应付票据的种类、号数、签发日期、到期日、票面金额、票面利率、合同交易号、收款人姓名或单位名称，以及付款日期和金额等资料。应付票据到期结清时，应当在备查簿内逐笔注销。

企业开出、承兑商业汇票或以承兑商业汇票抵付货款、应付账款等，借记“材料采购”或“在途物资”“库存商品”等科目，按照应交的增值税，借记“应交税费——应交增值税(进项税额)”科目，贷记“应付票据”科目。支付银行承兑汇票的手续费，借记“财务费用”科目，贷记“银行存款”科目。支付票款，借记“应付票据”科目，贷记“银行存款”科目。银行承兑汇票到期，企业无力支付票款的，按照银行承兑汇票的票面金额，借记“应付票据”科目，贷记“短期借款”科目。

例8-2：思泉工业企业于2014年7月31日开出面值58 500元、期限为6个月的商业票据一张，用于购买原材料。货款50 000元，增值税率为17%。做会计分录如下：

(1)购进材料时：

借：在途物资 50 000
　　应交税费——应交增值税(进项税额) 8 500
　　贷：应付票据 58 500

(2)票据到期时：

借：应付票据 58 500
　　贷：银行存款 58 500

(3)若企业到期无法支付票款时：

借：应付票据　　58 500

　贷：短期借款　　58 500

第二节　其他流动负债

企业的流动负债除了应付账款、应付票据、预收账款、应交税费外，还包括短期借款、应付职工薪酬、其他应付款、应付利息、应付利润等。

一、短期借款

短期借款是指企业为了弥补流动资金的不足，向银行或其他金融机构、其他单位或个人借入的期限在一年以下的各种借款。短期借款的目的一般是为了维持企业正常的生产经营所需的资金，或者是为了抵偿某项债务。短期借款应按照借款种类、贷款人和币种进行明细核算。

企业借入的各种短期借款，借记“银行存款”科目，贷记“短期借款”科目；归还借款时，做相反的会计分录。发生的短期借款利息应当直接计入当期财务费用，按照短期借款合同利率计算确定的利息费用，借记“财务费用”科目，贷记“应付利息”等科目。

二、应付职工薪酬

(一)职工薪酬的核算范围

企业职工薪酬通过“应付职工薪酬”科目核算。应付职工薪酬，是指企业为获得职工提供的服务而应付给职工的各种形式的报酬以及其他相关支出。企业的职工薪酬包括：

(1)职工工资、奖金、津贴和补贴。

(2)职工福利费。

(3)医疗保险费、养老保险费、失业保险费、工伤保险费和生育保险费等社会保险费。

(4)住房公积金。

(5)工会经费和职工教育经费。

(6)非货币性福利。

(7)因解除与职工的劳动关系给予的补偿。

(8)其他与获得职工提供的服务相关的支出等。

(二)职工薪酬的确认

企业应当在职工为其提供服务的会计期间，将应付的职工薪酬确认为负债，并根据职工提供服务的受益对象，分别对下列情况进行账务处理：

(1)生产部门(提供劳务)人员的职工薪酬，借记“生产成本”“制造费用”等科目，贷记“应付职工薪酬”科目。

(2)应由在建工程、无形资产开发项目负担的职工薪酬，借记“在建工程”“研发支出”等科目，贷记“应付职工薪酬”科目。

(3)管理部门人员的职工薪酬和因解除与职工的劳动关系给予的补偿，借记“管理费用”科目，贷记“应付职工薪酬”科目。

(4)销售人员的职工薪酬，借记“销售费用”科目，贷记“应付职工薪酬”科目。

(三)职工薪酬的发放

(1)向职工支付工资、奖金、津贴、福利费，同时从应付职工薪酬中扣还的各种款项(代垫的家属药费、个人所得税等)等，借记“应付职工薪酬”科目，贷记“库存现金”“银行存款”“其他应收款”等科目。

(2)支付工会经费和职工教育经费用于工会活动和职工培训，借记“应付职工薪酬”科目，贷记“银行存款”等科目。

(3)按照国家有关规定缴纳的社会保险费和住房公积金，借记“应付职工薪酬”科目，贷记“银行存款”科目。

(4)以其自产产品发放给职工的，借记“应付职工薪酬”科目，贷记“主营业务收入”科目；同时，还应结转产成品的成本。涉及增值税销项税额的，贷记“应交税费——应交增值税(销项税额)”科目。

(5)因解除与职工的劳动关系给予职工的补偿，借记“应付职工薪酬”科目，贷记“库存现金”“银行存款”等科目。

三、应付利润

为反映企业应付给投资者的利润，应设置“应付利润”科目，本科目借方登记已支付利润，贷方登记发生的各类应付利润数，期末贷方余额表示尚未支付的利润。实行股份制的企业，应设置“应付股利”科目进行核算，账户的结构与“应付利润”账户相同。非股份制企业，分给投资者的利润，应在提取盈余公积以后进行分配，按照投资协议、章程或其他约定的办法进行分配。

企业计算出应支付给投资者的利润时，借记“利润分配”科目，贷记本科目；支付利润时，借记本科目，贷记“银行存款”等科目。

四、应付利息

为反映企业应付给债权人的利息，应设置“应付利息”科目，本科目借方登记已支付利息，贷方登记发生的各类应付利息数，期末贷方余额表示尚未支付的利息。

在应付利息日，企业应当按照合同利率计算确定的利息费用，借记“财务费用”“在建工程”等科目，贷记“应付利息”科目。实际支付的利息，借记“应付利息”科目，贷记“银行存款”等科目。

五、预收账款

“预收账款”科目核算企业按照合同规定预收的款项。包括预收的购货款、工程款等。预收账款情况不多的，也可以不设置本科目，将预收的款项直接记入“应收账款”科目贷方。“预收账款”应按照对方单位(或个人)进行明细核算。

企业向购货单位预收的款项，借记“银行存款”等科目，贷记本科目。销售收入实现时，按照实现的收入金额，借记本科目，贷记“主营业务收入”科目。涉及增值税销项税额的，还应进行相应的账务处理。

期末如为贷方余额，反映企业预收的款项；期末如为借方余额，反映企业尚未转销的款项。

六、其他应付款

其他应付款核算企业除应付账款、预收账款、应付职工薪酬、应交税费、应付利息、应付利润等以外的其他各项应付、暂收的款项，如应付租入固定资产和包装物的租金、存入保证金等。具体内容如图 8 -1 所示。

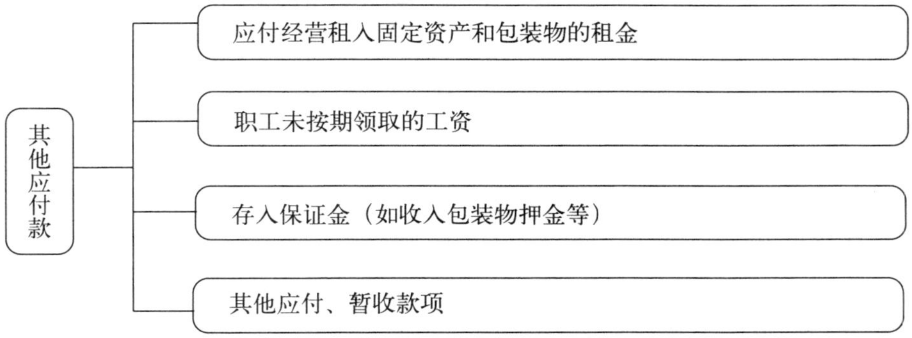

图 8 -1　其他应付款

企业应设置“其他应付款”科目进行核算，并按应付和暂收款项的类别和单位或个人设置明细账进行明细核算。企业发生的各种应付、暂收款项，借记“银行存款”“管理费用”等科目，贷记“其他应付款”科目；支付时，借记“其他应付款”科目，贷记“银行存款”等科目。企业无法支付的其他应付款，借记“其他应付款”科目，贷记“营业外收入”科目。

第三节　长期借款

长期借款是企业向银行或其他金融机构借入的期限在一年以上（不含一年）的一个营业周期以上的各项借款。为了核算企业借入的长期借款情况，应设置“长期借款”科目，该科目的贷方登记借入长期借款的本金和按期计提的利息，借方登记偿还的本金和支付的利息。期末贷方余额反映尚未偿还的借款本息。该科目按贷款单位设置明细账，并按贷款种类进行明细核算。

在小企业会计准则下，应当按照借款本金和借款合同利率计算利息费用。

企业借入长期借款，借记“银行存款”科目，贷记“长期借款”科目。在应付利息日，应当按照借款本金和借款合同利率计提利息费用，借记“财务费用”“在建工程”等科目，贷记“应付利息”科目。偿还长期借款本金，借记“长期借款”科目，贷记“银行存款”科目。

例8－3：思泉工业企业2014年1月1日从银行取得周转借款1 200 000元，期限3年，年利率8%，每年年底归还借款利息，到期一次还本。款项已存入银行。做会计分录如下：

（1）取得借款时：

借：银行存款　　1 200 000

　　贷：长期借款　　1 200 000

（2）第一年年末计息时：

借：财务费用　　（1 200 000×8%）96 000

　　贷：应付利息　　96 000

（3）偿还借款利息时：

借：应付利息　　96 000

　　贷：银行存款　　96 000

（4）第二年处理同上。

（5）第三年偿还借款本金和最后一期利息时：

借：财务费用　　96 000

　　贷：应付利息　　96 000

借：长期借款　　1 200 000

　　应付利息　　96 000

　　贷：银行存款　　1 296 000

第四节　长期应付款

长期应付款指企业除长期借款以外的其他各种长期应付款。企业的长期应付款主要包括：应付融资租入固定资产的租赁费、以分期付款方式购入固定资产发生的应付款项等。为核算企业偿还期在一年以上的各种长期应付款(除长期借款)应设置“长期应付款”科目。该科目贷方登记应付未付的长期应付款，借方登记已经支付的长期应付款，期末贷方余额反映企业尚未支付的各种长期应付款。该科目应按长期应付款的种类和债权人设置明细账，进行明细核算。

一、融资租入的固定资产

融资租入固定资产，应在租赁开始日，按照租赁合同约定的付款总额和在签订租赁合同过程中发生的相关税费等，借记“在建工程”或“固定资产”科目，按应支付的融资租赁费，贷记“长期应付款”科目，按应支付的其他相关费用，贷记“银行存款”“应付账款”等科目。按期支付融资租赁费时，借记“长期应付款”科目，贷记“银行存款”科目。租赁期满，如合同规定将设备所有权转归承租企业，应当进行转账，将固定资产从“融资租入固定资产”明细科目转入有关明细科目。

例8－4：思泉工业企业融资租入一台机器设备，租期5年，该设备价值为2 000 000元，租赁合同规定租金分5年于每年年末等额支付，该项设备不需安装即可投入使用。设备预计净残值为40 000元，采用直线法计提折旧。租赁期满后设备归承租方所有。做会计分录如下：

(1)租赁开始日：

借：固定资产——融资租入固定资产　　2 000 000

　　贷：长期应付款——应付融资租赁款　　2 000 000

(2)每年支付租金时：

借：长期应付款——应付融资租赁款　　(2 000 000 ÷ 5)400 000

　　贷：银行存款　　400 000

(3)每年按期计提折旧时：

借：制造费用　　(400 000 − 40 000 ÷ 5)392 000

　　贷：累计折旧　　392 000

(4)租赁期满后，该项融资租入固定资产转为承租方所有时：

借：固定资产——生产用固定资产　　2 000 000

　　贷：固定资产——融资租入固定资产　　2 000 000

企业长期应付款所发生的借款费用(包括利息、汇兑损益等)比照长期借款费用处理的规定办理。

二、分期付款方式购入的固定资产

以分期付款方式购入固定资产，应当按照实际支付的购买价款和相关税费（不包括按照税法规定可抵扣的增值税进项税额），借记“固定资产”或“在建工程”科目，按照税法规定可抵扣的增值税进项税额，借记“应交税费——应交增值税（进项税额）”科目，贷记“长期应付款”科目。

第五节　负债涉及的主要税务问题

1. 利用应付账款隐瞒收入的问题

应付账款是企业因购买商品、接受劳务而形成的债务。企业收入应当计入相应的营业收入科目，不能利用“应付账款”科目而隐藏收入。

例 8－5：税务人员对某工业企业 2014 年度的营业收入进行检查时，发现本年度的营业收入比上年明显减少，而根据前期调查了解到的情况该工业企业本年度营业情况应该是历史上最好的，税务人员感到营业收入的真实性值得怀疑。税务人员抽查了 11、12 月份相关的会计凭证，发现其原始凭证中有开具发票的记账联，而记账凭证中反映的却是“应付账款”科目，共计 60 万元。针对这种情况，税务人员询问了有关的当事人，并向应付账款的对方企业函证，结果发现该工业企业是将企业正常的营业收入反映在“应付账款”科目中，作为其他企业的暂存款处理。此外，税务人员还发现有如下的账务处理：借记“应付账款”科目，贷记“库存商品”科目，经追查前期应付账款科目，发现是欠其他公司的货款，企业存在用商品抵顶债务的情况。

分析：应付账款是企业因购买商品、接受劳务而形成的债务，这个案例中的工业企业正是利用“应付账款”科目采取收入不入账的方式隐瞒了营业收入。

根据相关法律法规的规定，公司、企业进行会计核算不得有下列行为：虚列或者隐瞒收入，推迟或者提前确认收入。

因此，该企业应调整账务，确认相关收入，补缴欠缴的各项税款。

2. 利用应付票据截留收入的问题

例 8－6：税务人员 2014 年到某工业企业检查时发现，该企业在被检查年度的 9 月有一笔会计分录：借记“其他应收款——A 公司”科目 150 万元，贷记“应付票据——A 公司”科目 150 万元，再追踪检查这两个账户时，发现在 12 月又因退票如数冲回，两账户同时转平。但是该工业企业并不缺少资金，是什么原因从开出票据到退票前后正好 3 个月。到 A 公司实地了解，A 公司从未收到过该工业企业的银行承兑汇票，而且也没有与该工业企业的任何往来挂账，但其销售部门却在被检查年度的年初与该工业企业签订了为2位老总各购一套住房的协议，并从该工业企业门市部(非独立核算)预付了80万元，同时承诺在拿到房后3个月内付完剩余款项。该工业企业被检查年度的5月，A公司在交付房屋的同时要求该工业企业提供担保或抵押。于是，该工业企业从本企业账户上开出了上述150万元银行承兑汇票。但最后3个月到期时，该工业企业又从其账户上汇来了150万元，A公司遂将抵押的银行承兑汇票退回给该工业企业。审计人员立即请A公司财务调出了该工业企业为2位老总付款买房的会计凭证，发现了并未在账面反映的该工业企业另外的银行账户。最终，该工业企业隐瞒销售收入的事实暴露。

分析：这个案例说明税务人员在检查工作中，绝不能放过任何疑点，即使是平时作假可能性较小的科目。在日常税收检查中，检查人员往往习惯性地关注与税收有直接关联的收入、成本和费用等成本、损益类科目，而不关注其他会计科目，也不关注表面上看与纳税问题无关的经济事项，这实际上是一个误区。对此，检查人员要注意：

(1)企业的涉税违法问题不可能都通过涉税科目进行核算，所以，仅检查涉税科目往往发现不了问题。

(2)如果出现类似上述企业的情形，即涉税违法问题本身就没有通过账面核算，则企业的涉税违法资金很可能回流到大账或与大账发生收付关系。

检查人员需明白，既然是涉税违法问题，违法行为产生的利益必定会体现为货币资金形态，企业也一定会处置这些资金。正如上述案例中该企业将截留收入形成的资金用于为老总购买住房，这就使得违规所得的资金产生了流动，而这种流动一旦与大账产生关联，就给检查人员发现问题提供了机会。

第六节　负债涉及的主要审计问题

1. 应付账款重复入账的问题

应付账款一般是一项比较大的流动负债，是评价企业短期偿债能力时必须考虑的一个重要因素，与应付票据共同构成了企业主要商业信用形式，成为其重要资金来源渠道之一。在审计中，应注意对应付账款的实质性测试，可通过以下审计程序来完成：

(1)获取或编制应付账款明细表；

(2)对应付账款明细余额进行分析并做必要的重新分类；

(3)函证应付账款；

(4)查找未入账的应付账款；

(5)对抽取未能函证、期末余额变动较大以及函证未果的明细账户进行抽查；

(6)检查应付账款是否已在会计报表及附注中得到恰当披露；

(7)向企业管理当局索取有关负债说明书。

例 8-7: 2014 年 1 月，审计人员在某工业企业进行纳税检查时，从“原材料”账户借方发现两笔日期相近，数量、金额相同的购料。经翻阅有关凭证，审查“应付账款”的明细账目及材料盘点表发现如下问题：该企业 2013 年 5 月从某厂购入原材料一批，材料已验收入库，月末发票尚未到达，按订货合同价入库。账务处理为：借记“原材料”科目 5 万元，贷记“应付账款”科目 5 万元。2013 年 6 月，估价的材料费并未冲销，当收到对方结算凭证后，又以发货票为依据，再入一次原材料账，借记“原材料”科目 5 万元，贷记“银行存款”科目 5 万元。为掩盖重复记账的事实，该企业又在年末材料盘点时，以“盘亏”名义将价款列入“管理费用”科目。审计人员采取了函证应付账款的方式，发现了该企业重复入账虚列应付账款的问题。

分析: 该工业企业利用“应付账款”科目重复记账，在期末盘点时，以存货盘亏为由计入管理费用，导致企业多计费用，少计利润。

2. 违规使用会计科目的问题

在会计核算中具体发生的业务要计入相应的账户中，这在企业会计准则中有相应规定，企业会计人员不能随意计入不相关账户。

例 8-8: 某工业企业 2014 年度实现营业收入 90 万元，职工人数 15 人，年工资总额 32 万元，已申报缴纳企业所得税 3 万元，未缴个人所得税。2014 年 3 月，审计人员对该企业 2013 年地方各税的缴纳情况进行全面检查。通过检查，发现该企业在 12 月份的会计凭证中，按照自己规定的“全赔全奖制度”计提奖金 5 万元列入“其他应付款——盘亏盘盈奖”科目。经审计人员向该企业财会人员进行了解后得知，原来是该企业为了给售货人员进行奖惩制定了一个库存商品盘亏比例，对库存商品盘亏额在规定比例内的售货人员按规定给予一定的奖励。

分析: 按照《小企业会计准则》要求，职工工资、资金、津贴、补贴等，应当是小企业根据劳动工资制度，依据考勤记录、工时记录、工资标准、资金制度、提成制度等编制出来的，应反映在“应付职工薪酬”等科目，而不应该在“其他应付款”科目中列支。此外，对于在工资科目外发放的职工津贴、补贴等，应与职工工资合并缴纳个人所得税。

工资是企业成本费用的重要组成部分，因此，在这类企业的查账过程中，对于核定企业工资时，一方面应对照应付工资明细账和职工工资表，核实企业职工人数和应付工资提取情况，另一方面要注意对各种费用支出明细账进行审查，防止企业用“应付职工薪酬”以外的会计科目和其他科目发放工资、奖金、实物，从而达到其偷逃国家税款的目的。

第九章
小微工业企业税金的会计核算

第一节 增值税

一、增值税的概念

增值税是以从事销售货物或者提供加工、修理修配劳务以及进口货物的单位和个人取得的增值额为课税对象征收的一种税。

要很好地理解增值税，首先要理解增值额。从理论上讲，增值额是企业在生产经营过程中新创造的那部分价值。在现实的经济生活中，对增值额这一概念可以从以下两个方面理解：

(1)从一个生产经营单位来看，增值额是指该单位销售货物或提供劳务的收入额扣除为生产经营这种货物而外购的那部分货物价款后的余额。

(2)从一项货物来看，增值额是该货物经历的生产和流通的各个环节所创造的增值额之和，也就是该项货物的最终销售价值。

二、增值税的纳税人

根据《中华人民共和国增值税暂行条例》(以下简称《增值税暂行条例》)的规定，凡在中华人民共和国境内销售货物或者提供加工、修理修配劳务以及进口货物的单位和个人都是增值税的纳税人。具体内容如图 9－1 所示。

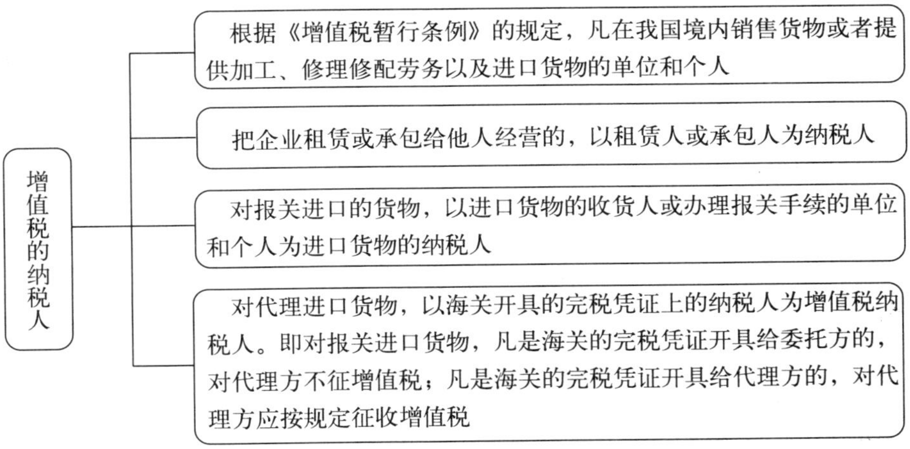

图 9－1 增值税的纳税人

三、一般纳税人和小规模纳税人的区别

和别的税种不同，增值税的纳税人划分为一般纳税人和小规模纳税人两种，两种纳税人在税收管理上具有明显的区别。主要体现在以下两个方面：

(1)使用增值税专用发票的权限不同。一般纳税人可以开具增值税专用发票，而小规模纳税人只能开具普通销售发票。

(2)应纳增值税的计算方法不同。对一般纳税人而言：

应纳税额 = 销项税额 − 进项税额

而对于小规模纳税人而言：

应纳税额 = 销售总额/(1 + 小规模纳税人的适用税率) × 小规模纳税人的适用税率

根据《增值税暂行条例》和《增值税暂行条例实施细则》的规定，划分一般纳税人和小规模纳税人的基本依据是纳税人的会计核算是否健全，是否能够提供准确的税务资料以及企业规模的大小。

四、增值税的征税范围

凡是在生产、批发、零售和进口等四个环节中销售货物、提供加工和修理修配劳务的，都要按规定缴纳增值税。上述征税范围的具体内容如图 9－2 所示。

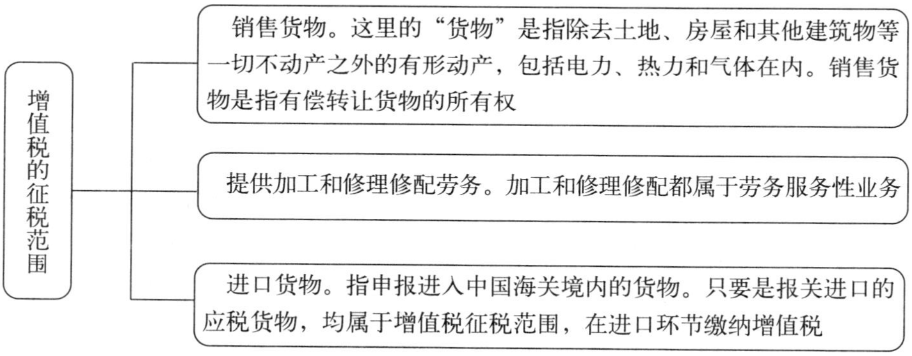

图 9－2　增值税的征税范围

五、增值税的税率

我国增值税在税率设置上主要包括基本税率、低税率和零税率三档。此外，对于小规模纳税人等还规定了特殊情况下的税率。

(一)基本税率

纳税人销售或者进口货物，除列举的外，税率均为 17%；提供加工、修理修配劳务

的，税率也为17%。

（二）基本税率以外的税率

（1）低税率。纳税人销售或者进口下列货物的，税率为13%，适用范围如图9－3所示。

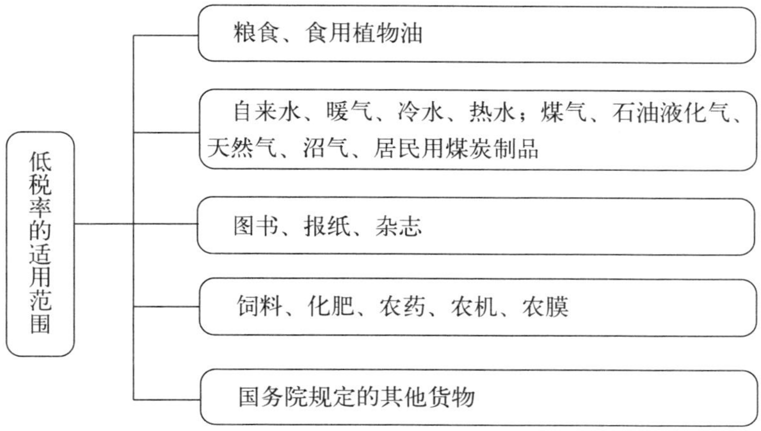

图9－3　低税率的适用范围

（2）零税率。纳税人出口货物，税率为零。但是国务院另有规定的除外。

目前出口货物不适用零税率的货物主要包括：出口的原油，援外出口货物；国家禁止出口的货物包括：天然牛黄、麝香、铜及铜基合金、白金等。

（3）工业企业小规模纳税人销售货物或者应税劳务的，按6%的征收率征税；商业企业小规模纳税人按4%的征收率征税。

（4）纳税人兼营不同税率的货物或者应税劳务的，应当分别核算不同税率货物或者应税劳务的销售额，未分别核算销售额的，从高适用税率。

（5）纳税人销售不同税率货物或应税劳务，并兼营应属一并征收增值税的非应税劳务的，其非应税劳务应从高适用税率。

六、一般纳税人应纳增值税税额的计算

（一）一般纳税人应纳增值税的计算公式

一般纳税人销售货物或者提供应税劳务，应纳税额为当期销项税额抵扣当期进项税额后的余额。应纳税额计算公式：

$$应纳税额 = 当期销项税额 - 当期进项税额$$

因当期销项税额小于当期进项税额不足抵扣时，其不足部分可以结转下期继续抵扣。

（二）销项税额的计算

纳税人销售货物或者提供应税劳务，按照销售额和《增值税暂行条例》规定的税率计算并向购买方收取的增值税额为销项税额。销项税额的计算公式：

销项税额 = 销售额 × 增值税税率

如果没有公允的销售额，应由税务机关评定组成计税价格，计算其销项税额：

销项税额 = 组成计税价格 × 增值税税率

（三）销项税额的确定

依据销项税额的计算公式：销项税额 = 销售额 × 增值税税率，在增值税税率一定的情况下，计算销项税额的关键在于正确、合理地确定销售额。

《增值税暂行条例》第六条规定："销售额为纳税人销售货物或者提供应税劳务向购买方收取的全部价款和价外费用。"具体地说，应税销售额包括以下内容：

（1）销售货物或者提供应税劳务而取自于购买方的全部价款。

（2）向购买方收取的各种价外费用。具体包括手续费、补贴、基金、集资费、返还利润、奖励费、违约金（延期付款利息）、包装费、包装物租金、储备费、优质费、运输装卸费、代收款项、代垫款项及其他各种性质的价外收费。上述价外费用无论其会计制度如何核算，都应并入销售额计税。

（四）进项税额的计算

纳税人购进货物或者接受应税劳务，所支付或者负担的增值税额为进项税额。进项税额的计算公式如表 9－1 所示。

表 9－1　进项税额的计算公式

购进货物或应税的劳务	进项税额 = 不含税的货款 × 适用税率
购进免税农业产品	进项税额 = 买价 × 扣除率（当前扣除率为 13%）
购进废旧物资	进项税额 = 买价 × 扣除率（当前扣除率为 10%）
购进货物支付的运费	进项税额 = 运费发票金额 × 扣除率（扣除率为 7%）

七、小规模纳税人应纳增值税税额的计算

（一）小规模纳税人应纳增值税的计算

对增值税小规模纳税人而言，由于其会计核算的能力比较薄弱，很难实施首先计算增值额、再计算应纳增值税税额的应纳税额的计算方法。因此，我国对增值税小规模纳税人采纳了简化的计算方法，就是直接用不含税的销售额乘以相应税率的方法。

小规模纳税人销售货物或者提供应税劳务，实行简易办法，按照销售额和规定的征收率计算应纳税额，不得抵扣进项税额。应纳税额计算公式：

应纳税额 = 销售额（不含增值税）× 征收率

（二）含税销售额怎样换算成不含税销售额

在上面的计算公式中，增值税的计税依据是不含增值税的销售额，但在日常的经济活动中，纳税人总是把增值税额和货款同时收取的。因此，在计算应纳税额时，必须首先把含税销售额换算成不含税销售额，换算的公式如下：

不含税销售额 = 含税销售额/（1 + 适用税率）

八、一般纳税人增值税的账务处理

企业应交的增值税，在“应交税费”科目下设置“应交增值税”和“未交增值税”两个明细科目进行核算。“应交增值税”明细账内，设置“进项税额”“出口退税”“进项税额转出”“出口抵减内销产品应纳税额”“转出多交增值税”等专栏。月份终了，“应交增值税”明细科目的余额转入“未交增值税”明细科目。

（一）采购物资

企业采购物资等，按照应计入采购成本的金额，借记“材料采购”或“在途物资”“原材料”“库存商品”等科目，按照税法规定可抵扣的增值税进项税额，借记“应交税费——应交增值税（进项税额）”科目，按照应付或实际支付的金额，贷记“应付账款”“银行存款”等科目。购入物资发生退货的，做相反的会计分录。

购进免税农业产品，按照购入农业产品的买价和税法规定的税率计算的增值税进项税额，借记“应交税费——应交增值税（进项税额）”科目，按照买价减去税法规定计算的增值税进项税额后的金额，借记“材料采购”或“在途物资”等科目，按照应付或实际支付的价款，贷记“应付账款”“库存现金”“银行存款”等科目。

例 9－1：思泉工业企业购入一批材料，增值税专用发票上注明的材料价款为 50 000 元，增值税额为 8 500 元。货款已经支付，材料已经到达并验收入库。假定增值税税率为 17%，不缴纳消费税。做会计分录如下：

借：在途物资	50 000
应交税费——应交增值税（进项税额）	8 500
贷：银行存款	58 500

（二）销售商品

销售商品（提供劳务），按照收入金额和应收取的增值税销项税额，借记“应收账款”

“银行存款”等科目，按照税法规定应交纳的增值税销项税额，贷记“应交税费——应交增值税(销项税额)”科目，按照确认的营业收入金额，贷记“主营业务收入”“其他业务收入”等科目。发生销售退回的，做相反的会计分录。

随同商品出售但单独计价的包装物，应当按照实际收到或应收的金额，借记“银行存款”“应收账款”等科目，按照税法规定应交纳的增值税销项税额，贷记“应交税费——应交增值税(销项税额)”科目，按照确认的其他业务收入金额，贷记“其他业务收入”科目。

(三)产品出口

有出口产品的企业，其出口退税的账务处理如下：

(1)实行“免、抵、退”管理办法的企业，按照税法规定计算的当期出口产品不予免征、抵扣和退税的增值税税额，借记“主营业务成本”科目，贷记“应交税费——应交增值税(进项税额转出)”科目。按照税法规定计算的当期应予抵扣的增值税税额，借记“应交税费——应交增值税(出口抵减内销产品应纳税额)”科目，贷记“应交税费——应交增值税(出口退税)”科目。出口产品按照税法规定应予退回的增值税税款，借记“其他应收款”科目，贷记“应交税费——应交增值税(出口退税)”科目。

(2)未实行“免、抵、退”管理办法的企业，出口产品实现销售收入时，应当按照应收的金额，借记“应收账款”等科目，按照税法规定应收的出口退税，借记“其他应收款”科目，按照税法规定不予退回的增值税税额，借记“主营业务成本”科目，按照确认的销售商品收入，贷记“主营业务收入”科目，按照税法规定应交纳的增值税税额，贷记“应交税费——应交增值税(销项税额)”科目。

(四)特殊的账务处理

(1)购入材料等按照税法规定不得从增值税销项税额中抵扣的进项税额，其进项税额应计入材料等的成本，借记“材料采购”或“在途物资”等科目，贷记“银行存款”等科目，不通过“应交税费——应交增值税(进项税额)”科目核算。

(2)将自产的产品等用作福利发放给职工，应视同产品销售计算应交增值税的，借记“应付职工酬薪”科目，贷记“主营业务收入”“应交税费——应交增值税(进项税额)”等科目。

例9-2：思泉工业企业有一个以生产生活用品为主的生产中心，将本企业的一批库存商品作为集体福利发给职工，该批产品成本5 000元，售价8 000元，增值税税率17%，做会计分录如下：

借：应付职工薪酬	9 360	
贷：主营业务收入		8 000
应交税费——应交增值税(销项税额)		1 360
借：主营业务成本	5 000	
贷：库存商品		5 000

(3)购进的物资、在产品、产成品因盘亏、毁损、报废、被盗，以及购进物资改变用途等原因按照税法规定不得从增值税销项税额中抵扣的进项税额，其进项税额应转入有关科目，借记“待处理财产损溢”等科目，贷记“应交税费——应交增值税(进项税额转出)”科目。

例9-3：思泉工业企业在盘点中盘亏材料一批，经查系管理不善造成材料短缺。该批材料价款为5 000元，增值税为850元。做会计分录如下：

借：待处理财产损溢——待处理流动资产损溢　5 850
　贷：原材料　5 000
　　应交税费——应交增值税(进项税额转出)　850
借：管理费用　5 850
　贷：待处理财产损溢——待处理流动资产损溢　5 850

(4)由于工程而使用本企业的产品或商品，应当按照成本，借记“在建工程”科目，贷记“库存商品”科目。同时，按照税法规定应交纳的增值税销项税额，借记“在建工程”科目，贷记“应交税费——应交增值税(销项税额)”科目。

(五)缴纳增值税

缴纳的增值税，借记“应交税费——应交增值税(已交税金)”科目，贷记“银行存款”科目。

例9-4：思泉工业企业以银行存款85 000元缴纳本月应交增值税。做会计分录如下：

借：应交税费——应交增值税(已交税金)　85 000
　贷：银行存款　85 000

九、小规模纳税人增值税的账务处理

国家对于小规模纳税企业销售货物或者提供应税劳务，实行简易办法计算应纳税额，按照销售额和规定的征收率计算应纳税额，不得抵扣进项税额。其应纳税额的计算公式为：

$$应纳税额 = 销售额 \times 征收率$$

注意，该销售额为不含税的销售额。

小规模纳税企业购入货物及接受应税劳务支付的增值税额，应直接计入有关货物及劳务成本。也就是说，小规模纳税企业对于购入货物或接受应税劳务时向供应方(或应税劳务的提供方)支付增值税额，不能像一般纳税企业那样做抵扣销项税额处理，而应当将其与价款、运杂费等一并计入有关货物、劳务的成本。

小规模纳税企业销售货物或提供应税劳务，应按实现的销售收入和按规定收取的增值税税额，借记“应收账款”“应收票据”“银行存款”等科目，按规定收取的增值税税额，贷记“应交税费——应交增值税”科目，按实现的销售收入，贷记“主营业务收入”“其他业务收入”等科目。

小规模纳税企业在上缴增值税时，应借记“应交税费——应交增值税”科目，贷记“银行存款”科目。

例9-5：思泉工业企业被当地主管的国家税务局认定为增值税小规模纳税企业，执行3%的增值税税率，该企业2014年9月份发生的与增值税有关的经济业务如下，请编制其会计分录。

(1)从某供应单位购进材料一批，已验收入库，以银行存款支付材料的价款、运杂费、增值税共计10 000元。做会计分录如下：

借：原材料	10 000	
贷：银行存款		10 000

(2)当月销售肥皂、洗衣粉等日化用品，其价税合计为1 030元，增值税额为1 030÷(1+3%)×3%=30(元)，款项尚未收到。做会计分录如下：

借：应收账款	1 030	
贷：主营业务收入		1 000
应交税费——应交增值税(销项税额)		30

(3)本月该企业以银行存款上缴增值税520元。做会计分录如下：

借：应交税费——应交增值税	520	
贷：银行存款		520

第二节　消费税

一、消费税的概念

消费税是指对特定的消费品和消费行为在特定的环节征收的流转税。具体地说，是指对从事生产、委托加工及进口应税消费品的单位和个人，就其消费品的销售额或销售数量或者销售额与销售数量相结合征收的一种流转税。

二、消费税的纳税人

消费税的纳税人，是指在中国境内生产、委托加工和进口以及《中华人民共和国消费税暂行条例》规定的应税消费品的单位和个人。具体来说，消费税的纳税人如图9-4所示。

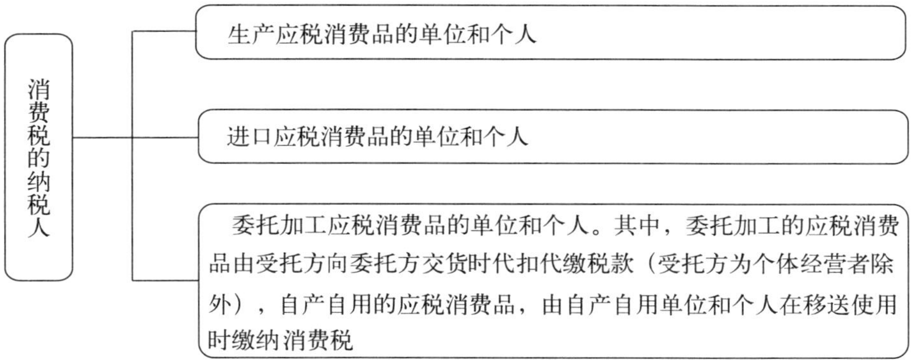

图9－4　消费税的纳税人

三、消费税的税目与税率

现行消费税的征收范围主要包括：烟，酒及酒精，鞭炮、焰火，化妆品，成品油，贵重首饰及珠宝玉石，高尔夫球及球具，高档手表，游艇，木制一次性筷子，实木地板，汽车轮胎，摩托车，小汽车等税目，有的税目还进一步划分若干子目。消费税属于价内税，并实行单一环节征收。除金银首饰、钻石及钻石饰品改为零售环节征税外，一般在应税消费品的生产、委托加工和进口环节缴纳，在以后的批发、零售等环节中，由于价款中已包含消费税，因此不必再缴纳消费税。

现行消费税税率的规定有三种形式：定额与比例相结合的税率、比例税率、定额税率。具体如表9－2所示。

表9－2　消费税税目税率表

税目	税率
一、烟	
1. 卷烟	
(1)甲类卷烟	56%加0.003元/支(生产环节)
(2)乙类卷烟	36%加0.003元/支(生产环节)
(3)批发环节	5%
2. 雪茄烟	36%
3. 烟丝	30%
二、酒及酒精	
1. 白酒	20%加0.5元/500克(或者500毫升)
2. 黄酒	240元/吨
3. 啤酒	
(1)甲类啤酒	250元/吨
(2)乙类啤酒	220元/吨
4. 其他酒	10%
5. 酒精	5%

（续表）

税目	税率
三、化妆品	30%
四、贵重首饰及珠宝玉石	
1. 金银首饰、铂金首饰和钻石及钻石饰品	5%
2. 其他贵重首饰和珠宝玉石	10%
五、鞭炮、焰火	15%
六、成品油	
1. 汽油	
(1)含铅汽油	1.4 元/升
(2)无铅汽油	1.0 元/升
2. 柴油	0.80 元/升
3. 航空煤油	0.80 元/升
4. 石脑油	1.0 元/升
5. 溶剂油	1.0 元/升
6. 润滑油	1.0 元/升
7. 燃料油	0.80 元/升
七、汽车轮胎	3%
八、摩托车	
1. 气缸容量(排气量，下同)在 250 毫升(含 250 毫升)以下的	3%
2. 气缸容量在 250 毫升以上的	10%
九、小汽车	
1. 乘用车	
(1)气缸容量(排气量，下同)在 1.0 升(含 1.0 升)以下的	1%
(2)气缸容量在 1.0 升以上至 1.5 升(含 1.5 升)的	3%
(3)气缸容量在 1.5 升以上至 2.0 升(含 2.0 升)的	5%
(4)气缸容量在 2.0 升以上至 2.5 升(含 2.5 升)的	9%
(5)气缸容量在 2.5 升以上至 3.0 升(含 3.0 升)的	12%
(6)气缸容量在 3.0 升以上至 4.0 升(含 4.0 升)的	25%
(7)气缸容量在 4.0 升以上的	40%
2. 中轻型商用客车	5%
十、高尔夫球及球具	10%

（续表）

税目	税率
十一、高档手表	20%
十二、游艇	10%
十三、木制一次性筷子	5%
十四、实木地板	5%

四、消费税的计算

国家在确定消费税的计税依据时，主要从应税消费品的价格变化情况和便于征纳等角度出发，分别采用从价和从量两种计税方法。

（一）实行从量定额的计征方法

从量定额通常以每单位应税消费品的重量、容积或数量为计税依据，并按每单位应税消费品规定固定税额，这种固定税额即为定额税率。

我国消费税对黄酒、啤酒、汽油、柴油等实行定额税率，采用从量定额的办法征税，其计税依据是纳税人销售应税消费品的数量。计税公式为：

应纳税额 = 应税消费品数量 × 消费税单位税额

（二）实行从价定率的计征办法

实行从价定率办法征税的应税消费品，计税依据为应税消费品的销售额。实行从价定率征税的消费品，其消费税税基与增值税税基是一致的，即都是以含消费税而不含增值税的销售额作为计税基数。

实行从价定率征收办法的消费品，其应纳税额计算公式为：

应纳税额 = 应税消费品的销售额 × 适用税率

（三）从量定额和从价定率相结合的计征办法

甲类卷烟、乙类卷烟和白酒实行从量定额和从价定率相结合计算应纳税额的复合计税办法。应纳税额计算公式为：

应纳税额 = 销售数量 × 定额税率 + 销售额 × 比例税率

五、消费税的账务处理

企业按规定应交的消费税，应设置“应交消费税”明细科目核算。“应交消费税”科目的借方发生额，反映企业实际缴纳的消费税和待扣的消费税；贷方发生额，反映按规定应交纳的消费税；期末贷方余额反映尚未缴纳的消费税；期末借方余额反映多交或待扣的消费税。

有关消费税的账务处理如下。

（一）销售应税消费品

企业销售需要缴纳消费税的物资应交的消费税，借记“营业税金及附加”等科目，贷记“应交税费——应交消费税”科目。退税时，做相反的会计分录。

随同商品出售但单独计价的包装物，按照税法规定应交纳的消费税，借记“营业税金及附加”科目，贷记“应交税费——应交消费税”科目。出租、出借包装物逾期未收回没收的押金应交的消费税，借记“营业税金及附加”科目，贷记“应交税费——应交消费税”科目。

例9-6：思泉工业企业销售一批应税消费品，随同商品销售的包装物单位计价，包装物售价为2 000元，消费税率为10%。做会计分录如下：

借：营业税金及附加　　　　(2 000×10%)200

　　贷：应交税费——应交消费税　　　　200

（二）将应税消费品用于非生产业务

以生产的产品用于在建工程、非生产机构等，按照税法规定应交纳的消费税，借记“在建工程”“管理费用”等科目，贷记“应交税费——应交消费税”科目。

（三）委托加工应税消费品

需要交纳消费税的委托加工物资，由受托方代收代缴税款（除受托加工或翻新改制金银首饰按照税法规定由受托方交纳消费税外）。企业（受托方）按照应交税款金额，借记“应收账款”“银行存款”等科目，贷记“应交税费——应交消费税”科目。

委托加工物资收回后直接用于销售的，企业（委托方）应将代收代交的消费税计入委托加工物资的成本，借记“库存商品”等科目，贷记“应付账款”“银行存款”等科目；委托加工物资收回后用于连续生产，按照税法规定准予抵扣的，按照代收代交的消费税，借记“应交税费——应交消费税”科目，贷记“应付账款”“银行存款”等科目。

（四）有关金银首饰的业务

有金银首饰零售业务的以及采用以旧换新方式销售金银首饰的企业，在营业收入实现时，按照应交的消费税，借记“营业税金及附加”科目，贷记“应交税费——应交消费税”科目。有金银首饰零售业务的企业因受托代销金银首饰按照税法规定应交纳的消费税，借记“营业税金及附加”科目，贷记“应交税费——应交消费税”科目；以其他方式代销金银首饰的，其交纳的消费税，借记“营业税金及附加”科目，贷记“应交税费——应交消费税”科目。

有金银首饰批发、零售业务的企业将金银首饰用于馈赠、赞助、广告、职工福利、奖励等方面的，应于物资移送时，按照应交的消费税，借记“营业外支出”“销售费用”“应付职工薪酬”等科目，贷记“应交税费——应交消费税”科目。

随同金银首饰出售但单独计价的包装物，按照税法规定应交纳的消费税，借记“营业税金及附加”科目，贷记“应交税费——应交消费税”科目。

（五）进口应税消费品

需要交纳消费税的进口物资，其交纳的消费税应计入该项物资的成本，借记“材料采购”或“在途物资”“库存商品”“固定资产”等科目，贷记“银行存款”等科目。

（六）出口应税消费品

生产型企业直接出口或通过外贸企业出口的物资，按照税法规定直接予以免征消费税的，可不计算应交消费税。

（七）缴纳消费税

交纳的消费税，借记“应交税费——应交消费税”科目，贷记“银行存款”科目。

第三节　企业所得税

一、企业所得税的概念

企业所得税是以各类组织取得的生产经营所得和其他所得为征税对象所征收的一种税。从2008年1月1日起，我国实行了合并企业所得税的改革，无论外资企业还是内资企业，均适用统一的企业所得税法。

二、企业所得税的纳税人、征税范围、税率

（一）企业所得税的纳税人

关于企业所得税的纳税人范围，《中华人民共和国企业所得税法》采用了一般减去特殊的原则，除个人独资企业和合伙企业，其他的凡取得收入的各类经济组织，包括依照中国法律、行政法规在中国境内成立的企业、事业单位、社会团体以及其他取得收入的组织。

（二）企业所得税的征税范围

《中华人民共和国企业所得税法》规定：“企业以货币形式和非货币形式从各种来源取得的收入，为收入总额。”收入总额的构成如图9－5所示。

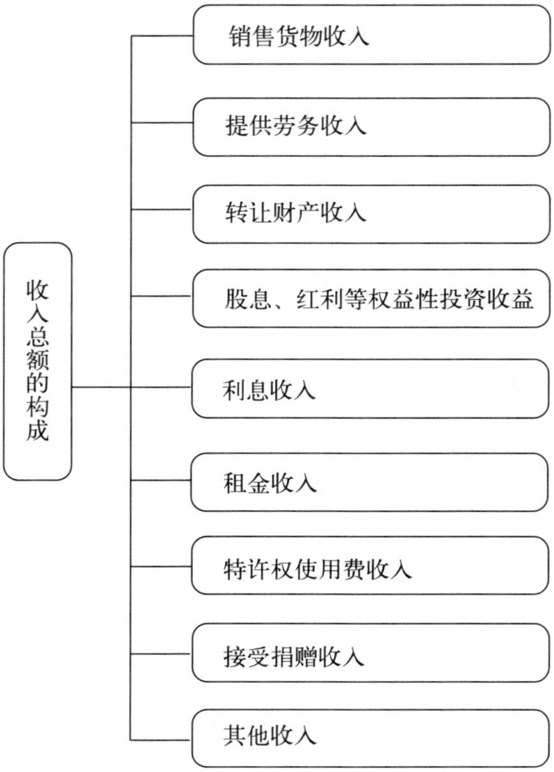

图 9－5　收入总额的构成

依据《中华人民共和国企业所得税法》的规定，不征税的收入有：财政拨款，依法收取并纳入财政管理的行政事业性收费、政府性基金，以及国务院规定的其他不征税收入。

另外，企业在清算结算的时候，往往会产生清算所得，所谓清算所得是指企业的全部资产可变现价值或者交易价格减除资产净值、清算费用以及相关税费等后的余额。清算所得也属于企业所得税的征税范围。

(三)企业所得税的税率

当前企业所得税的税率统一为 25%。但在两种情况下，可以享受到 20%、15% 的优惠税率。

(1)对于符合一定条件的小型微利企业，采用 20% 优惠税率的规定。

(2)对于国家需要重点扶持的高新技术企业，减按 15% 的税率征收企业所得税。

这里所说的高新技术企业，是指拥有核心自主知识产权、符合一定的条件、并经过国家税务机关核准认证的企业。

因此，我国企业所得额税执行的是 25% 的统一税率，并辅以 20%、15% 优惠税率的政策。

三、企业所得税计税依据的确定

（一）企业所得税的计税依据

企业所得税的计税依据，是企业的应纳税所得额。所谓应纳税所得额，是指企业每一纳税年度的收入总额减除不征税收入、免税收入、各项扣除以及允许弥补的以前年度亏损额后的余额。应纳税所得额的基本计算公式为：

应纳税所得额＝收入总额－不征税收入－免税收入－准予扣除项目－允许弥补的以前年度亏损额

（二）企业收入的计算

要正确计算企业的应纳税所得额，首先要正确计算企业的收入总额，企业以货币形式和非货币形式从各种来源取得的收入，为收入总额。企业取得收入的货币形式，包括现金、存款、应收账款、应收票据、准备持有至到期的债券投资以及债务的豁免等。企业取得收入的非货币形式，包括固定资产、生物资产、无形资产、股权投资、存货、不准备持有至到期的债券投资、劳务以及有关权益等。企业以非货币形式取得的收入，应当按照公允价值确定收入额。

1. 企业收入的主要内容

按照现在施行的《中华人民共和国企业所得税法》的规定，企业的各项收入主要包括以下内容，如表9－3所示。

表9－3　各项收入的主要内容

收入类型	内容
销售货物收入	是指企业销售商品、产品、原材料、包装物、低值易耗品以及其他存货取得的收入
提供劳务收入	是指企业从事建筑安装、修理修配、交通运输、仓储租赁、金融保险、邮电通信、咨询经纪、文化体育、科学研究、技术服务、教育培训、餐饮住宿、中介代理、卫生保健、社区服务、旅游、娱乐、加工以及其他劳务服务活动取得的收入
转让财产收入	是指企业转让固定资产、生物资产、无形资产、股权、债权等财产取得的收入
股息、红利等权益性投资收益	是指企业因权益性投资从被投资方取得的收入
利息收入	是指企业将资金提供他人使用但不构成权益性投资，或者因他人占用本企业资金取得的收入，包括存款利息、贷款利息、债券利息、欠款利息等取得的收入
租金收入	是指企业提供固定资产、包装物或者其他有形资产的使用权取得的收入

（续表）

收入类型	内容
特许权使用费收入	是指企业提供专利权、非专利技术、商标权、著作权以及其他特许权的使用权取得的收入
接受捐赠收入	是指企业接受的来自其他企业、组织或者个人无偿给予的货币性资产、非货币性资产取得的收入
其他收入	是指企业取得的除《企业所得税法》第六条第(一)项至第(八)项规定的收入外的其他收入，包括企业资产溢余收入、逾期未退包装物押金收入、确实无法偿付的应付款项、已做坏账损失处理后又收回的应收款项、债务重组收入、补贴收入、违约金收入、汇兑收益等

2. 不征税收入的主要内容

《中华人民共和国企业所得税法》规定，收入总额中的下列收入为不征税收入，如表9－4所示。

表9－4　不征税收入的内容

不征税收入	内容
财政拨款	是指各级人民政府对纳入预算管理的事业单位、社会团体等组织拨付的财政资金，但国务院和国务院财政、税务主管部门另有规定的除外
依法收取并纳入财政管理的行政事业性收费、政府性基金	行政事业性收费，是指依照法律法规等有关规定，按照国务院规定程序批准，在实施社会公共管理，以及在向公民、法人或者其他组织提供特定公共服务过程中，向特定对象收取并纳入财政管理的费用。 政府性基金，是指企业依照法律、行政法规等有关规定，代政府收取的具有专项用途的财政资金
国务院规定的其他不征税收入	国务院规定的其他不征税收入，是指企业取得的，由国务院财政、税务主管部门规定专项用途并经国务院批准的财政性资金

(三)准予在税前进行扣除的项目

《中华人民共和国企业所得税法》第八条规定：“企业实际发生的与取得收入有关的、合理的支出，包括成本、费用、税金、损失和其他支出，准予在计算应纳税所得额时扣除”。内容如表9－5所示。

其中，有关的支出，是指与取得收入直接相关的支出。合理的支出，是指符合生产经营活动常规，应当计入当期损益或者有关资产成本的必要和正常的支出。

表 9－5　准予在税前扣除的项目

项目	内容
成本	成本是指企业在生产经营活动中发生的销售成本、销货成本、业务支出以及其他耗费等
费用	费用是指企业在生产经营活动中发生的销售费用、管理费用和财务费用，已经计入成本的有关费用除外
税金	税金是指企业发生的除企业所得税和允许抵扣的增值税以外的各项税金及其附加。企业缴纳的增值税因其属于价外税，故不在扣除之列
损失	损失是指企业在生产经营活动中发生的固定资产和存货的盘亏、毁损、报废损失，转让财产损失，呆账损失，坏账损失，自然灾害等不可抗力因素造成的损失以及其他损失。企业发生的损失，减除责任人赔偿和保险赔款后的余额，依照国务院财政、税务主管部门的规定扣除。企业已经作为损失处理的资产，在以后纳税年度又全部收回或者部分收回时，应当计入当期收入
亏损	企业纳税年度发生的亏损，准予向以后年度结转，用以后年度的所得弥补，但结转年限最长不得超过五年。五年内不论纳税人是盈利还是亏损，都应连续计算弥补的年限。先亏先补，按顺序连续计算弥补期。亏损额不是企业利润表中的亏损额，是指企业依照企业所得税法中本条例的规定将每一纳税年度的收入总额减除不征税收入、免税收入和各项扣除后小于零的数额
其他支出	其他支出是指除成本、费用、税金、损失外，企业在生产经营活动中发生的与生产经营活动有关的、合理的支出

四、应纳企业所得税税额的计算

企业所得税实行按年计征、分期预缴、年终汇算清缴、多退少补的办法。其应纳所得税额的计算分为预缴所得税额计算和年终汇算清缴所得税额计算两部分。

（一）按月（季）预缴所得税的计算方法

纳税人预缴所得税时，应当按纳税期限内应纳税所得额的实际数预缴；按实际数预缴有困难的，可按上一年度应纳税所得额的 1/12 或 1/4 预缴，或者经当地税务机关认可的其他方法分期预缴所得税。其计算公式为：

月（季）应纳所得税额＝月（季）应纳税所得额×25%

＝上年应纳税所得额×1/12（或 1/4）×25%

（二）年终汇算清缴的所得税的计算方法

全年应纳所得税额＝全年应纳税所得额×25%

多退少补所得税额＝全年应纳所得税额－月（季）已预缴所得税额

企业所得税税款应以人民币为计算单位。若所得为外国货币的，应当按照国家外汇管理机关公布的外汇汇率折合人民币缴纳。

例9－7： 思泉工业企业2013年全年应税所得额240万元。2014年企业经税务机关同意，每月按2013年应纳税所得额的1/12预缴企业所得税。2014年全年实现利润经调整后的应纳税所得额为300万元。计算该企业2014年每月应预缴的企业所得税，年终汇算清缴时应补缴的企业所得税。

分析与计算：

(1)2014年1—12月每月应预缴所得税额：

月应纳税额＝240÷12×25%＝5(万元)。

(2)2014年1—12月实际预缴所得税额：

实际预缴额＝5×12＝60(万元)。

(3)2014年全年应纳所得税税额：

应纳税额＝300×25%＝75(万元)。

(4)年终汇算清缴时应补缴所得税额：

应补缴所得税额＝75－60＝15(万元)。

五、企业所得税的缴纳

企业所得税实行按年计算、分月或分季预缴、年终汇算清缴、多退少补的征纳办法。具体纳税期限由主管税务机关根据纳税人应纳税额的大小，予以核定。

(一)企业所得税的缴纳期限

企业所得税分月或者分季预缴，其相应的交纳期限如下：

(1)企业应当自月份或者季度终了之日起十五日内，向税务机关报送预缴企业所得税纳税申报表，预缴税款。

(2)企业应当自年度终了之日起五个月内，向税务机关报送年度企业所得税纳税申报表，并汇算清缴，结清应缴应退税款。企业在报送企业所得税纳税申报表时，应当按照规定附送财务会计报告和其他有关资料。

(3)企业在年度中间终止经营活动的，应当自实际经营终止之日起六十日内，向税务机关办理当期企业所得税汇算清缴。企业应当在办理注销登记前，就其清算所得向税务机关申报并依法缴纳企业所得税。

企业所得税的清缴，由纳税人自行计算年度应纳税所得额和应缴所得税额，根据预缴税款情况，计算全年应缴纳税额，并填写纳税申报表，在税法规定的申报期内向税务机关进行年度纳税申报，经税务机关审核后，办理结清手续。

（二）企业所得税的纳税年度

企业所得税按纳税年度计算。纳税年度自公历1月1日起至12月31日止。

企业在一个纳税年度中间开业，或者终止经营活动，使该纳税年度的实际经营期不足十二个月的，应当以其实际经营期为一个纳税年度。

企业依法清算时，应当以清算期间作为一个纳税年度。

六、企业所得税的账务处理

企业的生产、经营所得和其他所得，依照有关《所得税暂行条例实施细则》的规定需要交纳所得税。企业应交纳的所得税，在“应交税费”科目下设置“应交企业所得税”明细科目核算。当期应计入损益的所得税，作为一项费用在净收益前扣除。企业按照一定方法计算计入损益的所得税，借记“所得税费用”科目，贷记“应交税费——应交企业所得税”科目。交纳的企业所得税，借记“应交税费——应交企业所得税”科目，贷记“银行存款”科目。

第四节　其他税种

一、营业税

营业税是对在我国境内提供应税劳务、转让无形资产或销售不动产的单位和个人所取得的营业额征收的一种流转税。

《中华人民共和国营业税暂行条例》规定，营业税的计税依据是纳税人提供应税劳务、转让无形资产或销售不动产向对方收取的全部价款和价外费用。

从上述规定可以看出，营业税的计税依据是提供应税劳务的营业额、转让无形资产的转让额或销售不动产的销售额，统称为营业额。它是纳税人向对方收取的全部价款，包括在价款之外取得的一切费用，如手续费、服务费、基金等。

营业税应纳税额的计算公式：

应纳税额 = 营业税 × 税率

二、资源税

资源税是国家对在我国境内开采矿产品或者生产盐的单位和个人征收的税种。企业按规定应交的资源税，在“应交税费”科目下设置“应交资源税”明细科目核算。企业销售商品按照税法规定应交纳的资源税，借记“营业税金及附加”科目，贷记“应交税费——应交资源税”科目。自产自用的物资应交纳的资源税，借记“生产成本”科目，贷记“应交税费——应交资源税”科目。收购未税矿产品，按照实际支付的价款，借记“材料采购”或“在途物资”等科目，贷记“银行存款”等科目，按照代扣代缴的资源税，借记“材料采购”或“在途物资”等科目，贷记“应交税费——应交资源税”科目。

三、土地增值税

企业转让国有土地使用权、地上建筑物及其附着物并取得收入的单位和个人，均应缴纳土地增值税。在会计处理时，企业缴纳的土地增值税通过“应交税费——应交土地增值税”科目核算。转让的国有土地使用权与其地上建筑物及其附着物一并在“固定资产”科目核算的，借记“固定资产清理”科目，贷记“应交税费——应交土地增值税”科目。

土地使用权在“无形资产”科目核算的，按照实际收到的金额，借记“银行存款”科目，按照应交纳的土地增值税，贷记“应交税费——应交土地增值税”科目，按照已计提的累计摊销，借记“累计摊销”科目，按照其成本，贷记“无形资产”科目，按照其差额，贷记“营业外收入——非流动资产处置净收益”科目或借记“营业外支出——非流动资产处置净损失”科目。

企业（房地产开发经营）销售房地产应交纳的土地增值税，借记“营业税金及附加”科目，贷记“应交税费——应交土地增值税”科目。

交纳的土地增值税，借记“应交税费——应交土地增值税”科目，贷记“银行存款”等科目。

四、城市维护建设税和教育费附加

城市维护建设税和教育费附加是国家对缴纳增值税、消费税、营业税的单位和个人，就其交纳的增值税、消费税、营业税税额为计税依据征收的两种税。计算公式为：

应纳税额 =（应交增值税 + 应交消费税 + 应交营业税）× 适用税率

城市维护建设税的税率因纳税人所在地不同，从 1% 到 7% 不等：

（1）纳税人所在地为市区的，税率为 7%；

（2）纳税人所在地为县城、镇的，税率为 5%；

（3）纳税人所在地不在市区、县城或者镇的，税率为 1%。

教育费附加的征收率一律为 3%。

企业按规定计算出应交纳的城市维护建设税和教育费附加，借记“营业税金及附加”科目，贷记“应交税费——应交城市维护建设税（或应交教育费附加）”科目，交纳的城市维护建设税，借记“应交税费——应交城市维护建设税（或应交教育费附加）”科目，贷记“银行存款”科目。

例9-8：2014年4月末，思泉工业企业当期实际应上交的流转税(消费税、增值税)为75 700元，适用的城市维护建设税税率为7%。根据有关凭证，做会计分录如下：

(1)计算应交的城市维护建设税5 299元(75 700×7%)：

借：营业税金及附加	5 299	
贷：应交税费——应交城市维护建设税		5 299

(2)用银行存款上交城市维护建设税时：

借：应交税费——应交城市维护建设税	5 299	
贷：银行存款		5 299

五、房产税、车船税、土地使用税

企业按照规定应交纳的城镇土地使用税、房产税、车船税，借记“营业税金及附加”科目，贷记“应交税费——应交城镇土地使用税、应交房产税、应交车船税”科目。上交城镇土地使用税、房产税、车船税时，借记“应交税费——应交城镇土地使用税、应交房产税、应交车船税”科目，贷记“银行存款”科目。

六、个人所得税

个人所得税是对个人取得的各项所得征收的一种所得税。根据税法规定，个人所得税代扣代缴和纳税人自行申报相结合的征收方式。支付所得的单位或个人为扣缴义务人。企业为核算扣缴职工个人所得税的情况，应在“应交税费”科目下设置“应交个人所得税”明细科目。企业按规定计算应代扣代缴的职工个人所得税，借记“应付职工薪酬”科目，贷记“应交税费——应交个人所得税”科目。交纳的个人所得税，借记“应交税费——应交个人所得税”科目，贷记“银行存款”科目。

七、企业税款的先征后返

企业按照规定实行企业所得税、增值税、消费税、营业税等先征后返的，应当在实际收到返还的企业所得税、增值税(不含出口退税)、消费税、营业税等时，借记“银行存款”科目，贷记“营业外收入”科目。

第五节　税金涉及的主要税务问题

1. 虚开增值税专用发票的问题

虚开增值税专用发票或者虚开用于骗取出口退税、抵扣税款的其他发票的，处3年以下有期徒刑或者拘役，并处2万元以上20万元以下罚金；虚开的税款数额较大或者有其他严重情节的，处3年以上10年以下有期徒刑，并处5万元以上50万元以下罚金；虚开的税款数额巨大或者有其他特别严重情节的，处10年以上有期徒刑或者无期徒刑，并处5万元以上50万元以下罚金或者没收财产。

例9-9：税务人员在对某工业企业检查时发现，该企业从2013年1月至2013年12月间，在无实际货物交易情况下，分别介绍B公司向5家单位虚开增值税专用发票35份，均向税务机关申报抵扣，共计虚开发票的金额200万元，税额34万元，价税合计234万元，骗取国家税款34万元，从中获利人民币1.5万元。

分析：该企业存在虚开增值税专用发票的问题。虚开增值税可以增加抵扣项目，少缴税款，这严重损害了国家的利益。公司的这种做法不仅不得抵扣相应的增值税额，而且虚开增值税发票的相关企业还将受到刑法的处罚。

2. 转让无形资产少缴税款的问题

例9-10：税务人员检查某工业企业2014年度会计报表时，发现该企业于当年6月与A企业签订的无形资产使用权转让协议书，将企业的专利技术使用权作价50万元转让给A企业使用；协议规定A企业于当年的6月30日前向该工业企业付款25万元，余款于次年的年底前付清。无形资产转让手续分两次办理：第一次手续于当年的11月30日办理完毕；第二次手续仍在办理中。该工业企业所做的账务处理为：借记“银行存款”科目250 000元，贷记“其他业务收入”科目250 000元。税务人员进一步检查了该工业企业无形资产使用权有偿转让协议，证实了上述交易确实发生。但查阅该工业企业有关纳税申报资料和税务部门汇算清缴确认文件时，发现该企业没有按税法规定计缴营业税。

分析：该企业未按税法规定计缴营业税，按照《中华人民共和国营业税暂行条例》的规定，企业转让无形资产应按向对方收取的全部价款和价外费用(包括向对方收取的手续费、基金、集资款、代收款项、代垫款项及其他各种性质的价外收费)乘以税率缴纳营业税。

因此，该企业应做纳税调整处理，补缴尚未支付款项但已发生的转让行为的营业税、城市维护建设税和教育费附加。

3. 税金长期挂账的问题

例9-11：某工业企业在“应交税费——应交个人所得税”科目中核算代扣代缴的个人所得税。税务人员在对科目明细账进行审计时发现，2014年“应交税费——应交个人所得税”科目年初贷方余额为1.2万元，而2014年年末该科目贷方余额为1.8万元，当年借方累计发生额为0.8万元，贷方累计发生额为1.4万元。当年借方累计发生额为什么小于年初贷方余额，是否存在少缴个人所得税的情况。经核实，企业计提的个人所得税是正确的，但是存在应缴未缴的情况。该企业老板承认，由于资金比较紧张，每年代扣的个人所得税只有部分上缴，而其余部分则长期挂账。

分析：该企业存在代扣代缴税金长期挂账不缴的现象。

根据《中华人民共和国个人所得税法》第九条规定："扣缴义务人每月所扣的税款，自行申报纳税人每月应纳的税款，都应当在次月十五日内缴入国库，并向税务机关报送纳税申报表。工资、薪金所得应纳的税款，按月计征，由扣缴义务人或者纳税义务人在次月十五日内缴入国库，并向税务机关报送纳税申报表。"根据《中华人民共和国税收征收管理法》第三十二条规定："纳税人未按照规定期限缴纳税款的，扣缴义务人未按照规定期限解缴税款的，税务机关除责令限期缴纳外，从滞纳税款之日起，按日加收滞纳税款0.5‰的滞纳金。"

因此，该企业不仅应及时缴纳应缴未缴的个人所得税款，而且应就欠缴的税款缴纳相应的滞纳金。

第六节　税金涉及的主要审计问题

1. 隐匿收入偷逃税款的问题

例9－12：某工业企业2014年1—9月的累计营业额为100万元，并据此缴纳营业税17万元。税务人员于2014年10月对其2014年1—9月的经营收入采取顺查法、比较分析法等进行了核实。税务人员首先根据增值税发票本数及起讫号码，逐月逐本核对其有关丢失、转借、代开、外带等违章行为，检查结果表明未发现有上述发票违章现象。于是，税务人员根据平时掌握的信息迅速到与其经常有业务往来的海鸿公司对其财务情况进行延伸检查。通过审查账簿凭证，从中找出该工业企业开具的一张号码为062940的收款收据，时间为2014年3月12日，金额2 800元，税务人员当即将收据复印。据此，税务人员又赶回该工业企业，找企业主谈话询问，在讲明政策、澄清利害关系后，督促其交代是否在使用外购或自制收据代替增值税专用发票的情况。该企业主起先不予交代，在税务人员出示证据后才不得不承认有两本外购的收款收据代替发票使用。最终发现该业主共隐瞒了24万元营业收入的事实。

分析：从该案件可以看出，该企业采取不开具增值税发票、不入账、不纳税申报，从中偷逃税的"三不"现象带有普遍性。在审计过程中应重点关注小微工业企业使用外购或自制发票代替增值税专用发票隐瞒收入的情况，由于企业的收入基本上都属于账外收入，在账上很难发现问题。因此，尤其要积极开展外调工作，从消费单位原始及记账凭证中寻找蛛丝马迹，对有重大疑问的单据要一查到底。

第十章
小微工业企业所有者权益的会计核算

第一节　实收资本

一、实收资本的概述

实收资本是指投资者按照企业章程或者合同、协议的约定，作为资本投入企业的各种财产，是企业注册登记的法定资本总额的来源，它表明所有者对企业的基本产权关系。我国法律规定，企业申请设立必须具备一定的资本金，这种由法律规定的企业资本金的最低数额，称为法定资本金。企业实际收到的，并且作为投资人投入资本金的资金，就是实收资本金。

二、我国《公司法》关于注册资本的规定

2013 年 12 月 28 日，第十二届全国人民代表大会常务委员会第六次会议修订通过了新的《中华人民共和国公司法》，新修订的《公司法》自 2014 年 3 月 1 日起施行。在《公司法》中，对有关注册资本的规定进行了比较大的修订。

（一）关于最低注册资本的规定

《公司法》规定："有限责任公司的注册资本为在公司登记机关登记的全体股东认缴的出资额。法律、行政法规以及国务院决定对有限责任公司注册资本实缴、注册资本最低限额另有规定的，从其规定。"

其中并有一人有限责任公司的注册资本最低限额为人民币 100 000 元及股东应当一次足额缴纳公司章程规定的出资额等项规定。

（二）关于出资形式的规定

《公司法》规定：股东可以用货币出资，也可以用实物、知识产权、土地使用权等可以用货币估价并可以依法转让的非货币财产作价出资；但是，法律、行政法规规定不得作为出资的财产除外。

对作为出资的非货币财产应当评估作价，核实财产，不得高估或者低估作价。法律、

行政法规对评估作价有规定的，从其规定。

三、实收资本的账务处理

根据我国有关法律的规定，投资者投入资本的方式可以有多种，如投资者可以用现金资产投资，也可以用非现金资产投资。在国家规定的比例范围内，还可以用无形资产投资。

（一）企业接受现金资产投资的账务处理

投资者以现金投入的资本，应以实际收到或者存入企业开户银行的金额，借记“银行存款”科目，按投资者应享有企业注册资本的份额计算的金额，贷记“实收资本”科目，按其差额，贷记“资本公积——资本溢价”科目。

例 10－1： 思泉工业企业注册资本为 150 万元。根据合同约定，该企业收到 E 投资者投入的资本 100 万元，F 投资者投入的资本 50 万元，款项已全部存入企业的开户银行。做会计分录如下：

借：银行存款	1 500 000	
贷：实收资本——E 投资者		1 000 000
——F 投资者		500 000

（二）企业接受非现金资产投资的账务处理

投资者以非现金资产投入的资本，应按投资各方确认的价值，或合同协议约定的价值，借记有关资产科目，贷记“实收资本”和“资本公积——资本溢价”科目。

例 10－2： 思泉工业企业收到某企业作为资本投入的不需要安装的机器一台，双方确认的价值为 200 万元。做会计分录如下：

借：固定资产	2 000 000	
贷：实收资本——某企业		2 000 000

四、资本变动的账务处理

我国有关法律和《小企业会计准则》规定，小企业可以根据有关规定增加或减少注册资本。相应的账务处理如图 10－1 所示。

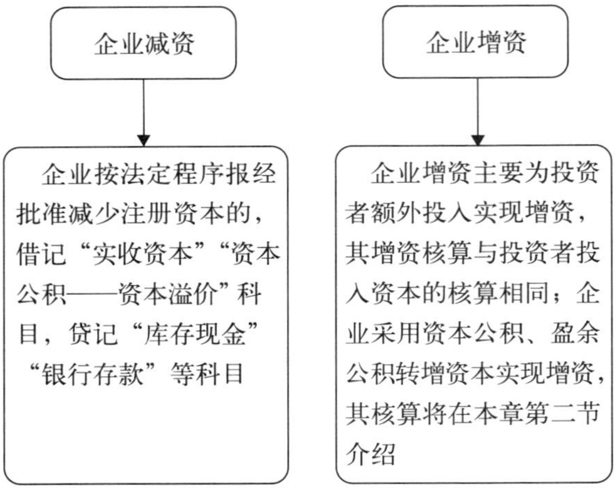

图 10－1　企业资本变动的账务处理

第二节　资本公积

一、资本公积的概述

资本公积是企业从筹资过程中形成的资本增值，将资本公积与实收资本相区分，有利于维护投资人按出资比例分享权益；将资本公积与经营损益相区分，则可以有效地避免将筹资过程中的资本增值当作经营利润分配，有利于资本保全。

资本公积应设置“资本公积”科目进行核算，凡是引起资本公积增加的项目记入贷方，引起资本公积减少的项目记入借方，期末余额在贷方，表示资本公积的结存数。

二、资本公积的账务处理

收到投资者投入的资产，应按实际收到的金额或确定的价值，借记“银行存款”“固定资产”等科目，按其应享有企业注册资本的份额计算的金额，贷记“实收资本”科目，按其差额，贷记“资本公积——资本溢价”科目。

例 10－3： 思泉工业企业原来由四个所有者投资组建，每一所有者各投资 25 万元，经营若干年后，有另一投资者加入该企业，经协商，企业将注册资本增加到 125 万元，该投资者缴入 35 万元拥有该企业 20% 的份额。做会计分录如下：

借：银行存款　　350 000

　　贷：实收资本　　250 000

　　　　资本公积——资本溢价　　100 000

第三节　留存收益

一、留存收益的概述

留存收益是指企业从历年实现的利润中提取或留存于企业的内部积累，它来源于企业生产经营活动所实现的净利润。包括盈余公积和未分配利润两部分。

利润分配是指企业根据国家有关规定和投资者的决议，对企业当年可供分配的利润所进行的分配。可供分配的利润，按下列顺序分配：①弥补以前年度亏损；②提取法定盈余公积。

可供分配的利润减去弥补以前年度亏损的金额和提取的法定盈余公积后，为可供投资者分配的利润。可供投资者分配的利润，按下列顺序分配：①提取任意盈余公积；②应付普通股股利。如有应付优先股股利，应在提取任意盈余公积前分配。如图10－2所示。

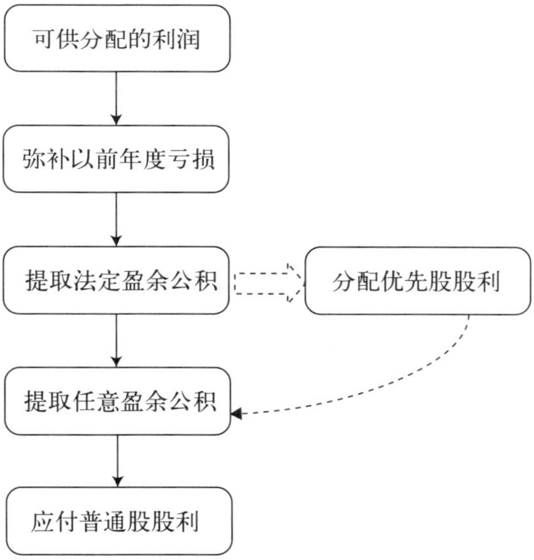

图10－2　可供分配利润的分配顺序

(一)盈余公积的组成及用途

企业盈余公积包括法定盈余公积和任意盈余公积。如图10－3所示。

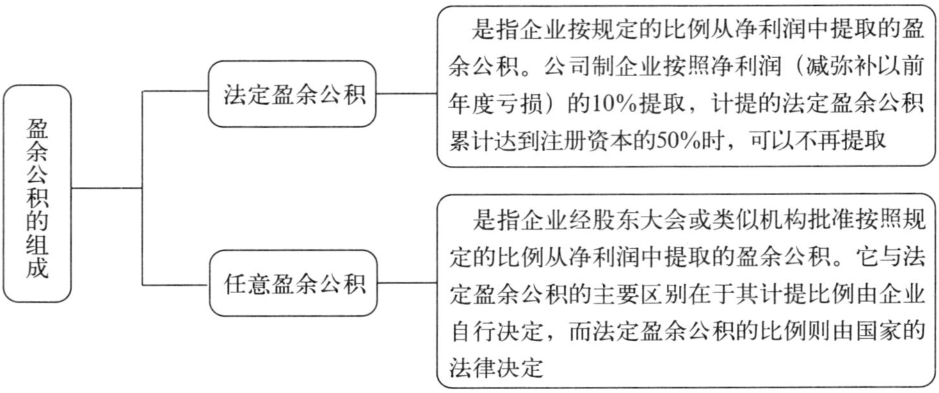

图 10－3　盈余公积的组成

企业提取的盈余公积可用于弥补亏损、转增资本(或股本)，在符合规定的条件上也可用于扩大生产经营。

(二)未分配利润的形成和用途

未分配利润是企业实现的净利润经过弥补亏损、提取盈余公积和向投资者分配利润后留存在企业的、历年结存的利润，通常用于留待以后年度向投资者进行分配。

二、留存收益的账务处理

(一)提取盈余公积

企业按规定提取盈余公积时，借记“利润分配——提取法定盈余公积、提取任意盈余公积”科目，贷记“盈余公积——法定盈余公积、任意盈余公积”科目。

例 10－4：思泉工业企业按税后盈利 1 000 000 元的 10% 提取法定盈余公积。做会计分录如下：

借：利润分配——提取法定盈余公积　　100 000

　　贷：盈余公积——法定盈余公积　　100 000

(二)盈余公积弥补亏损

企业经董事会或类似机构决议批准，用盈余公积弥补亏损时，借记“盈余公积”科目，贷记“利润分配——盈余公积补亏”科目。

例 10－5：思泉工业企业上年亏损 150 000 元，从盈余公积中弥补。做会计分录如下：

借：盈余公积　　150 000

　　贷：利润分配——盈余公积补亏　　150 000

(三) 盈余公积转增资本

企业经批准用盈余公积转增资本时，应当于实际转增资本时，借记“盈余公积”科目，贷记“实收资本”等科目。

例 10－6： 思泉工业企业以盈余公积 200 000 元转作增资，增资后企业盈余公积仍不少于注册资本的 25%。做会计分录如下：

借：盈余公积　　200 000
　贷：实收资本　　200 000

(四) 未分配利润

未分配利润是指“利润分配——未分配利润”账户的期末余额。企业为了核算利润的分配(或亏损的弥补)和历年分配(或弥补)后的余额，应设置“利润分配”科目，同时按照“应付利润”“未分配利润”等科目进行明细核算。

年度终了，企业将全年实现的净利润，自“本年利润”账户转入“利润分配——未分配利润”账户贷方，如为净亏损，则做相反的会计分录，同时将“利润分配”内的其他明细账户转入“利润分配——未分配利润”账户的借方，结转后“未分配利润”明细账户的借方余额即为未弥补的亏损；贷方余额为未分配的利润。

例 10－7： 思泉工业企业 2014 年年初未分配利润为 20 万元，2013 年年度实现净利润 600 万元，当年提取法定盈余公积 60 万元，应付利润 170 万元。做会计分录如下：

借：本年利润　　6 000 000
　贷：利润分配——未分配利润　　6 000 000
借：利润分配——未分配利润　　2 300 000
　贷：利润分配——提取法定盈余公积　　600 000
　　　　　　——应付利润　　1 700 000

通过上述账务处理可以得到“利润分配——未分配利润”科目的年末贷方余额为3 900 000元(200 000＋6 000 000－2 300 000)，即为该工业企业 2013 年年末的未分配利润数额。

第四节　所有者权益涉及的主要税务问题

1. 盈余公积虚列费用的问题

例 10－8： 某工业企业 2013 年税前利润 230 万元，据此申报缴纳所得税 57.5 万元，利润表显示计提法定盈余公积 15 万元，未分配利润为 135 万元。税务人员随后检查发现，该企业直接在成本费用中提取的法定盈余公积，计提盈余公积的账务处理为：借记“管理费用”科目，贷记“盈余公积——法定盈余公积”科目。

分析： 以上案例中，该工业企业的账务处理存在问题，直接影响了利润和企业所得税。法定盈余公积应在税后利润中进行提取，通过“利润分配”“盈余公积”科目进行处理，借记“利润分配——提取法定盈余公积”科目，贷记“盈余公积——法定盈余公积”科目。

因此，该企业应调整相关账务，补缴欠缴的企业所得税。

2. 盘盈资产未计收入的问题

例 10－9： 某工业企业在对自身资产进行盘查时，发现未入账的加工机器设备一台，价值 50 000 元。该企业将未入账固定资产进行了账务处理，借记“固定资产”科目，贷记“资本公积”科目。但税务机关认为其账务处理错误，少缴了企业所得税。

分析： 税务机关的认定是有理由的。在这个案例中，企业盘盈资产已经入账，但账务处理存在问题，少计了营业外收入，以至于少缴企业所得税。

根据《中华人民共和国企业所得税法实施条例》规定，盘盈的固定资产，以同类固定资产的重置完全价值为计税基础入账，并入其他收入（包括企业资产溢余收入、逾期未退包装物押金收入等），也就是会计上的对营业外收入征收企业所得税。

因此，该企业应调整相关账务，补缴欠缴的企业所得税。

第五节　所有者权益涉及的主要审计问题

1. 利用盈余公积隐瞒收入的问题

例 10－10： 审计人员对某工业企业进行例行检查，在履行了常规的发票核对，账实、账账、账表核实等程序后，没有发现异常情况。但审计人员发现，该工业企业生意很好，据推算，每年不应该只有几万元的收入。审计人员初步判断有隐瞒收入的可能，但在往来科目并未发现有价值的线索。审计人员又了解到该企业现金结算的客户比较少，通过银行存款隐瞒收入的可能性应该比较大。在对调阅的银行对账单与银行存款日记账进行核对后，并未发现账单不符和等额资金进出不符的情况，但审计人员在银行日记账上发现有多笔冲销错账的记录。抽查部分记账凭证发现，贷方科目全部是盈余公积，而所附原始凭证竟然是现金支票。原来该企业为了隐瞒收入，想到通过盈余公积这个平时很少被关注的科目进行转账，而且对入账的银行存款采取了化整为零的做法，以冲销错账的方式分批取出。

分析： 该企业的做法比较隐蔽，与通过往来款隐瞒收入的方式实质上是一致的。上述案例告诉我们，在进行相关审计时，绝不可遗漏任何应关注的线索，除必要的常规审计外，关注可能隐藏收入的各类往来款项，如应收/应付款项、预收/预付款项、长期应付款、其他应收款等，当然更不能忽视平时很少被用作隐藏收入的资本公积、盈余公积等科目。

因此，当发现这些科目的金额有异常时，一定要进行仔细核查，尤其像本例中采用的错账冲销，而且不能只关注发生额的变化，因为如果是红字冲销，发生额也为零。

2. 违规虚假注册资本的问题

在审计类似问题时，要重点关注企业在成立后，主要是在验资，办理工商营业执照、机构代码证、税务登记证，开设银行基本账户这些必经过程后，是否有将注册资金转出的现象。

例 10-11：审计人员在对某工业企业 2014 年账务进行审计时发现，该企业“其他应收款——张某”的账户年初与年末的金额都为 30 万元，经追溯以前年度该账户情况，审计人员又发现这笔资金于 2012 年 2 月开始就一直挂账，原始凭证为张某的一张借条。是什么钱要挂这么长时间？企业财会人员解释是借给老板张某的钱，一直没有归还就挂在账上。但是，细心的审计人员发现，该企业 2012 年 1 月才成立，注册资本正是 30 万元。由此，该企业虚假注资的事实被发现。

分析：《公司法》要求注册资本与实缴资本必须一致，这样，企业在成立之初就必须一次性缴清注册资本金，因而许多想开公司而资金不足的，都会想方设法虚假注资，待注册成功后再把资金抽走，钻法律的空子。因为企业只有在银行基本账户批下来后才能将投资款转到基本账户，这时候钱才可以动用。否则投资人的款是不能被转走的。一些企业投资者投入的货币资金待验资后，反而以借款等名义达到变相抽走资本的目的。

第十一章
小微工业企业收入的会计核算

第一节　收入的概念及分类

一、收入的概念

（一）收入的定义

收入，是指企业在日常活动中形成的、会导致所有者权益增加的、与所有者投入资本无关的经济利益的总流入，通常包括销售商品收入和提供劳务收入。根据收入的定义，收入具有以下几方面的特征，如图 11－1 所示。

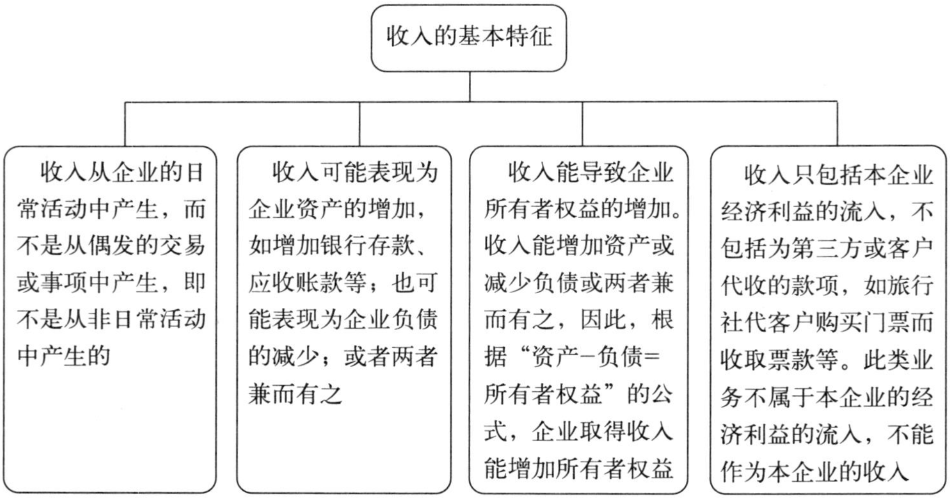

图 11－1　收入的基本特征

（二）收入的确认条件

企业收入的来源渠道多种多样，不同收入来源的特征有所不同，其收入确认条件也往往存在差别，如销售商品、提供劳务、让渡资产使用权等。一般而言，收入只有在经济利益很可能流入从而导致企业资产增加或者负债减少、且经济利益的流入额能够可靠计量时才能予以确认。即收入的确认至少应当符合以下条件：一是与收入相关的经济利益应当很可能流入企业；二是经济利益流入企业的结果会导致资产的增加或者负债的减少；三是经济利益的流入额能够可靠计量。

二、收入的分类

收入按性质不同可以分为销售商品收入、提供劳务收入、让渡资产使用权收入；按企业经营业务的主次可以分为主营业务收入、其他业务收入和营业外收入等。企业的收入主要包括主营业务收入、其他业务收入、营业外收入等。

(一)主营业务收入

工业企业应设置“主营业务收入”科目核算主营业务收入的增减变动情况。“主营业务收入”科目的贷方登记工业企业取得的各项主营业务收入；借方登记期末结转“本年利润”科目的数额，期末结转后，该科目应无余额。其明细账应按主营业务的种类设置。

企业销售商品或提供劳务实现的收入，应当按照实际收到或应收的金额，借记“银行存款”“应收账款”等科目，按照税法规定应交纳的增值税额，贷记“应交税费——应交增值税(销项税额)”科目，按照确认的销售商品收入，贷记“主营业务收入”科目。

发生销货退回(不论属于本年度还是属于以前年度的销售)，按照应冲减销售商品收入的金额，借记“主营业务收入” 科目，按照实际支付或应退还的金额，贷记“银行存款”“应收账款”等科目。涉及增值税销项税额的，还应进行相应的账务处理。

(二)其他业务收入

工业企业应设置“其他业务收入”科目核算除主营业务活动以外的其他日常生产经营活动实现的收入。包括出租固定资产、出租无形资产、销售材料等实现的收入。“其他业务收入”账户的结构与“主营业务收入”账户相同，贷方登记各项其他业务收入的发生数，借方登记期末结转“本年利润”账户的数额，期末结转后，该科目亦无余额。该科目应按其他业务的种类设置明细账，进行明细核算。

企业确认的其他业务收入，借记“银行存款”“其他应收款”等科目，贷记“其他业务收入”科目。涉及增值税销项税额的，还应进行相应的账务处理。

例 11－1：思泉工业企业销售一批材料，开出的增值税专用发票上注明的售价为 10 000 元，增值税税额为 1 700 元，款项已由银行收妥。该批材料的实际成本为 9 000 元。假设该企业采用小企业会计准则核算，则该企业应编制会计分录如下：

(1)取得原材料销售收入时：

借：银行存款	11 700	
贷：其他业务收入		10 000
应交税费——应交增值税(销项税额)		1 700

(2)结转已销原材料的实际成本时：

借：其他业务成本	9 000	
贷：原材料		9 000

（三）营业外收入

营业外收入是指与企业生产经营活动无直接关系的各项非经常性收入，包括非流动资产处置净收益、政府补助、捐赠收益、盘盈收益、汇兑收益、出租包装物和商品的租金收入、逾期未退包装物押金收益、确实无法偿付的应付款项、已做坏账损失处理后又收回的应收款项、违约金收益等。

企业应设置“营业外收入”科目，核算企业发生的与其生产经营无直接关系的各项收入，期末应将该科目的余额转入“本年利润”科目，结转后该科目应无余额。该科目应按收入种类设置三栏式明细账，若企业营业外收入种类不多也可设置多栏式明细账，并按业务种类设置专栏进行明细分类核算。有关营业外收入的详细内容参见第十三章。

第二节　销售商品收入

一、销售商品收入的确认

企业应当在发出商品且收到货款或取得收款权利时，确认销售商品收入。具体内容如图 11－2 所示。

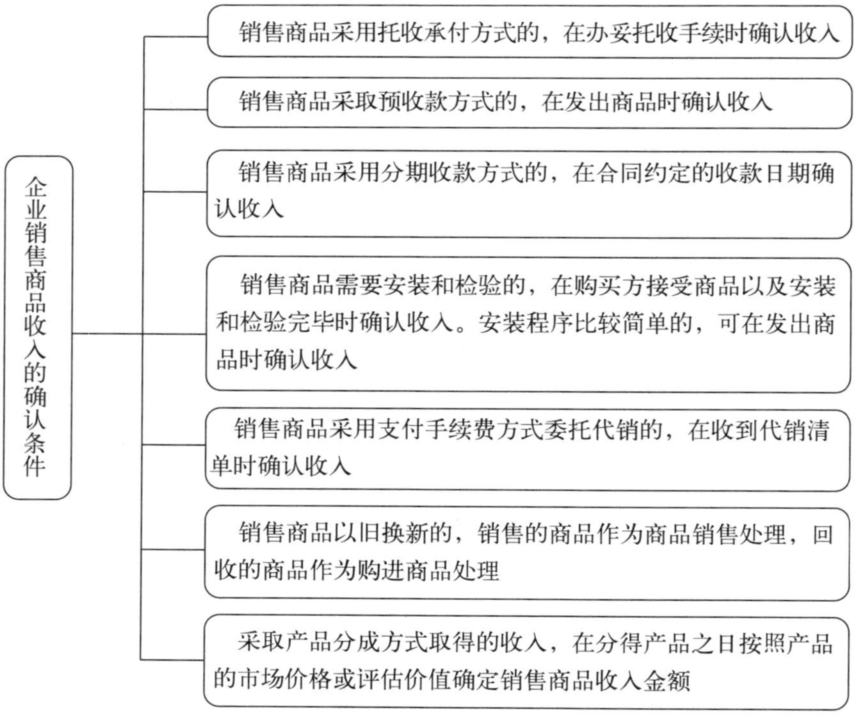

图 11－2　企业销售商品收入的确认条件

二、销售商品收入的计量及其账务处理

(一)销售商品收入的计量

企业应当按照从购买方已收或应收的合同或协议价款，确定销售商品收入金额。

1. 现金折扣与商业折扣

现金折扣，是指债权人为鼓励债务人在规定的期限内付款而向债务人提供的债务扣除。销售商品涉及现金折扣的，应当按照扣除现金折扣前的金额确定销售商品收入金额。现金折扣应当在实际发生时，计入当期损益。

商业折扣，是指企业为促进商品销售而在商品标价上给予的价格扣除。销售商品涉及商业折扣的，应当按照扣除商业折扣后的金额确定销售商品收入金额。

2. 销售退回与销售折让

销售退回，是指企业售出的商品由于质量、品种不符合要求等原因发生的退货。企业已经确认销售商品收入的售出商品发生的销售退回(不论属于本年度还是属于以前年度的销售)，应当在发生时冲减当期销售商品收入，同时冲减退回当期的销售成本。

销售折让，是指企业因售出商品的质量不合格等原因而在售价上给予的减让。企业已经确认销售商品收入的售出商品发生的销售折让，应当在发生时冲减当期销售商品收入。

3. 同时销售商品与提供劳务

企业与其他企业签订的合同或协议包含销售商品和提供劳务时，销售商品部分和提供劳务部分能够区分且能够单独计量的，应当将销售商品的部分作为销售商品处理，将提供劳务的部分作为提供劳务处理。销售商品部分和提供劳务部分不能够区分，或虽能区分但不能够单独计量的，应当作为销售商品处理。

(二)销售商品收入的账务处理

企业应设置“主营业务收入”“主营业务成本”等科目，并按主营业务的种类设置明细账，进行明细核算。

1. 一般销售商品收入

在进行一般销售商品的账务处理时，首先要考虑销售商品收入是否符合收入确认条件。符合所规定的条件的，企业应及时确认收入；否则，不能确认收入。

(1)通常情况下，企业应当在发出商品且收到货款或取得收款权利时，确认销售商品收入。确认销售商品收入时，企业应按已收或应收的合同或协议价款，加上应收取的增值税额，借记“银行存款”“应收账款”“应收票据”等科目，按确定的收入金额，贷记“主营业务收入”“其他业务收入”等科目，按应收取的增值税额，贷记“应交税费——应交增值税(销项税额)”科目。

例 11－2：思泉工业企业在 2014 年 5 月销售 1 号商品 4 000 件，不含增值税单价为 70 元，销售 2 号商品 1 500 件，不含增值税单价为 100 元，该企业是增值税一般纳税人。这笔业务的收入已通过银行转账结算收到货款和增值税款。做会计分录如下：

借：银行存款　　503 100

　贷：主营业务收入　　430 000

　　应交税费——应交增值税（销项税额）　　73 100

（2）月度终了，企业应当根据本月销售的各种商品的实际成本，计算应结转的主营业务成本，借记“主营业务成本”科目，贷记“库存商品”等科目。企业可以根据具体情况，采用先进先出法、加权平均法、移动平均法、个别计价法等方法，确定销售商品的实际成本。确定销售商品成本的方法一经确定，不得随意变动。如需变动，应当在会计报表附注中予以说明。

例 11－3：思泉工业企业于 2014 年 3 月 20 日向 B 企业销售一批商品，以银行转账方式进行结算。该批商品的成本为 120 000 元，增值税发票上注明的售价为 200 000 元，增值税税额为 34 000 元，假设无其他税费，做会计分录如下：

借：银行存款　　234 000

　贷：主营业务收入　　200 000

　　应交税费——应交增值税（销项税额）　　34 000

借：主营业务成本　　120 000

　贷：库存商品　　120 000

2. 现金折扣

现金折扣，是指企业为了尽快回收资金而发生的理财费用。现金折扣在实际发生时直接计入当期财务费用。企业应按实际收到的金额，借记“银行存款”等科目，按应给予的现金折扣，借记“财务费用”科目，按应收取的账款，贷记“应收账款”“应收票据”等科目。

例 11－4：思泉工业企业于 2014 年 5 月 1 日销售一批商品 200 件，增值税发票上注明售价为 50 000 元，增值税税额为 8 500 元。该批商品的成本为 35 000 元，假设无其他税费。企业为了及早收回货款在合同中承诺给予购货方如下现金折扣条件：2/10，1/20，n/30（假设计算现金折扣时不考虑增值税）。假设该销售商品收入符合收入确认条件，做会计分录如下：

（1）5 月 1 日，按总价确认收入。

借：应收账款　　58 500

　贷：主营业务收入　　50 000

　　应交税费——应交增值税（销项税额）　　8 500

借：主营业务成本　　35 000

　　贷：库存商品　　35 000

(2)若5月9日买方付清货款，则按售价50 000元的2%应享受的现金折扣为1 000元(50 000×2%)，实际付款57 500元。

借：银行存款　　57 500

　　财务费用　　1 000

　　贷：应收账款　　58 500

(3)若5月18日买方付清货款，则按售价50 000元的1%应享受的现金折扣为500元(50 000×1%)，实际付款58 000元。

借：银行存款　　58 000

　　财务费用　　500

　　贷：应收账款　　58 500

(4)若买方在5月31日之后才付款，则应按全额付款。

借：银行存款　　58 500

　　贷：应收账款　　58 500

3. 销售折让

销售折让，是指在商品销售时直接给予购买方的减让。销售折让应在实际发生时，直接从当期实现的销售收入中抵减。借记“主营业务收入”“应交税费——应交增值税(销项税额)”科目，贷记“应收账款”科目。

例11-5：思泉工业企业销售一批商品给B企业，增值税发票上注明售价为50 000元，增值税税额为8 500元，该批商品的成本为43 000元，假设无其他税费。货到后买方发现商品质量不合格，要求在价格上给予5%的折让。经查明，B企业提出的销售折让要求符合原合同的约定，企业同意并办妥了有关手续。假定此前企业已确认该批商品的销售收入。做会计分录如下：

(1)确认销售收入时：

借：应收账款——B企业　　58 500

　　贷：主营业务收入　　50 000

　　　　应交税费——应交增值税(销项税额)　　8 500

借：主营业务成本　　43 000

　　贷：库存商品　　43 000

(2)发生销售折让时：

借：主营业务收入　　2 500

　　应交税费——应交增值税(销项税额)　　425

　　贷：应收账款——B企业　　2 925

(3)实际收到款项时：

借：银行存款　　55 575

　贷：应收账款——B 企业　　55 575

4. 销售退回

销售退回，是指企业售出的商品由于质量、品种不符合要求等原因而发生的退货。销售退回应分别不同情况进行处理：

(1)未确认收入的已发出商品的退回。此种销售退回不进行账务处理。

(2)已确认收入的销售商品退回，一般情况下直接冲减退回当月的销售收入，同时冲减退回当月的销售成本；如该项销售已经发生库存现金折扣，应在退回当月一并调整。

企业发生的销售退回，按应冲减的营业收入，借记"主营业务收入"科目，属于增值税一般纳税人的企业，按允许扣减当期销项税额的增值税额，借记"应交税费——应交增值税(销项税额)"科目，按已付或应付的余额，贷记"银行存款""应付账款"等科目。按退回的商品的成本，借记"库存商品"科目，贷记"主营业务成本"科目。

例 11 -6： 思泉工业企业在 2014 年 5 月销售的甲商品 4 000 件，每件售价 70 元，成本 50 元。在 6 月初被客户退回 1 000 件。该企业为客户办理了退货手续并退还了货款，重新将 1 000 件甲商品验收入库。做会计分录如下：

借：主营业务收入　　70 000

　应交税费——应交增值税(销项税额)　　11 900

　贷：银行存款　　81 900

借：库存商品　　50 000

　贷：主营业务成本　　50 000

三、特殊销售商品收入的账务处理

(一)托收承付

托收承付，是指企业根据合同发货后，委托银行向异地付款单位收取款项，由购货方向银行承诺付款的结算方式。销售商品采用托收承付方式的，在办妥托收手续时确认收入。

例 11 -7： 思泉工业企业在 2014 年 3 月 12 日向 B 公司销售一批商品，开出的增值税专用发票上注明的销售价格为 200 000 元，增值税税额为 34 000 元，商品已经发出且办妥托收手续；该批商品成本为 120 000 元。该企业 2014 年 6 月 20 日收到款项。假设该企业采用小企业会计准则核算，则该企业的账务处理如下：

(1) 3 月 12 日发出商品时：

借：应收账款　　234 000

　贷：主营业务收入　　200 000

　　应交税费——应交增值税(销项税额)　　34 000

借：主营业务成本　　120 000

　贷：库存商品　　120 000

(2) 6 月 20 日收到款项时：

借：银行存款　　234 000

　贷：应收账款　　234 000

(二)预收款销售商品

预收款销售商品，是指购买方在商品尚未收到前按合同或协议约定分期付款，销售方在收到最后一笔款项时才交货的销售方式。销售商品采取预收款方式的，在发出商品时确认收入，在此之前预收的货款应确认为负债。

收到预收货款时，借记“银行存款”科目，贷记“预收账款”科目(预收账款业务较少的企业，可不设“预收账款”科目进行核算，其业务可通过“应收账款”科目进行核算)；货物实际交付确认销售收入时，借记“预收账款”科目，贷记“主营业务收入”“应交税费——应交增值税(销项税额)”科目，差额部分，借记“银行存款”或“库存现金”科目。

例 11 -8：思泉工业企业具有增值税一般纳税企业资格，适用的增值税税率为 17%。2014 年 5 月 3 日，该企业与 B 企业签订协议，采用预收款销售方式销售一批商品给 B 企业，该批商品的销售价格为 1 000 000 元(不含增值税)。协议规定，B 企业应于协议签订之日预付 60% 的货款(按销售价格计算)，剩下的部分于 7 月 31 日付清。

假定：(1)5 月 3 日，该企业已收到 B 企业预付的款项；(2)7 月 31 日，该企业收到 B 企业支付的剩余货款及增值税税额，并将该批商品交付给了 B 企业；(3)该批产品的实际成本为 700 000 元。做会计分录如下：

(1)5 月 3 日，收到 B 企业的预付款项时：

借：银行存款　　600 000

　贷：预收账款　　600 000

(2)7 月 31 日，收到剩余的货款及增值税税额时：

借：预收账款　　600 000

　　银行存款　　570 000

　贷：主营业务收入　　1 000 000

　　应交税费——应交增值税(销项税额)　　170 000

借：主营业务成本　　700 000

　贷：库存商品　　700 000

(三)需要安装和检验的销售商品

销售商品需要安装和检验的，在购买方接受商品以及安装和检验完毕时确认收入。如果安装程序比较简单，可在发出商品时确认收入。

(四)附有销售退回条件的商品销售

附有销售退回条件的商品销售，是指购买方依照有关协议有权退货的销售方式。在这种销售方式下，如果企业能够根据以往的经验对退货的可能性做出合理的估计，应在发出商品时，将估计不会发生退货的部分确认收入，估计可能发生退货的部分，不确认收入。如果企业不能合理的确定退货的可能性，则在售出商品退货期满时确认收入。

(五)以旧换新销售

以旧换新销售，是指销售方在销售商品的同时，回收与所售商品相同的旧商品。在这种销售方式下，销售的商品按照商品销售的方法确认收入，回收的商品作为购进商品处理。

例 11－9： 思泉工业企业响应我国政府有关部门倡导的汽车家电以旧换新、搞活流通扩大消费、促进再生资源回收利用的相关政策，积极开展家电以旧换新业务。2014 年 3 月份，该企业共销售 MN 型号彩色电视机 100 台，每台不含增值税销售价格为 2 000 元，每台销售成本为 900 元；同时回收 100 台 MN 型号旧彩色电视机，每台回收价格为 234 元(含增值税)；款项均已收付。假设该企业采用小企业会计准则核算，则该企业的会计分录如下：

(1) 2014 年 3 月份，该企业销售 100 台 MN 型号彩色电视机时：

借：银行存款	234 000	
贷：主营业务收入——销售 MN 型号彩色电视机		200 000
应交税费——应交增值税(销项税额)		34 000
借：主营业务成本——销售 MN 型号彩色电视机	90 000	
贷：库存商品——MN 型号彩色电视机		90 000

(2) 2014 年 3 月份，该企业回收 100 台 MN 型号旧彩色电视机时：

借：原材料	20 000	
应交税费——应交增值税(进项税额)	3 400	
贷：银行存款		23 400

第三节　提供劳务收入

一、提供劳务收入的确认和计量

企业提供劳务的收入，是指企业从事建筑安装、修理修配、交通运输、仓储租赁、邮电通信、咨询经纪、文化体育、科学研究、技术服务、教育培训、餐饮住宿、中介代理、卫生保健、社区服务、旅游、娱乐、加工以及其他劳务服务活动取得的收入。其中提供劳务收入的确认与计量方法如图 11－3 所示。

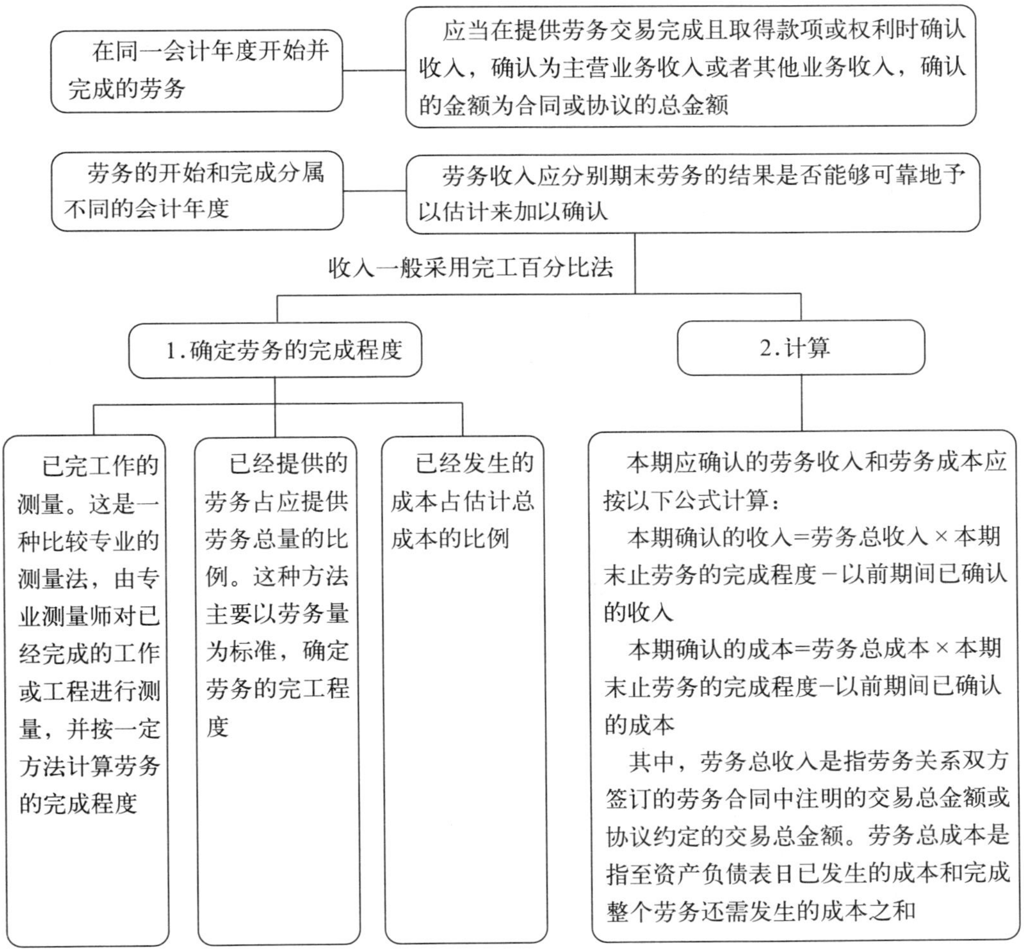

图 11－3　提供劳务收入的确认和计量方法

二、提供劳务收入的账务处理

企业对外提供劳务，如属于企业的主营业务，所实现的收入应作为主营业务收入处理，结转的相关成本应作为主营业务成本处理；如属于主营业务以外的其他经营活动，所实现的收入应作为其他业务收入处理，结转的相关成本应作为其他业务成本处理。企业对外提供劳务发生的支出一般先通过“劳务成本”科目予以归集，待确认为费用时，再由“劳务成本”科目转入“主营业务成本”或“其他业务成本”科目。

(一)在同一会计期间内开始并完成的劳务

对于一次就能完成的劳务，企业应在提供劳务完成时确认收入及相关成本。对于持续一段时间但在同一会计期间内开始并完成的劳务，企业应在为提供劳务发生相关支出时确认劳务成本，劳务完成时再确认劳务收入，并结转相关劳务成本。

例11－10：思泉工业企业于2014年5月1日接受一项设备安装任务，该安装任务可在5月末完成，合同总价款为5万元，实际发生安装成本2万元，均为职工薪酬。且安装业务是该企业的主营业务。

(1)在安装完成时做会计分录如下：

借：银行存款	50 000	
贷：主营业务收入		50 000
借：主营业务成本	20 000	
贷：应付职工薪酬		20 000

(2)假定若上述安装任务为跨月度完成，9月末正式安装完成，则做会计分录如下：

①首先，5月末至9月末发生的成本：

借：劳务成本	20 000	
贷：应付职工薪酬		20 000

②其次，安装完成后，确认所提供劳务的收入：

借：银行存款	50 000	
贷：主营业务收入		50 000

③同时，结转劳务成本：

借：主营业务成本	20 000	
贷：劳务成本		20 000

(二)劳务的开始和完成分属于不同会计期间

在采用完工百分比法确认提供劳务收入的情况下，发生劳务成本时，借记"劳务成本"科目，贷记"应付职工薪酬"科目等。企业应按计算确定的提供劳务收入金额，借记"应收账款""银行存款"等科目，贷记"主营业务收入"科目。结转提供劳务成本时，借记"主营业务成本"科目，贷记"劳务成本"科目。

例 11－11：思泉工业企业于2014年12月1日接受一项设备安装任务，安装期为3个月，合同总收入为300 000元，至年底已预收安装费220 000元，实际发生安装费用140 000元(假定均为安装人员薪酬)，估计完成安装任务还需发生安装费用60 000元。假定该企业按实际发生的成本占估计总成本的比例确定劳务的完工进度。该企业的会计分录如下：

实际发生的成本占估计总成本的比例 = 140 000 ÷ (140 000 + 60 000) × 100% = 70%；

2014年12月31日确认的劳务收入 = 300 000 × 70% − 0 = 210 000(元)；

2014年12月31日确认的费用 = (140 000 + 60 000) × 70% − 0 = 140 000(元)。

(1)实际发生劳务成本140 000元：

借：劳务成本	140 000	
贷：应付职工薪酬		140 000

(2)预收劳务款220 000元：

借：银行存款	220 000	
贷：预收账款		220 000

(3) 2014年12月31日确认提供劳务收入并结转劳务成本：

借：预收账款	210 000	
贷：主营业务收入		210 000
借：主营业务成本	140 000	
贷：劳务成本		140 000

第四节　收入涉及的主要税务问题

1. 推迟确认收入偷逃税款的问题

例 11－12：某工业企业为了达到少缴税款的目的，将2013年12月份的一笔500万元的收入未入账，而是在2014年年初确认收入。这样在2013年就达到了少缴税的目的。

第五节　收入涉及的主要审计问题

1. 隐匿收入的问题

在实务中，往往有很多企业为了各种各样的目的少计收入，为企业或者个人谋取私人利益。

例 11－13：某工业企业被举报隐瞒收入，偷逃税款。税务机关根据举报，立即对问题进行了调查核实。税务人员发现，该企业费用水平比较均衡，都是每月 10 万元左右，而收入却呈现出前高后低的走势，即上半年和下半年收入差距比较明显，下半年根本没有收入。税务人员开始怀疑是否隐瞒收入，但经询问企业财会人员，得知企业下半年厂房装修，又核对了相关票据和账务后，排除了怀疑。税务人员要求企业提供装修合同，合同显示工期为 6 月 25 日至 1 月 25 日，整整 7 个月，装修款分 3 笔支付，最后一笔应在工程验收完后 10 天支付。但税务人员核对了付款凭据，发现其中最晚一笔在 10 月 5 日支付。装修没有完成，为什么要提前付款？税务人员又在企业每月的工资清单上发现，10 月份人员与 9 月份的相比，发生了很大变化，出现了许多新名字。面对种种疑问，该企业不得不承认，装修实际早在 9 月 20 日就已经完工，人员也是全部重新招聘的，10 月 1 日重新开工生产，并且销售货物不给客户提供发票，只提供收据。该企业提供的真正合同显示，工期为 6 月 25 日至 9 月 25 日，共计 3 个月。针对发现的问题，税务机关下达了处罚决定，要求企业补缴税款，并给予罚款。

分析：从该案件可以看出，该企业采取真装修、假工期的方式，利用假合同隐瞒真正工期，偷逃收入。采用这种方式的企业虽然不多，但是很有典型性。由于审计人员都是事后审计，企业完全有作弊的时间和空间，这就对审计人员提出了比较高的要求。在类似以人为延长工期隐瞒收入的审计中，应重点关注小微企业在此期间相关费用的支出情况，尤其要仔细核对货币资金的变动，有无在工期内支付所有款项的依据。同时，要重视对人工薪酬的核实，尤其是采取提成工资的企业，一般工期内不可能有效益，如果在工期内发放高额的工资就要引起足够的重视。

2. 销售收入计入应付账款的问题

企业将正常的销售收入反映在应付账款中作为其他企业暂存款处理，将记账联单独存放，造成收入减少以达到少交税的目的。

例 11－14：审计人员对 A 工业企业 2014 年度的销售收入进行分析性复核，发现本年度的销售收入比上年明显减少，对照在前期调查中的了解，A 企业本年度生产销售情况是历史上最好的，审计人员感到销售收入的真实性值得怀疑，于是抽查了 8 月份、10 月份的会计凭证，发现其原始凭证中有发票的记账联反映的“应付账款”科目，共计 120 万元。

审计人员针对这种情况，询问了当事人，并向应付账款的对方企业函证，结果发现A企业是将企业正常的销售收入反映在“应付款项”科目中，作为其他的暂存款处理。

分析：被审计单位的做法是错误的。审计人员应当要求被审计单位及时进行改正。

审计小贴士之四：虚增收入的审计

一、虚增收入的表现形式

虚增收入，是指被审计单位为了“实现”或“超额”完成既定的经济效益指标，有意违反企业会计准则、制度所规定的收入确认原则，虚拟经济业务以多记收入、虚增利润、粉饰财务状况的一种舞弊行为。

企业虚增收入主要有以下几种表现形式，如图11－4所示。

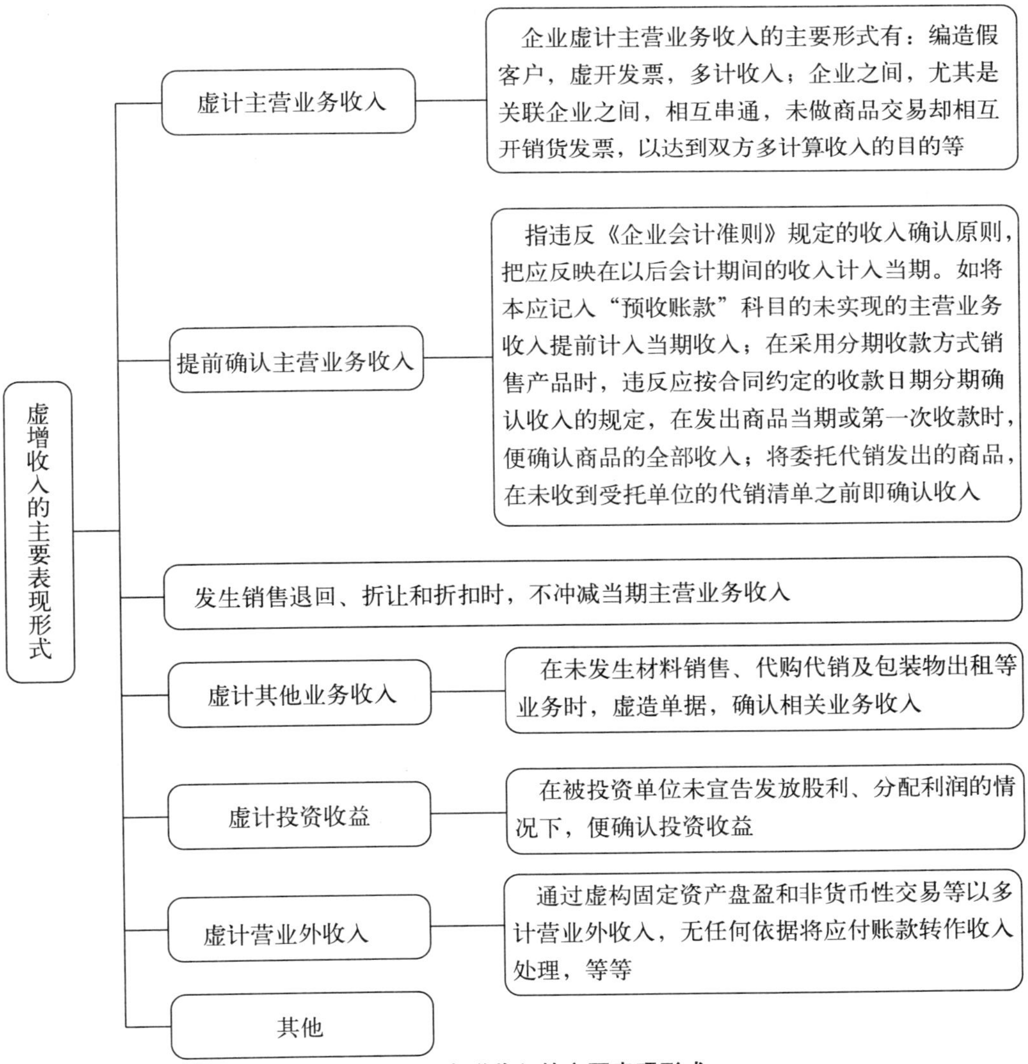

图11－4　虚增收入的主要表现形式

二、虚增收入的审计方法

一般来说，被审计单位虚增收入都会有明显的动机，且会在账内留有线索。审计过程中，如果发现被审计单位有虚增收入、虚报利润的动机，审计人员即可在简单了解和评价被审计单位相关内部风险控制之后，直接从相关账面记录入手，采用分析性复核、审阅和函证等方法查找账内的不实收入。

一般来说可采用以下审计方法：

1. 对于编造假客户，虚开发票，以及企业间没有交易的发生却相互开发票的舞弊行为，可通过主营业务收入明细账追查至原始凭证，将销售发票与库存商品或产成品的发货记录相核对，检查其有无未销售商品或产品而虚开发票、多计收入的问题。必要时，也可通过向有关业务员和库房保管员进行调查询问来发现线索。同时，结合对应收票据和应收账款审计，采用函证等方法，通过证实应收票据和应收账款的真实性来查明有无虚拟客户、虚记收入的情况。

2. 对违反收入确认原则，利用预收账款、分期收款发出商品和委托代销发出商品虚增收入的舞弊行为，审计人员应当进行以下具体检查，如表 11－1 所示。

表 11－1　违反收入确认原则虚增收入的审计检查

检查项目	具体内容
检查预收账款	首先应根据企业签订的销货合同确定被审计单位收取的款项是否为预收货款，将合同中规定的预收款金额与预收账款账户记录金额相核对，如果发现金额不相符，应进一步审查有关发票、提货单等原始凭证，查明是否将应记入预收账款账户的预收款直接记入销售收入账户中
检查分期收款发出商品	首先，应审查分期收款发出商品的销售合同、协议，以确定被审计单位此项销售业务是否真实存在；其次，将合同中规定的各期收款额与产品（商品）销售收入明细账记录相核对，如果发现金额不符，则应进一步查证，必要时可向购货单位进行调查或函证
检查委托代销发出商品	首先应查明被审计单位确认的代销收入是否以受托单位转来的销售清单为依据；如果有疑问，应直接到代销点实地察看和检查受托单位的相关记录，确定是否有虚增的销售量进而虚增收入的情况

3. 审查发生的销售退货、折让和折扣。通过审阅双方签订的合同、出入库记录、询问当事人、审查产品（商品）销售收入账户及有关的会计凭证等，查明是否有发生销货退回、折让和折扣等不冲减销售收入的问题，应注意审查年初或年末结账时的退货记录，查看其是否存在着年终虚列销售，次年初作假退货用红字发票冲回的舞弊行为。

4. 审查来料加工业务。根据其他业务收入明细账记录，追查至来料加工业务的合同、协议、收料单及有关的原始凭证，查明来料加工业务的真实性。必要时，可以到生产车间调查了解来料加工业务的情况，以验证来料加工业务是否确实存在。

5. 检查投资收益。通过向被投资方函证或查阅相关资料以及检查被投资方会计报表等，查明被审计单位对投资收益的确认是否正确。

6. 检查营业外收入。取得固定资产盘盈清单以及有关非货币性交易的协议和合同等，从账面记录追查至原始凭证，查明被审计单位对营业外收入的确认是否正确。

审计小贴士之五：隐瞒收入的审计

一、隐瞒收入的表现形式

隐瞒收入，是指企业违反有关收入确认、计量的规定，采用违纪手法故意将本期已实现的各种收入隐匿起来，逃避财政、银行等部门的监督，致使国家资产、税收流失，造成企业财务状况失真的舞弊行为。

隐瞒收入因手法和隐蔽程度不同，有两种不同的表现形式：一种是取得收入不入账，如将取得的各种收入不记账而采取公款私存或另外开设银行存款账单独存放；另一种是取得收入虽然入账，但记入往来等其他科目，或直接冲减成本费用。

（一）取得各种收入不入账

取得各种收入不入账的情况如图 11－5 所示。

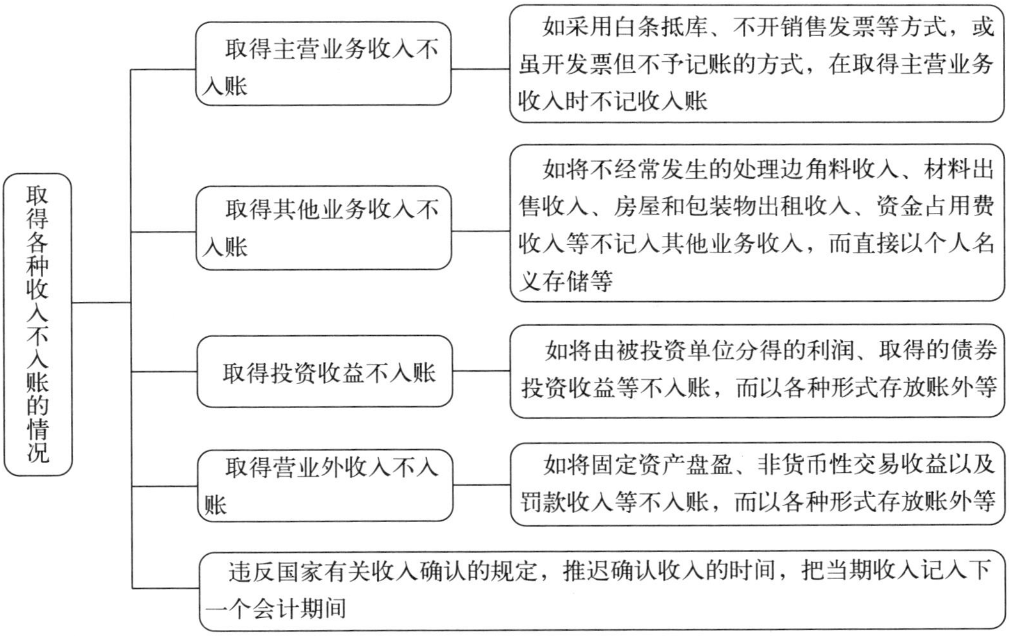

图 11－5　取得各种收入不入账的情况

（二）将收入挂在其他账户上，不作为企业的收入进行记录

将收入挂在其他账户上的情况如图11－6所示。

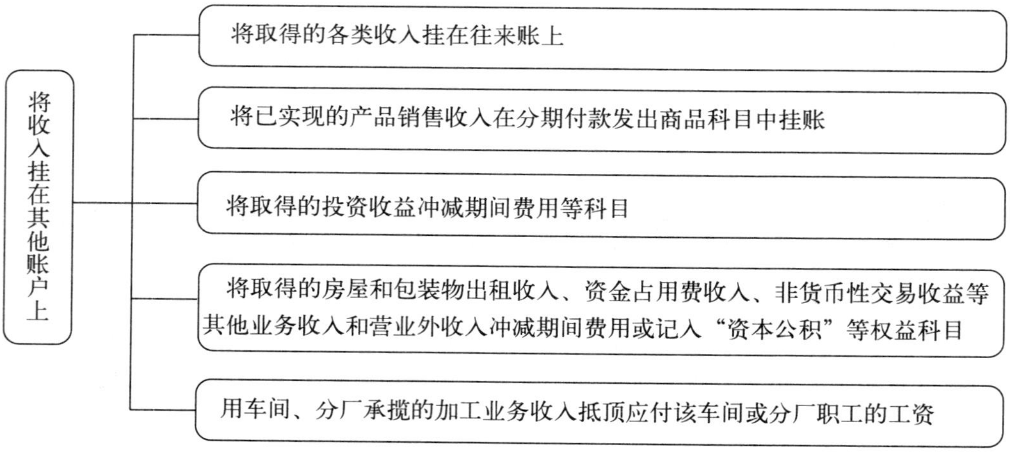

图11－6　将收入挂在其他账户上

二、隐瞒收入的审计方法

被审计单位隐瞒收入的动机主要有：收入不入账，将收入款项存放账外，逃避财务监督，为个别人或少数人谋取利益，或列支不便在财务账中列支的支出；将收入挂在往来科目或记入“资本公积”等科目，或干脆推迟记账时间，把当期收入记入下一个会计期间，以调节利润水平，少交税金等。审计人员应加强对被审计单位高层领导的观察和了解，分析被审计单位的利润水平，从中发现审计线索。

隐瞒收入有不入账和记入其他账户两种表现形式，审计人员应区别对待，采用不同的审计方法。对于不入账情况，更多地应采用从明细账之外的其他资料入手的方法，如外围调查、分析性复核、观察、询问和检查与收入相关的其他原始资料（如销售发票存根、货物发出记录）等。对于记入其他账户的，则应结合相关账户的审计，采用分析性复核、函证、询问和检查与收入相关的其他原始资料等。

1. 了解被审计单位的基本情况，分析存在隐瞒收入舞弊行为的固有风险，判断有无发生隐瞒收入舞弊的动机。

采用调查了解、观察询问的方法，掌握被审计单位的基本情况。应了解的情况有：主要产品的品种、年生产能力、技术设备、产品主要销售对象及分布区域；产品是否畅销；库存情况；销售的结算方式等。

根据掌握情况，分析被审计单位存在隐瞒收入舞弊行为的固有风险。一般而言，以下类型的企业存在隐瞒收入舞弊行为的固有风险较高：

（1）实行计税工资的企业。实行计税工资的企业，工资总额不与实现利税、实现利润、上缴利税等经济指标挂钩。只要企业有钱，对超额发放的工资性支出进行纳税调整，就可

以发放。这些企业负责人，为了满足自己或极少部分人的私欲，有可能隐瞒收入，用于乱分乱发。

(2)实行厂长(经理)任期责任制的企业。新任厂长、经理为了降低任期内年度经济责任考核指标，往往在有关考核指标尚待确定的年份采取隐瞒收入的方法，降低利润，欺骗上级主管部门。待经济责任考核指标确定后，再将隐瞒的收入分期分批、全部或部分转作收入。最终达到完成任期经济责任指标、为个人职务升迁创造条件的目的。

(3)已完成上级下达利润指标的企业。这些企业已完成上级下达的利润指标，如果近期新开发产品的销路好、附加值高、供不应求。企业负责人就有可能指使财会、销售及有关人员采用销售收入不及时入账的手法，将当期实现的销售收入在下期入账，或采用另开银行账户单独存储或存放在关联企业等多种手段的收入不入账，并将企业资金据为己有随意支配。

(4)母公司下属的独立核算子公司是享受税收优惠政策的企业。这类母公司有可能为了偷逃税金，将自己的收入转移到子公司以享受税收优惠政策。

(5)销售额大，但税负高、资金紧张的企业。

(6)享受国家政策性亏损补贴的企业。

2. 了解被审计单位相关内部风险控制情况，必要时进行符合性测试，分析和评价内部风险控制的弱点。

3. 进行分析性复核，了解被审计单位各类收入及其他相关账户有无异常变动情况。

(1)运用对比、分析、复核的方法，对主营业务收入、其他业务收入、营业外收入等金额、相关往来账及资本公积账目的增减变动幅度、变动趋势进行分析，判断企业是否有可能存在隐瞒收入舞弊行为。

(2)若企业出现主营业务收入逐年降低的情况，则应查看企业主要产品的年生产量、销售量、销售价格是否同比降低，如果企业的年生产量与前期持平或变化不大，库存量又无显著增长，企业则有可能存在隐瞒收入的舞弊问题。

(3)分析被审计单位其他业务收入、营业外收入列示的内容、范围、金额的变动情况，找出增加、减少的原因，结合掌握的资料，对出现的异常情况做进一步审查。

(4)如果资本公积、往来账等的年初、年末增减变动异常，应逐笔查明原因。

4. 根据了解的情况做出分析，估计可能发生的隐瞒收入领域和期间，确定审计方式。

5. 根据分析所获得的审计线索，实施实质性测试，以收集充分确凿的审计证据。

一般来说可采用以下审计方法，如图 11－7 所示。

隐瞒收入的审计方法

- 与销售人员、库房管理人员、设备负责人员、工程项目负责人员座谈，分析座谈结果，以确定审计重点
- 利用审阅、核对、盘点的方法，从货物发运凭证、销售合同、销售发票入手，对照检查被审计单位的收入明细账，检查相关收入的明细账记录是否完整。同时，注意检查是否有价格奇低的情况以及不按照销售合同规定的品种、单价、数量进行销售的业务，确定是否存在转移收入或企业基建、福利部门等领用产品不记收入的舞弊行为
- 对主营业务收入实施截止测试。取得各银行账户期末的余额调节表，查明银行已收、企业未收的未达账项中是否有应记收入的项目；取得被审计单位次年的若干月份的收入账，追查至原始凭证，查明是否有应记入被审计期间而记入次年的收入
- 审查发票号是否连续，各联是否一次书写完成，字迹是否为同一人书写，有无涂改痕迹，查明被审计单位是否存在少开发票、隐藏发票，从而隐瞒收入的问题
- 通过计算，复核企业单位产品所需原材料、辅助材料的品种、数量。如存在单位产品材料消耗量过高、消耗材料品种异常的情况，则应结合存货盘点结果，追查是否存在出售材料不计收入的问题
- 盘点固定资产，检查闲置资产、报废资产的处置情况，对照营业外收入账户，核实企业出租、出售、报废资产的各项收入的入账情况
- 结合往来账款、资本公积和期间费用等科目的审计，采用函证、检查原始凭证等方法，查明是否存在将收入挂入往来账、记入资本公积和冲减期间费用的情况

图 11－7　隐瞒收入的审计方法

6. 对审计工作底稿进行综合分析与评价，形成初步审计结论。
7. 与被审计单位有关人员进行沟通，征求他们对初步审计结论的意见。
8. 做出审计结论与审计决定。

第十二章
小微工业企业费用的会计核算

第一节　费用的概述

一、费用的概念

费用有广义与狭义之分。广义的费用是泛指企业在日常生产经营过程中发生的所有耗费；狭义的费用仅指与本会计期内营业收入相配比的那部分耗费，即企业为销售商品、提供劳务等日常活动所发生的经济利益的流出。

二、费用的分类

(一)按费用的经济内容分类

这种分类是根据费用本身的性质归类，也就是按照费用的原始形态进行分类，又称为费用要素。具体而言，费用要素一般包括以下项目，如表 12－1 所示。

表 12－1　费用按经济内容的分类

分类	内容
外购材料	指企业为进行生产而耗用的从外部购入的原材料及主要原材料、半成品、辅助原材料、包装物、修理用备件和低值易耗品等
外购燃料	指企业为进行生产而耗用的从外部购入的各种燃料，包括固体燃料、液体燃料和气体燃料
外购动力	指企业为进行生产而耗用的从外部购入的各种动力，包括热力、电力和蒸汽等
工资	指企业应全部计入生产成本的职工工资
提取的职工福利费	指企业按照工资总额的一定比例计提并计入费用的职工福利费
折旧	指企业所拥有或控制的固定资产，按照使用情况和规定的固定资产折旧方法计提的折旧费
利息支出	指企业计入期间费用等的负债利息净支出(即利息支出减去利息收入后的余额)
税金	指计入企业成本费用的各种税金，如印花税、房产税、车船使用税和土地使用税等
其他	指不属于以上各项要素费用的各项支出，如邮电费、差旅费、租赁费、外部加工费和保险费等

费用按经济内容进行分类，可以反映企业在一定时期发生了哪些费用、金额各是多少，有利于考核费用计划的执行情况，分析比较各时期费用结构的变化。

(二) 按费用的经济用途分类

这种分类将费用按照其支出的目的进行分类，可以分为生产成本和期间费用两大类，如图 12 －1 所示。

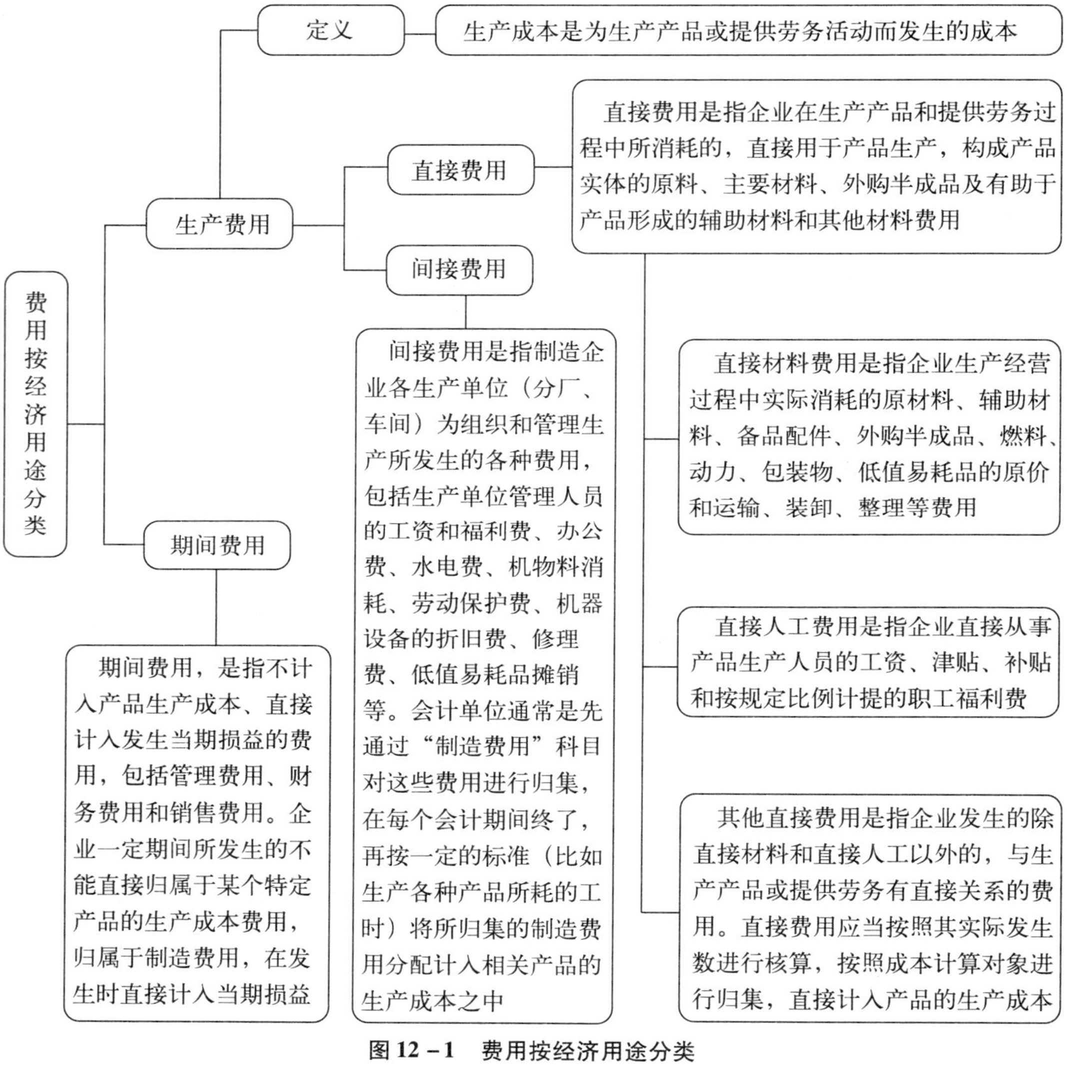

图 12 －1　费用按经济用途分类

第二节　产品成本

在工业企业中，产品的生产过程，同时也是耗费过程。工业企业在一定时期内发生的、用货币额表现的生产耗费，叫作工业企业的生产费用。工业企业为生产一定种类一定数量的产品所支出的各种生产费用的总和，就是这些产品的成本。

一、正确划分各种费用的界限

为了正确地核算企业的生产成本和期间费用，保证产品成本核算的正确性和可靠性，必须正确地划分以下五方面的费用界限，如图 12－2 所示。

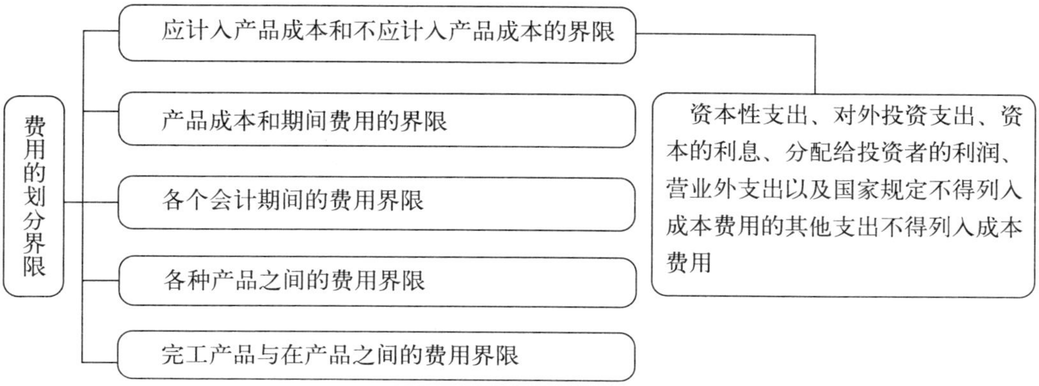

图 12－2　费用的划分界限

二、产品成本会计核算的账户设置

为了按照用途归集各项费用，正确计算产品成本，企业应设置“生产成本”“制造费用”“研发支出”“工程施工”“机械作业”等账户，其中，“工程施工”“机械作业”适用于建筑业企业，以后不再加以说明。小微工业企业产品成本核算的账户设置，如表 12－2 所示。

表 12－2　产品成本会计核算的账户设置

账户	内容
生产成本	“生产成本”账户核算企业进行工业性生产所发生的各项产品费用。该账户借方反映企业发生的各项直接材料费用、直接人工费用和转入的制造费用，贷方反映期末按实际成本计价的、生产完工入库的产品、自制原材料、自制工具的成本结转，期末余额一般在借方，表示期末尚未加工完成的在产品成本。 企业可根据自身的生产特点和管理要求，设置“基本生产成本”和“辅助生产成本”两个二级账户。“基本生产成本”二级账户，核算企业为完成主要生产目的进行产品生产而发生的费用。“辅助生产成本”二级账户，核算企业为基本生产服务进行的产品生产和劳务供应而发生的直接费用。在这两个二级账户下，还应当按照成本核算对象开设明细账，账内按成本项目设专栏进行明细核算
制造费用	“制造费用”账户核算企业为生产产品和提供劳务而发生的各项制造费用。该账户借方反映发生的制造费用，贷方反映期末按一定的分配方法和分配标准将制造费用在各成本计算对象间的分配结转，期末结转后本科目一般无余额

（续表）

账户设置	内容
研发支出	“研发支出”账户核算企业进行研究和开发无形资产过程中发生的各项支出。按照研究开发项目，分别设置“费用化支出”“资本化支出”账户进行明细核算。该账户借记企业自行研究开发无形资产发生的研发支出，贷记研究开发项目达到预定用途形成的无形资产，期末余额在借方，为企业正在进行的无形资产开发项目满足资本化条件的支出

三、产品成本会计核算的一般程序

产品成本核算的最终目的是为了进行产品或劳务成本的计算，因此，产品成本的核算就是一个通过系统化的方法把产品成本分配计入企业所生产的各种产品和劳务成本的过程。一般而言，其基本步骤如图 12 –3 所示。

对企业所发生的各项要素费用进行审核和控制，确定费用应不应该开支；应开支的费用，还要区分哪些费用应计入生产费用，哪些费用应计入期间费用，确定生产费用的核算范围

↓

按照各成本计算对象对本期应计入产品或劳务成本的各种生产费用进行归集和分配，计算各种产品和劳务的生产成本。对于直接费用要直接计入相应产品和劳务的生产成本中，而对间接费用则应先计入“制造费用”科目，到月末再通过一定的方法分配，计入各产品和劳务的生产成本中

↓

对既有完工产品又有在产品的产品品种，应将月初在产品费用与本月生产费用之和在完工产品与月末在产品之间进行分配，计算出该种完工产品的成本，并结转完工产品的成本

图 12 –3　产品成本会计核算的一般程序

企业应当根据本企业生产的特点，选择适合于本企业的成本核算对象、成本项目及成本计算方法。

四、产品成本的会计核算

企业对所发生的各项产品成本，应按成本核算对象和成本项目分别归集，属于直接材料、直接人工等直接费用的，直接计入基本生产成本和辅助生产成本，属于企业辅助生产车间为生产产品提供的动力等间接费用的，应当在“辅助生产成本”明细科目核算后，再转入“基本生产成本”明细科目；其他间接费用先在“制造费用”科目汇集，月度终了，再按一定的分配标准，分配计入有关的产品成本。

(一)基本生产费用的归集与分配

基本生产是企业为生产主要产品而进行的生产活动。对于基本生产所发生的直接费用，包括直接材料费、直接人工费，应当在归集时直接计入"基本生产成本"明细科目。即当发生各项直接生产费用时或在月末，企业应根据有关凭证，借记"生产成本——基本生产成本"科目，贷记"库存现金""银行存款" "原材料""应付职工薪酬"等科目。

当企业只生产一种产品时，为生产所领用的原材料、所交付的生产工人工资可直接计入该产品的生产成本。但若企业生产的不只是一种产品，或者所领用的原材料为多种产品所共同耗用，此时应采用适当的方法对原材料费用和人工费用进行分配计入各有关产品成本中。

对于共同耗用的原材料，在分配时一般采用产品重量、产品体积作为分配标准，也可以按原材料的定额消耗量或定额费用比例作为分配标准。对于人工费用，应区分计件工资制和计时工资制。在计件工资制下，标准工资属于直接计入费用，而与产品生产无直接联系的奖金、津贴和补贴，以及特殊情况下支付的工资等属于间接计入费用，应根据直接计入的工资比例或生产工时比例，分配计入各有关产品成本。在计时工资制下，这些工资均应按生产工时比例或其他标准分配计入各有关产品成本。具体分配标准如表 12－3 所示。

费用分配的基本原理：

费用分配率＝待分配费用总额/分配标准总额

表 12－3　生产费用的分配标准

被分配对象	分配方法
材料费用	分配率＝材料实际总消耗量(或实际成本)/各种产品材料定额消耗量(或定额成本)之和 某产品应分配的材料数量(费用)＝该种产品的材料定额消耗量(或定额成本)×分配率
人工费用	分配率＝生产工人工资总额/各种产品实用工时之和 某种产品应分配的工资费用＝该种产品实用工时×分配率
制造费用	分配率＝制造费用总额÷各种产品实用(定额、机器)工时之和 某种产品应负担的制造费用＝该种产品实用工时数×分配率

例 12－1：思泉工业企业基本生产车间本月生产 A、B 两种产品。为生产 A 产品，本月领用甲种原材料 500 千克，单价 32 元；为生产 B 产品，本月领乙种原材料 400 千克，单价 20 元。另外，两种产品还共同耗用丙种原材料 200 千克，单价 60 元。该企业采用原材料的定额消耗量来分配产品所承担的原材料成本，已知 A、B 两种产品对丙种原材料的定额消耗量来分配产品所承担的原材料成本，且对丙种原材料的定额消耗量分

别为20千克和40千克。本月所发生的生产工人工资总额为40 000元，该企业实施的是计时工资，采用定额工时分配工资费用，并相应地按应付职工薪酬总额的14%计提福利费。已知A产品的定额工时为7 500小时，B产品的定额工时为12 500小时。该企业在月末根据上述资料做如下账务处理。

(1)分配两种产品所应承担的丙种原材料成本，并做相应账务处理。

丙种原材料成本分配率＝(200×60)÷(20＋40)＝200(元/千克)；

A产品应负担的丙种原材料成本＝200×20＝4 000(元)；

B产品应负担的丙种原材料成本＝200×40＝8 000(元)；

A产品共计入直接材料费用＝32×500＋4 000＝20 000(元)；

B产品共计入直接材料费用＝20×400＋8 000＝16 000(元)。

借：生产成本——基本生产成本(A产品)　　20 000
　　　　　　——基本生产成本(B产品)　　16 000
　　贷：原材料——甲种原材料　　16 000
　　　　　　　——乙种原材料　　8 000
　　　　　　　——丙种原材料　　12 000

(2)分配工资费用，并做相应的账务处理。

工资费用的分配率＝40 000÷(7 500＋12 500)＝2(元/工时)；

A产品应分担的工资费用＝2×7 500＝15 000(元)；

B产品应分担的工资费用＝2×12 500＝25 000(元)；

A产品应承担的生产工人福利费＝15 000×14%＝2 100(元)；

B产品应承担的生产工人福利费＝25 000×14%＝3 500(元)。

借：生产成本——基本生产成本(A产品)　　17 100
　　　　　　——基本生产成本(B产品)　　28 500
　　贷：应付职工薪酬——工资　　40 000
　　　　　　　　　　——福利费　　5 600

(二)辅助生产费用的归集与分配

辅助生产车间提供的产品和劳务，主要是为基本生产车间和管理部门使用和服务的；但在某些辅助生产车间之间也有相互提供产品和劳务的情况。

辅助生产费用的分配方法主要有直接分配法、交互分配法、按计划成本分配法。

1. 直接分配法

直接分配法是指在各辅助生产车间发生的费用，直接分配给辅助生产车间以外的各受益单位，辅助生产车间之间相互提供的产品和劳务，不相互分配费用。分配的计算方式为：

某种辅助生产费用分配率＝该辅助生产车间费用总额/基本生产车间和其他部门耗用劳务(或产品)总量

某车间、部门(或产品)应分配的辅助生产费用＝该车间、部门(或产品)耗用劳务(或产品)总量×辅助生产费用分配率

例 12－2：思泉工业企业某月配电车间辅助生产费用分配表如表 12－4 所示。

表 12－4　思泉工业企业某月配电车间辅助生产费用分配表

用电单位：度　　　　费用单位：元

受益单位名称	机修车间	第一车间	第二车间	供销部门	厂部	仓库	合计
各单位用电度数	150	17 500	20 000	500	750	650	39 550
各单位应负担的费用	-	2 275	2 600	65	97.5	84.5	5 122

上列分配表中的分配率计算是扣除机修车间耗用 150 度电后计算的。

辅助生产费用分配率＝5 122÷(39 550－150)＝0.13(元/度)；

第一车间应分配的辅助生产用费＝17 500×0.13＝2 275(元)；

其他车间和部门分配如第一车间。

2. 交互分配法

交互分配法，是指对各辅助生产车间的成本费用进行两次分配。在具体操作中，可以分为两个步骤：

①交互分配，根据各辅助生产车间相互提供的产品或劳务的数量和交互分配前的单位成本(费用分配率)，在各辅助生产车间之间进行一次交互分配；

②对外分配，将各辅助生产车间交互分配后的实际费用(交互分配前的成本费用＋交互分配转入的成本费用－交互分配转出的成本费用)，再按提供产品或劳务的数量和交互分配后的单位成本(费用分配率)，在辅助生产车间以外的各受益单位进行分配。

采用交互分配法，辅助生产内部相互提供产品或劳务全都进行了交互分配，从而提高了分配结果的正确性。但各辅助生产费用要计算两个单位成本(费用分配率)，进行两次分配，因而增加了计算工作量。

3. 计划成本分配法

计划成本分配法是指先按各受益车间实际耗用劳务数量乘以预先规定的各劳务计划单位成本进行一次分配；再计算出实际费用(包括辅助生产内部交互分配转入的费用)与按计划单位成本分配转出的费用之间的差额，采用简化计算方法全部计入管理费用。

(三)制造费用的归集与分配

制造费用是企业为生产产品和提供劳务而发生的各项间接费用，包括工资和福利费、折旧费、修理费、办公费、水电费、机物料消耗、劳动保护费、季节性和修理期间的停工损失等。在具体核算时，对车间发生的机物消耗，应借记“制造费用”科目，贷记“原材料”等科目；发生的车间管理人员的工资及福利费，借记“制造费用”科目，贷记“应付职

工薪酬”科目；车间计提的固定资产折旧，借记“制造费用”科目，贷记“累计折旧”科目；车间支付的办公费、修理费、水电费等，借记“制造费用”科目，贷记“银行存款”等科目；发生季节性和修理期间的停工损失，借记“制造费用”科目，贷记“原材料”“应付职工薪酬”“银行存款”等科目。企业在核算辅助生产车间的制造费用时，也可不单设“制造费用”科目，而直接在“生产成本——辅助生产成本”中核算。

到了月末，对各生产车间、部门应负担的制造费用，还应按企业成本核算办法的规定，分配计入有关的成本核算对象，借记“生产成本——基本生产成本(辅助生产成本)”科目，贷记“制造费用”科目。除季节性生产外，本科目期末应无余额。在各种产品之间分配制造费用的方法，通常有按生产工人工资、按生产工人工时、按机器工时、按耗用原材料的数量或成本、按直接成本(原材料、燃料、动力、生产工人工资及应提取的福利费之和)、按产成品产量等比例分配。为简化核算，企业也可以按预定分配率(或称计划分配率)进行分配。以生产工时为例，制造费用分配公式如下：

制造费用分配率＝待分配的制造费用总额/车间各种产品的生产工时总数

制造费用的分配方法一经确定，不得随意变更；如需变更，当在会计报表附注中予以说明。

例12－3： 思泉工业企业第一车间生产甲、乙两种产品，2014年8月的制造费用总额为20 000元，采用实际耗用的工时比例在两种产品之间分配。8月份实际耗用工时：甲产品为4 000小时，乙产品为6 000小时，甲、乙产品应负担的制造费用为：

制造费用分配率＝20 000/(4 000＋6 000)＝2(元/工时)；

甲产品应负担的制造费用＝4 000×2＝8 000(元)；

乙产品应负担的制造费用＝6 000×2＝12 000(元)。

注意：实际工作中应编制制造费用分配表，分配制造费用。

(四)完工产品成本的计算

通过上述各项费用的归集和分配，基本生产车间在生产过程中发生的各项费用，已经集中反映在“生产成本——基本生产成本”账户及其明细账的借方。月末如果某种产品既有完工产品又有在产品，则需将“生产成本——基本生产成本”账户中归集的各项生产费用在完工产品和在产品之间进行分配，计算出完工产品成本和月末在产品成本。企业应当根据在产品数量的多少、各月在产品变化的大小、各项费用比重的大小以及定额管理基础的好坏等具体条件，选择既合理又简便的分配方法。常用的方法有以下几种。

1. 约当产量比例法

根据月末在产品数量，按其完工程度折合成相当于完工产品的产量，然后将各项生产费用按完工产品数量和在产品约当产量比例进行分配的一种方法。其计算公式如下：

在产品的约当产量＝在产品数量×完工程度

单位成本 =(月初在产品成本 + 本月发生生产费用)/(产成品产量 + 月末在产品约当产量)

产成品成本 = 单位成本 × 产成品产量

月末在产品成本 = 单位成本 × 月末在产品约当产量

采用约当产量比例法分配生产费用，对在产品完工率的确定非常关键。由于投入的产品是逐步加工的，先投入的加工程度较大，后投入的加工程度较小。到了月末，有的在产品接近完工，有的完工了一半，有的刚刚开始进入生产。所以为了简化计算起见，在计算各工序内在产品完工程度时，采用50%平均计算。

有了各工序在产品完工程度和各工序在产品盘存数量，即可求得在产品的约当产量。各工序产品的完工程度可事先制定，产品工时定额不变时可长期使用。如果各工序在产品数量和单位工时定额都相差不多，在产品的完工程度也可按50%计算。

应当指出，在很多加工生产中，原材料是在生产开始时一次投入的。这时，在产品无论完工程度如何，都应和完工产品同样负担原材料费用。如果原材料是随着生产过程陆续投入的，则应按照各工序投入的原材料费用在全部原材料费用中所占的比例计算在产品的约当产量。

例12－4：思泉工业企业生产A产品，月初在产品成本中直接材料费用4 125元，直接人工费用2 400元，制造费用1 427元；本月发生的直接材料费用11 737元，直接人工费用6 462元，制造费用为3 953元。本月完工产品共262件，月末在产品计90件，原材料属于在生产开始时一次投入，在产品的完工程度为60%。

(1)直接材料费用的分配：

在产品原材料费用的约当产量 =90 ×100% =90(件)；

单位产品的直接材料费用 =(4 125 +11 737)/[262 +(90 ×100%)] =45.06(元)；

完工产品应负担的直接材料费用 =262 ×45.06 =11 805.72(元)；

在产品应负担的直接材料费用 =90 ×45.06 =4 055.40(元)。

(2)直接人工费用的分配：

在产品人工费用的约当产量 =90 ×60% =54(件)；

单位产品的直接人工费用 =(2 400 +6 462)/[262 +(90 ×60%)] =28.04(元)；

完工产品应负担的直接人工费用 =262 ×28.04 =7 346.48(元)；

在产品应负担的直接人工费用 =54 ×28.04 =1 514.16(元)。

(3)制造费用的分配：

在产品制造费用的约当产量 =90 ×60% =54(件)；

单位产品的制造费用 =(1 427 +3 953)/(262 +54) =17.03(元)；

完工产品应负担的制造费用 =262 ×17.03 =4 461.86(元)；

在产品应负担的制造费用 =54 ×17.03 =919.62(元)。

(4)汇总计算完工产品成本和月末在产品成本：

① 262件完工产品成本=11 805.72+7 346.48+4 461.86=23 614.06(元)。

② 90件月末在产品成本=4 055.40+1 514.16+919.62=6 489.18(元)。

2. 在产品成本按定额成本计算法

按照预先制定的定额成本计算月末在产品成本、月初生产费用与本月生产费用之和减去月末在产品的定额成本后，即为本月完工产品总成本。按定额成本计算在产品成本时，月末在产品成本脱离定额的差异全部由完工产品负担。

在产品定额成本的计算公式如下：

原材料定额费用=在产品数量×单位消耗定额×计划单价

燃料、工资、制造费用等项目定额费用=在产品数量×工时定额×该项目每小时计划费用额

完工产品总成本=月初生产费用+本月生产费用－月末在产品定额成本

3. 定额比例法

定额比例法是指企业分配成本项目，按照完工产品与月末在产品定额耗用量或定额费用的比例分配成本费用的一种方法。定额比例法是产品的生产费用按照完工产品和月末在产品的定额消耗量或定额费用的比例，分配计算完工产品成本和月末在产品成本的方法。其中，原材料费用按照原材料定额消耗量或原材料定额费用比例分配；工资和福利费、制造费用等各项加工费，可以按定额工时的比例分配，也可以按定额费用比例分配。这种分配方法适用于定额管理基础较好，各项消耗定额或费用定额比较准确、稳定，各月末在产品数量变动较大的产品。

计算公式如下：

定额比例(费用分配率)=(月初在产品实际费用+本月实际费用)/月末在产品定额消耗量(或定额费用)

完工产品定额成本=月末完工产品定额消耗量(或定额费用)×费用分配率

月末在产品定额成本=月末在产品定额消耗量(或定额费用)×费用分配率

4. 不计算在产品成本法(即在产品成本为零)

这种方法适用于月末在产品数量很小的情况。算不算在产品成本对完工产品成本影响不大，为了简化核算工作，可以不计算在产品成本，即在产品成本为零。本月发生的产品生产费用就是完工产品的成本。

5. 在产品按固定成本计价法

这种方法适用于月末在产品数量很小，或者在产品数量虽大但各月之间在产品数量变动不大，月初、月末在产品成本的差额对完工产品成本影响不大的情况。为简化核算工作，各月在产品成本可以固定按年初数计算。采用这种方法，某种产品本月发生的生产费用就是本月完工产品的成本。年终时，根据实地盘点的在产品数量，重新高速计算在产品成本，以避免在产品成本与实际出入过大，影响成本计算的正确性。

6. 在产品成本按所耗直接材料费用计价法

这种方法是在产品成本按所耗用的原材料费用计算，其他费用全部由完工产品成本负担。这种方法适合于在原材料费用在产品成本中所占比重较大，而且原材料是在生产开始时一次就全部投入的情况下使用。为了简化核算工作，月末在产品可以只计算原材料费用，其他费用全部由完工产品负担。

五、产品成本会计核算的综合实例

例 12－5：思泉工业企业设一个基本生产车间，本月生产 A、B 两种产品，一个辅助生产车间(供电车间)，有关生产费用的发生情况如下表所示。制造费用按定额工时比例分配，完工产品成本和月末在产品成本用约当产量法分配。

(1)本月耗用原材料情况如表 12－5 所示。

表 12－5　材料费用分配表

2014 年 5 月　　　　单位：元

材料分配 产品或部门	材料及主要材料	辅助材料	合计
A 产品	52 000	6 912	58 912
B 产品	40 000	2 688	42 688
基本生产车间		3 600	3 600
供电车间		6 000	6 000
行政管理部门		2 200	2 200
合计	92 000	21 400	113 400

根据材料费用分配表，编制会计分录如下：

借：生产成本——基本生产成本(A 产品)　58 912
　　　　　　——基本生产成本(B 产品)　42 688
　　　　　　——辅助生产成本　6 000
　　制造费用　3 600
　　管理费用　2 200
　　贷：原材料——原料及主要原材料　92 000
　　　　　　　——辅助原材料　21 400

(2)工资及福利费的核算。福利费的提取比例为 14%。该企业当月工资分配情况，如表 12－6 所示。

表 12-6　工资及福利费用分配表

2014 年 5 月　　单位：元

费用分配 产品或部门	应付工资	应计提福利费(14%)	合计
A 产品	21 600	3 024	24 624
B 产品	14 400	2 016	16 416
基本生产车间	10 000	1 400	11 400
供电车间	8 000	1 120	9 120
行政管理部门	14 000	1 960	15 960
合计	68 000	9 520	77 520

根据工资福利费用分配表，编制会计分录如下：

借：生产成本——基本生产成本(A 产品)　24 624
　　　　　　——基本生产成本(B 产品)　16 416
　　　　　　——辅助生产成本　9 120
　　制造费用　11 400
　　管理费用　15 960
　　贷：应付职工薪酬——工资　68 000
　　　　　　　　　——福利费　9 520

(3)折旧及预提修理费用的核算。该企业提取累计折旧和修理费用的情况，如表 12-7所示。

表 12-7　折旧费用分配表

2014 年 5 月　　单位：元

项目	基本生产车间	辅助生产车间	行政管理部门	合计
折旧	1 600	1 400	960	3 960

根据折旧费用分配表，编制会计分录如下：

借：生产成本——辅助生产成本　1 400
　　制造费用　1 600
　　管理费用　960
　　贷：累计折旧　3 960

(4)其他费用的核算。根据企业本月有关银行付款凭证，编制本月其他费用分配表，如表 12-8 所示。

表 12-8　其他费用分配表

2014 年 5 月　　　　单位：元

费用种类 / 车间或部门	办公费	劳保费	合计
基本生产车间	1 300	240	1 540
供电车间	872	160	1 032
行政管理部门	1 148	200	1 348
合计	3 320	600	3 920

根据其他费用分配表，编制会计分录如下：

借：生产成本——辅助生产成本　　1 032

　　制造费用　　1 540

　　管理费用　　1 348

　　贷：银行存款　　3 920

(5)辅助生产费用的核算。根据表 12-5、12-6、12-7、12-8 的数据，登记辅助生产成本明细账的汇总数额，如表 12-9 所示。

表 12-9　辅助生产成本明细账

2014 年 5 月　　　　单位：元

日期	序号	摘要	材料	工资及福利	折旧	其他费用	合计
5.31	1	材料费用分配表 12-5	6 000				6 000
5.31	2	工资及福利费用分配表 12-6		9 120			9 120
5.31	3	折旧费用分配表 12-7			1 400		1 400
5.31	4	其他费用分配表 12-8				1 032	1 032
5.31	5	合计	6 000	9 120	1 400	1 032	17 552
5.31	6	分配转出本月辅助生产费用	6 000	9 120	1 400	1 032	17 552

设该企业的辅助生产成本于月末全部转出，各部门耗用供电车间的辅助生产成本按实际耗用量分配。本月耗电总量为 17 552 度，其中基本生产 15 000 度(A 产品 9 000 度，B 产品 6 000 度)，车间一般耗用 1 000 度，企业行政管理部门耗用 1 552 度。

辅助生产费用分配率 = 17 552/17 552 = 1(元/度)；

A 产品负担的辅助生产费用 = 9 000 × 1 = 9 000(元)；

B 产品负担的辅助生产费用 = 6 000 × 1 = 6 000(元)；

基本车间负担的辅助生产费用 = 1 000 × 1 = 1 000(元)；

行政管理部门负担辅助生产费用 =1 552 ×1 =1 552(元)；

根据上述资料编制辅助生产费用分配表，如表 12 –10 所示。

表 12 –10　辅助生产费用分配表

2014 年 5 月　　　　单位：元

费用分配 车间或部门	供应量(度)	分配率	分配金额
A 产品	9 000	1	9 000
B 产品	6 000	1	6 000
基本车间	1 000	1	1 000
行政管理部门	1 552	1	1 552
合计	17 552	1	17 552

根据辅助生产费用分配表，编制会计分录如下：

借：生产成本——基本生产成本(A 产品)　　9 000

　　　　　　——基本生产成本(B 产品)　　6 000

　　制造费用　　1 000

　　管理费用　　1 552

　　贷：生产成本——辅助生产成本　　17 552

(6)制造费用的汇集和分配。根据表 12 –5、12 –6、12 –7、12 –8、12 –10 登记制造费用明细账如表 12 –11 所示。

表 12 –11　制造费用明细账

2014 年 5 月　　　　单位：元

日期	摘要	材料	工资	福利	折旧	辅助	其他	合计
5.31	表 12 –5	3 600						3 600
5.31	表 12 –6		10 000	1 400				11 400
5.31	表 12 –7				1 600			1 600
5.31	表 12 –8						1 540	1 540
5.31	表 12 –10					1 000		1 000
	合计	3 600	10 000	1 400	1 600	1 000	1 540	19 140

月末，根据制造费用明细账归集的制造费用，以定额工时为标准分配制造费用。本月定额工时为：A 产品 13 000 小时，B 产品 6 140 小时。

制造费用分配率 =19 140/(13 000 +6 140) =1(元/小时)；

A 产品负担的制造费用 =13 000 ×1 =13 000(元)；

B 产品负担的制造费用 =6 140 ×1 =6 140(元)。

根据上述资料编制制造费用分配表，如表 12 –12 所示。

表 12－12　制造费用分配表

2014 年 5 月　　单位：元

费用分配 / 产品名称	定额工时	分配率	分配费用
A 产品	13 000	1	13 000
B 产品	6 140	1	6 140
合计	19 140	1	19 140

根据制造费用分配表，编制会计分录如下：

借：生产成本——基本生产成本(A 产品)　　13 000

　　　　　　——基本生产成本(B 产品)　　6 140

　贷：制造费用　　19 140

(7)生产费用在完工产品与在产品之间进行分配。本月 A 产品完成 700 件，月初在产品成本为 18 764 元。其中，直接材料费 11 388 元，直接人工费 5 376 元，制造费用 2 000 元，月末在产品数量 250 件，完工程度为 40%，原材料在生产开始一次投入。B 产品月初和月末均无在产品。假定该企业采用约当产量比例法，分配 A 产品月末完工产品和在产品成本。如表 12－13 所示。

表 12－13　基本生产成本明细账

2014 年 5 月　　单位：元

日期	编号	摘要	直接材料	直接人工	制造费用	合计
1		月初在产品成本	11 388	5 376	2 000	18 764
31		本月生产费用	58 912	24 624	13 000	96 536
31		生产费用合计	70 300	30 000	15 000	115 300
		单位成本	74	37.5	18.75	130.25
31		完工产品成本	51 800	26 250	13 125	91 175
31		月末在产品成本	18 500	3 750	1 875	24 125

在产品约当产量＝250×40%＝100(件)，

①原材料分配率＝(11 388＋58 912)÷(700＋250)＝74(元/件)；

完工产品原材料成本＝700×74＝51 800(元)；

在产品原材料成本＝250×74＝18 500(元)。

②人工费用分配率＝(5 376＋24 624)÷(700＋250×40%)＝37.5(元/件)；

完工产品的人工成本＝700×37.5＝26 250(元)；

在产品的人工成本＝250×40%×37.5＝3 750(元)。

③制造费用分配率 = (2 000 + 13 000) ÷ (700 + 100) = 18.75(元/件)；

完工产品的制造费用 = 700 × 18.75 = 13 125(元)；

在产品的制造费用 = 250 × 40% × 18.75 = 1 875(元)；

A 产品完工产品总成本 = 51 800 + 26 250 + 13 125 = 91 175(元)；

A 产品期末在产品成本 = 18 500 + 3 750 + 1 875 = 24 125(元)；

B 产品期初期末均无在产品，当月所发生的生产费用全部为完工 B 产品的成本。B 产品成本计算如下：

B 产品完工产品总成本 = 42 688 + 16 416 + 6 000 + 6 140 = 71 244(元)。

(8)完工产成品成本的结转：根据表 12－11 的资料和上述计算数据，编制产成品完工入库的会计分录如下：

借：库存商品——A 产品	91 175	
——B 产品	71 244	
贷：生产成本——基本生产成本(A 产品)		91 175
——基本生产成本(B 产品)		71 244

(9)期间费用按各项费用单设账户归集，期末将汇总额直接转入本年利润；进行结转后，除有月末在产品时，“生产成本——基本生产成本”账户有借方余额；季节性生产企业可能会有“制造费用”账户借方余额外，各账户均应于月末结平，没有余额。

第三节　产品生产成本的计算方法

产品成本归集分配完毕后，应按成本计算对象编制成本计算单，并选择一定的成本计算方法，计算各种产品的总成本和单位成本。企业可以根据生产经营特点、生产经营组织类型和成本管理要求，具体确定成本计算方法，成本计算的基本方法有品种法、分批法和分步法三种。

一、品种法

产品成本计算的品种法，是指以产品品种为成本核算对象来归集生产费用、计算产品成本的一种方法。它适用于单步骤的大量生产，如发电、供水、采掘等企业，或者生产是按流水线组织的，管理上不要求按照生产步骤计算半成品成本的大批量、多步骤生产，如糖果、饼干、水泥和造纸等企业。企业内的供水、供电、供气等辅助生产车间在计算分配其所耗成本时，都可以按品种法计算产品成本。

品种法的基本特点，如图 12－4 所示。

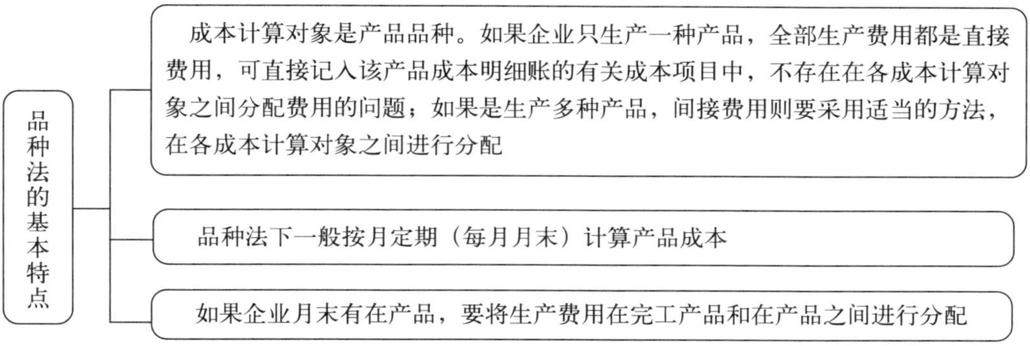

图 12－4　品种法的基本特点

二、分批法

产品成本计算的分批法，是以产品批别为成本计算对象来归集生产费用，计算产品成本的一种方法。它主要适用于单件小批类型的生产，如造船业、重型机器制造业等。也可适用于一般工业企业中的新产品试制或试验的生产、在建工程和设备修理作业等，以及不断更新产品的高档时装企业等。

分批法的基本特点，如图 12－5 所示。

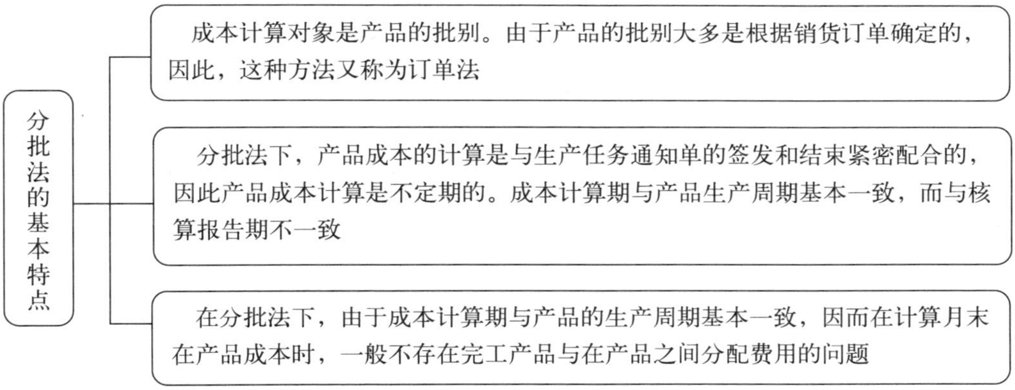

图 12－5　分批法的基本特点

三、分步法

产品成本计算的分步法，是按照产品的生产步骤计算产品成本的一种方法。它适用于大量大批的多步骤生产，如纺织、冶金、大量大批的机械制造企业。在这类企业中，产品生产可以分为若干个生产步骤的成本管理，往往不仅要求按照产品品种计算成本，而且还要求按照生产步骤计算成本，以便为考核和分析各种产品及生产步骤的成本计划的执行情况提供资料。分步法有逐步结转和平行结转两种方式。

（一）逐步结转分步法

这种结转方法的特点是根据各基本生产步骤所归集的生产费用，先算出该步骤半成品的成本，然后随着半成品实物的转移，其成本也向下一步骤结转。也就是说，随着加工过程的进行，各生产步骤的半成品成本逐步积累起来，最后形成完工产品的成本。这种方法的优缺点如图 12－6 所示。

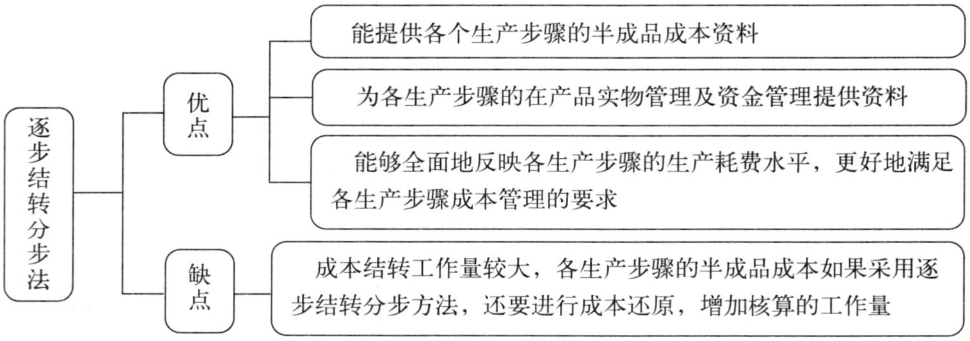

图 12－6　逐步结转分步法的优缺点

（二）平行结转分步法

这种方法是将各加工步骤本身所发生的生产费用总额（不包括上个步骤转来的半成品成本），先在完工产品和在产品之间进行划分，然后将各加工步骤应由完工产品负担的份额，通过平行结转的方式汇总计算最终产品成本。这种方法的优缺点如图 12－7 所示。

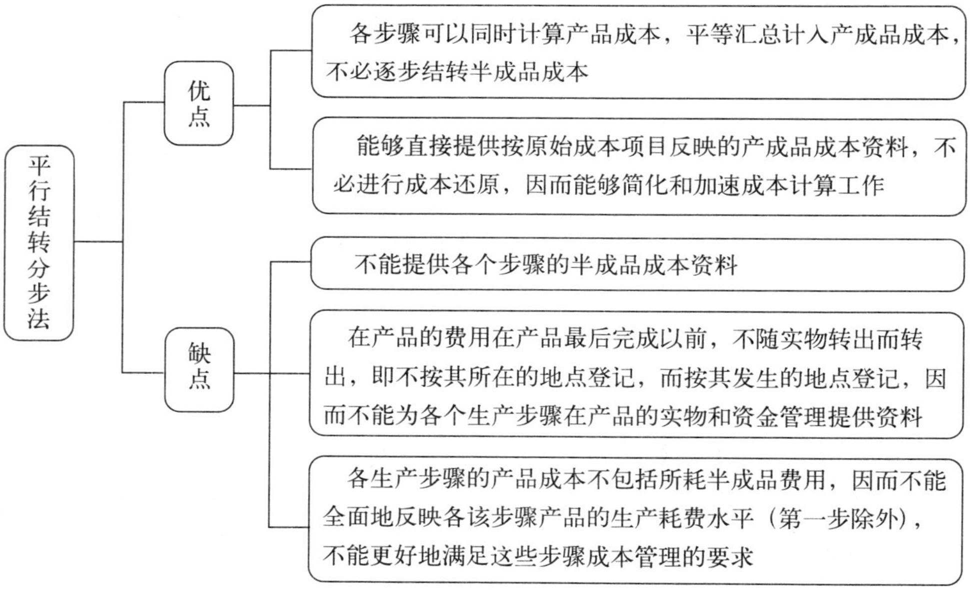

图 12－7　平行结转分步法的优缺点

第四节 劳务成本

一、劳务成本的特点

劳务成本，是指企业对外提供劳务所发生的成本。劳务成本具有以下特点，如表12－14所示。

表12－14 劳务成本的特点

特点	内容
不依附于某一产品或生产过程	劳务成本不依附于某一生产产品或生产过程，与企业的生产经营无关；计入生产成本或制造费用的劳务是在生产产品（或商品）的过程中或为生产车间提供的一项劳务，它不属于独立的提供劳务行为，而是在生产过程中发生、与生产产品（或商品）等有关的劳务。例如，对外提供的加工劳务，为保证生产顺利进行而提供的修理劳务等
属企业提供的对外劳务	劳务成本是企业对外提供的一项独立的劳务，如企业对外提供的装修、装饰劳务，与销售产品（或商品）无关的运输劳务等
不含企业建造劳务成本	不包括企业接受的建造合同劳务所发生的成本，建造合同劳务所发生的成本一般在“工程施工”科目进行核算

二、劳务成本的会计核算

企业应当设置“劳务成本”账户，以核算企业对外提供劳务所发生的成本。该账户的借方登记发生的各项劳务成本；贷方登记结转的各项劳务成本；期末借方余额反映尚未完成劳务的成本，或按完工百分比法确认收入时，尚未结转的劳务成本。

（一）劳务成本的账务处理

当企业发生劳务成本时，借记“劳务成本”科目，贷记“银行存款”“应付职工薪酬”“原材料”等科目。当企业（建造承包商）对外单位、专项工程等提供机械作业（包括运输设备）时，借记“劳务成本”科目，贷记“机械作业”科目。结转劳务的成本，借记“主营业务成本”“其他业务成本”等科目，贷记“劳务成本”科目。

（二）劳务成本核算示例

例 12－6：思泉工业企业于 2014 年 5 月 18 日接受一项设备安装任务，该安装任务可一次完成，合同总收入 15 000 元，实际发生成本 9 800 元，其中人工成本 8 100 元，原材料成本 1 700 元。编制会计分录如下：

（1）确认劳务收入时：

借：银行存款　　15 000

　　贷：主营业务收入　　15 000

（2）发生并确认有关成本费用时：

借：主营业务成本　　9 800

　　贷：应付职工薪酬　　8 100

　　　　原材料　　1 700

若上述安装任务需要花费一段时间（不超过本会计期间）才能完成，其支出应先计入“劳务成本”账户；安装任务结束后，再将其转入“主营业务成本”账户。

对于不能在同一会计期间内完成，但在期末未能对交易的结果做出可靠估计的劳务，应按完工百分比法确认劳务成本。发生的成本计入劳务成本，确认本期费用时，按确定的金额，由“劳务成本”转入“主营业务成本”。

例 12－7：思泉工业企业接受委托为光明贸易公司进行市场调查工作。双方签订的合同注明，调查期为 5 个月，从 2013 年 12 月 1 日开始至 2014 年 5 月 1 日止，调查费总额 200 000 元，在调查开始和结束时分两次支付，每次支付 100 000 元。整个调查工作需要安排支出 120 000 元。截至 2013 年 12 月 25 日共发生调查成本 36 000 元，据专业人士估计，到 2013 年 12 月 31 日可以完成任务的 20%。编制会计分录如下：

（1）2013 年 12 月 1 日收到预付调查费时：

借：银行存款　　100 000

　　贷：预收账款　　100 000

（2）发生调查成本时：

借：劳务成本　　36 000

　　贷：银行存款（等）　　36 000

（3）2013 年 12 月 31 日确认收入和成本时：

借：预收账款　　（200 000 × 20%）40 000

　　贷：主营业务收入　　40 000

（4）结转成本：

借：主营业务成本　　（120 000 × 20%）24 000

　　贷：劳务成本　　24 000

第五节　期间费用

期间费用亦称期间成本，与一定期间相联系，是指直接从企业当期销售收入中扣除的费用。从企业的损益情况来看，期间费用与产品销售成本、产品销售税金及附加一起从产品销售收入中扣除后作为企业当期的营业利润。当期的期间费用是全额从当期损益中扣除的，其发生额不影响下一个会计期间。期间费用包括管理费用、销售费用和财务费用等。

一、管理费用

（一）管理费用的概述

管理费用是指企业行政管理部门为组织和管理企业生产经营活动所发生的管理费用，管理费用包括的内容较多，以工业企业为例，具体包括如表 12－15 所示。

表 12－15　管理费用的内容

管理费用	具体内容
企业经费	即企业管理人员工资、福利费、差旅费、办公费、折旧费、修理费、物料消耗、周转材料摊销和其他经费
劳动补偿费	因解除与职工的劳动关系给予的补偿
董事会费	即企业董事会或最高权力机构及其成员为执行职能而发生的差旅费、会议费等
审计费	即企业聘请注册会计师进行查账、验资、资产评估等发生的费用
诉讼费	即企业因起诉或应诉而支付的各项费用
长期待摊费用摊销	即企业对已提足折旧的固定资产的改建支出、经营租入固定资产的改建支出、固定资产的大修理支出和其他长期待摊费用等按月进行摊销的费用
财产保险费	即企业参加商业保险时缴纳的保险费
业务招待费	即企业为业务经营的合理需要在年销售净额一定比例之内支付的费用
咨询费	即企业向有关咨询机构进行经营管理咨询所支付的费用
筹建期间发生的开办费	即企业在筹办期间发生的相关人员的职工薪酬、办公费、培训费、差旅费、印刷费、注册登记费以及不计入固定资产成本的借款费用等费用

（二）管理费用的账务处理

企业应设置“管理费用”科目，反映管理费用的发生及结转。发生管理费用时，应分情况处理：

（1）企业在筹建期间内发生的开办费在实际发生时，借记“管理费用”科目，贷记

“银行存款”等科目。

(2)行政管理部门人员的职工薪酬，借记“管理费用”科目，贷记“应付职工薪酬”科目。

(3)行政管理部门计提的固定资产折旧费和发生的修理费，借记“管理费用”科目，贷记“累计折旧”“银行存款”等科目。

(4)行政管理部门发生的办公费、水电费、差旅费，借记“管理费用”科目，贷记“银行存款”等科目。

(5)企业发生的业务招待费、相关长期待摊费用摊销、技术转让费、财产保险费、聘请中介机构费、咨询费(含顾问费)、诉讼费等，借记“管理费用”科目，贷记“银行存款”“长期待摊费用”等科目。

(6)企业自行研究无形资产发生的研究费用，借记“管理费用”科目，贷记“研发支出”科目。

例12－8：思泉工业企业于2014年6月份发生的管理费用及会计分录如下：

(1)开出支票，支付本月业务招待费等费用6 900元：

借：管理费用	6 900	
贷：银行存款		6 900

(2)按规定计提行政管理部门固定资产折旧费2 500元，结算行政管理部门人员工资8 000元，结转领用周转材料实际成本300元：

借：管理费用	10 800	
贷：累计折旧		2 500
应付职工薪酬		8 000
周转材料		300

(3)期末结转管理费用17 700元：

借：本年利润	17 700	
贷：管理费用		17 700

二、销售费用

(一)销售费用的概念

销售费用是指企业销售商品或提供劳务过程中发生的费用，包括销售人员的职工薪酬、商品维修费、运输费、装卸费、包装费、保险费、广告费、业务宣传费、展览费等费用。

(二)销售费用的账务处理

企业应设置“销售费用”科目，核算企业发生的各项销售费用。该科目的借方登记发生的销售费用，贷方登记期末转入“本年利润”科目的销售费用，“销售费用”科目结转“本年利润”科目后无余额。企业发生各项销售费用时，借记“销售费用”科目，贷记“库存现金”“银行存款”“应付职工薪酬”等科目，期末将归集的销售费用全部转入本年利润时，借记“本年利润”科目，贷记“销售费用”科目。“销售费用”科目应按费用项目设置明细科目，进行明细分类核算。

例12－9：思泉工业企业于2014年6月份发生的销售费用及会计分录如下：

(1)开出转账支票，支付运输费、装卸费、广告费等8 760元：

借：销售费用　　8 760

　　贷：银行存款　　8 760

(2)根据发料凭证汇总表，登记产品销售领用包装材料5 830元：

借：销售费用　　5 830

　　贷：原材料　　5 830

(3)结转本月专设销售机构职工工资及福利费11 200元，其中：工资8 000元、福利费3 200元：

借：销售费用　　11 200

　　贷：应付职工薪酬　　11 200

(4)期末结账销售费用：

借：本年利润　　(8 760＋5 830＋11 200)25 790

　　贷：销售费用　　25 790

三、财务费用

(一)财务费用的概念

财务费用是指企业筹集生产经营所需资金而发生的费用，包括利息支出(减利息收入)、汇兑损失、银行相关手续费、企业给予的现金折扣(减享受的现金折扣)等费用。应注意的是，企业为购建固定资产、无形资产和经过一年期以上的制造才能达到预定可销售状态的存货发生的借款费用，在“在建工程”“研发支出”“制造费用”等科目核算，不在本科目核算。

(二)财务费用的账务处理

企业应设置“财务费用”科目核算企业发生的各项财务费用。该科目的借方登记发生的财务费用，贷方登记期末转入“本年利润”科目的财务费用；“财务费用”科目结转“本年利润”科目后无余额。

(1)企业发生的利息费用、汇兑损失、银行相关手续费、给予的现金折扣等，借记“财务费用”科目，贷记“应付利息”“银行存款”等科目。

(2)持未到期的商业汇票向银行贴现，应当按照实际收到的金额(即减去贴现息后的净额)，借记“银行存款”科目，按照贴现息，借记“财务费用”科目，按照商业汇票的票面金额，贷记“应收票据”科目(银行无追索权情况下)或“短期借款”科目(银行有追索权情况下)。

(3)发生的应冲减财务费用的利息收入、享受的现金折扣等，借记“银行存款”等科目，贷记“财务费用”科目。

例12-10：思泉工业企业于2014年6月份发生的财务费用及会计分录如下：

(1)用银行存款支付短期借款利息支出2 530元：

借：财务费用　　2 530

　　贷：银行存款　　2 530

(2)用银行存款支付银行手续费360元：

借：财务费用　　360

　　贷：银行存款　　360

(3)银行通知，第四季度银行存款利息收入530元：

借：银行存款　　530

　　贷：财务费用　　530

(4)期末结转财务费用2 360元：

借：本年利润　　2 360

　　贷：财务费用　　2 360

第六节　费用涉及的主要税务问题

1. 不得扣除的支出未进行纳税调整的问题

例12-11：某工业企业2014年1月由于使用假发票被当地税务机关查出，被罚款20 000元；8月因为非法经营，被工商机关没收价值20 000元的物品；由于出纳失误，将本应在10月份缴纳的营业税拖至11月份才缴纳，同时补交滞纳金12 000元。该企业将上述资金全部记入“营业外支出”科目，年终则按实现的利润总额进行纳税申报并计缴所得税。

分析：在这个案例中，企业为了少缴所得税，将罚款、滞纳金及被没收的财物损失直接记入了“营业外支出”科目，而申报所得税也未做纳税调整。企业盘盈资产已经入账，但账务处理存在问题，少计了营业外收入，以至于少缴企业所得税。

根据《中华人民共和国企业所得税法实施条例》第十条规定，在计算应纳税所得额时，下列支出不得扣除：

(1)向投资者支付的股息、红利等权益性投资收益款项；

(2)企业所得税税款；

(3)税收滞纳金；

(4)罚金、罚款和被没收财物的损失；

(5)本法第九条规定以外的捐赠支出；

(6)赞助支出；

(7)未经核定的准备金支出；

(8)与取得收入无关的其他支出。

因此，该企业应调增应纳税所得额，补缴欠缴的所得税。

2. 跨年度费用支出纳税调整的问题

例12-12：某工业企业在12月份发生费用支出，由于发票和出差等特殊情况不能在12月31日前取得并报销入账，对于这部分费用该如何进行会计处理和所得税处理呢？

分析：税法对费用列支期间的要求跨越年度取得发票入账，在税收方面主要影响企业所得税。由于企业所得税按年计算，分期预缴，在纳税年度内发票跨月入账，并不影响当年度所得税的计算。对跨越年度取得发票入账，虽然不过是时间性差异，但影响不同纳税年度的配比和应纳所得税额的计算，有关税法的要求如下。

(1)费用税前列支的一般原则：

①权责发生制原则。即纳税人应在费用发生时而不是实际支付时确认扣除。

②配比原则。即纳税人发生的费用应在费用应配比或应分配的当期申报扣除。纳税人某一纳税年度应申报的可扣除费用不得提前或滞后申报扣除。

(2)以前年度应计未计费用的处理：企业纳税年度内应计未计扣除项目，包括各类应计未计费用、应提未提折旧等，不得移转以后年度补扣(是指年度终了，纳税人在规定的申报期申报后，发现的应计未计、应提未提的税前扣除项目)。

(3)所得税汇算清缴期间发现漏记费用的处理：企业在所得税汇算清缴期限内，发现当年度所得税申报有误的，可在所得税汇算清缴期限内向主管税务机关重新办理年度所得税申报和汇算清缴。

(4)对广告费扣除的限制。内资企业申报扣除的广告费支出，必须符合的条件包括：已实际支付费用，并已取得相应发票。即广告费支出没有取得发票一律不允许在所得税前列支。

从以上规定可以看出：

(1)按税法的要求，费用只能在所属年度扣除，不能提前或结转到以后年度扣除。

(2)当年的费用当年没有取得发票，并不意味着这笔费用就不能在当年的所得税前列支。

第七节　费用涉及的主要审计问题

1. 期间费用核算不正确的问题

期间费用包括管理费用、财务费用和销售费用。企业应当将发生的每笔与期间费用相关的事项及时计入当期的期间费用。

例 12－13： 审计人员在审计某工业企业 2014 年 2 月份向银行借款 500 万元建设办公楼时发现，应当资本化的借款费用记入了财务费用科目，导致当年的费用增加，利润减少。

分析： 该企业向银行借款 500 万元的利息费用应当予以资本化，计入固定资产的成本。

2. 成本核算的问题

企业生产产品的成本要及时正确地分配入账。

例 12－14： 审计人员在审计某工业企业的产品成本时，发现该企业产品成本核算有问题，把生产车间应当费用化的费用计入成本中，导致成本升高。

分析： 企业应当正确归集产品成本。把生产车间费用不经分摊直接计入某一类产品的成本中，必然导致此类产品成本过高，不利于进行准确的经济决策。

审计小贴士之六：少列成本费用的审计

一、少列成本费用的主要表现形式

少列成本费用是被审计单位为了夸大成绩、窃取荣誉、骗取信赖、粉饰财务状况，少计当期生产成本、财务费用、管理费用，少结转主营业务成本的舞弊行为。

少列成本费用舞弊的表现形式主要包括以下几种情形，如表 12－16 所示。

表 12－16　少列成本费用舞弊的表现形式

表现形式	内容
少列生产成本	如将应列入生产成本的项目记入长期待摊费用、固定资产成本及在建工程等科目，或直接挂入往来账
少结转完工产品成本	如产品完工入库后，采用改变产品成本计算方法等方式，少结转完工产品成本
少结转主营业务成本	如不与主营业务收入配比，少结转或不结转主营业务成本

（续表）

表现形式	内容
少列其他业务成本	如在发生材料销售或提供劳务时，不与其他业务收入相配比，少结转或不结转相关的成本与费用
少列销售费用	如将销售商品过程中发生的费用，记入长期待摊费用、冲减权益类项目或直接挂在往来账中
少列管理费用	如将管理费用资本化，记入固定资产、在建工程、长期待摊费用等科目，或在应付职工薪酬及权益类项目中列支，有的还直接挂在往来项目
少列财务费用	如将财务费用资本化，记入固定资产、在建工程、长期待摊费用等科目，或冲减资本公积等权益类项目
其他	如将已交付使用的固定资产仍挂在在建工程上而不予结转，从而达到少提固定资产折旧，少列生产成本、销售费用和管理费用的目的等

二、少列成本费用的审计方法

一般来说，被审计单位少列成本费用都有很明确的动机，且会在账内留有线索。审计过程中，如果发现被审计单位有少列成本费用、虚报利润的动机，审计人员即可在简单了解和评价被审计单位相关内部风险控制之后，直接从相关账面记录入手，采用分析性复核、审阅和盘点等方法来查找账内少列的成本费用。

1. 了解被审计单位基本情况，分析少列成本费用的固有风险，判断有无少列成本费用的动机。

审计人员应了解被审计单位所处的环境和经营状况，尤其对以下几类企业予以重点关注：

(1)实行经营承包责任制的企业。这类企业易发生少列成本费用的原因有两个：一是有些承包人在人、财、物、产、供、销上大权独揽，企业内部缺乏必要的约束机制，凡事一个人说了算；二是一些承包人为了自己的名誉、地位、兑现承包奖金等个人利益，不惜弄虚作假，掩盖企业经济效益的真实情况，欺骗国家和企业职工。

(2)实行厂长(经理)任期责任制的企业。这类企业的厂长或经理为了完成自己任期内的各项经济考核指标，往往在账面上有意造假少列成本费用，夸大任期内的业绩以欺骗有关部门，从而达到窃取荣誉、骗取职务或地位的目的。

(3)有减亏或盈利压力的其他企业。如有些企业迫于上级主管部门下达的利润指标或减亏指标，不得不虚增收入；有些企业实行工资与效益挂钩，为使工资上浮或不下浮，只得多报利润或少报亏损；有些企业为获得贷款，骗取金融机构的信赖，少列成本费用，虚报利润；有些企业为了骗取上市资格，少列成本费用，以满足连续三年以上盈利的要求；

上市公司怕因效益不好影响企业形象，少列成本费用，虚报利润等。

2. 了解被审计单位有关成本核算和成本费用管理方面的内部控制制度及成本核算方法，必要时进行符合性测试，分析和评价内部风险控制的弱点及其可能存在的少列成本费用的环节。

为了查明被审计单位是否存在少列成本费用问题，不管其内部风险控制程度与否，审计人员都应采用调查询问和观察等方法，熟悉被审计单位产品的生产过程和费用的归集分配、成本计算、完工产品成本结转等业务及与之相关的内部控制，了解被审计单位产品生产过程中，原材料、半成品每经过一个工序后，其实物形态的变化，产品生产过程需要的时间以及每个工序所需要的时间等。这不仅是舞弊审计所需要的，也是常规的财务审计所必要的。

3. 进行分析性复核，确认成本费用的异常变化。

审计人员可结合对收入的审计，判断被审计单位是否存在少列费用问题，一个单位如果存在虚增收入舞弊，往往可能同时存在少列成本费用问题。在进行分析性复核时，可采用将各类成本费用水平与上年度、计划、历史平均水平相比较，以判断有无异常的变化；将年度内各月份的成本费用水平进行比较，检查有无某些月份突增或突减的现象，以缩小审计范围；将各批或不同时期各种产品成本的构成进行对比，分析某成本项目占全部成本的比重有无不正常的情况。

(1)分析被审计单位的各期产品的销售利润率，分析销售利润率有无突增现象。如果本期销售利润率突增，而价格没有明显变化，则可能存在少计成本费用的问题。此方法是根据会计资料中的记录，计算某种产品的销售利润与销售收入之比。如果计算结果是销售利润率突增，则可能存在少计产品的销售成本、少结转完工产品成本以至于少计产品原材料成本等问题，可以进一步分析产品成本构成的变化情况。

(2)分析产品成本构成的变化情况。某种产品成本的组成，一般地说有原材料、燃料、自制半成品、制造费用等。引起产品销售利润增加的原因，可能是组成产品成本的某一部分减少造成的，如果产品成本构成中的某一项或多项变化异常，而且是减少的，则应当作为少计成本的线索。如果某成本项目占全部成本的比重有不正常的降低，应当进一步检查是否是由于少计成本费用造成的。

4. 根据了解的情况做出分析，确认可能发生少列成本费用的领域和期间，确定审计方式。

5. 根据所获的审计线索，实施详细测试，以收集充分确凿的审计证据。

一般来说，可采用以下审计方法，如表12－17所示。

表 12－17　少列成本费用的审计方法

审计方法	内容
审查生产成本和完工产品成本结转	利用审阅法检查被审计单位的成本计算资料，检查在产品的数量、完工程度与其发生的成本的配比情况。重点是： (1)观察每期投入的产品数量与其发生的成本是否配比，注意有无投入产品数量很多，相应的原材料、自制半成品、制造费用却很少的现象。如果有，则可能存在少计原材料、自制半成品领用，少计制造费用问题。 (2)检查在产品结存数量与其成本是否配比，如果在产品结存的数量很少，结存的在产品成本却很多，则可能存在少计完工产品成本问题。 (3)检查完工产品转出的数量与其成本是否配比，如果完工产品转出的数量很多，而转出的成本却很少，则也会造成少计完工产品成本，在销售产品时少计销售成本。 (4)检查在产品中有成本而无实物对应问题，长时间少计完工产品成本，往往导致在产品有成本而无实物与之对应
审查主营业务成本的结转	对照主营业务收入明细账，检查主营业务成本的结转是否与之配比，查明有无已计收入而没有结转成本的情况；对照产成品明细账，根据被审计单位确定的成本结转方法，复算其成本的结转，查明是否有少结转主营业务成本的情况；检查成本结转方法是否一贯，查明是否存在故意改变成本结转方法以少结转主营业务成本的情况
审查其他业务成本	对照其他业务收入，检查其他业务成本是否与其收入相配比，查明是否存在少结转或不结转相关成本与费用的情况
结合科目审计	结合长期待摊费用、固定资产、在建工程、应付职工薪酬、往来款项和权益内科目的审计，检查是否存在把应在销售费用、管理费用、财务费用和营业外支出等列支的成本费用及其他支出列入这些科目
检查长期挂账的待处理财产损益和待摊费用	查明是否有该处理不处理、该摊销而不摊销，从而少计成本费用的情况
结合固定资产、无形资产和在建工程的审计	检查相关减值准备的计提是否充足；是否存在应结转固定资产而不结转，从而未计提折旧的情况
审核年底的会计事项（异常、大额）	因少列成本费用的舞弊行为往往较多发生在年底，审计人员应关注对被审计单位年底的会计事项，特别是一些异常的和大额的账务处理。如： 借：材料成本差异 　　贷：本年利润 或者， 借：生产成本——基本生产成本 　　贷：本年利润

6. 对所获取的审计证据进行综合分析与评价，形成初步审计结论，并记录在审计工作底稿中。

7. 与被审计单位有关人员进行沟通，征求他们对初步审计结论的意见。

8. 做出审计结论与审计决定。

审计小贴士之七：虚列成本费用的审计

一、虚列成本费用的表现形式

费用，是指企业为销售商品、提供劳务等日常活动所发生的经济利益的总流出；成本，是指企业为生产产品、提供劳务而发生的各种耗费。

虚列成本费用，是指企业违反国家有关规定，故意混淆成本费用核算的界限，虚增成本费用的舞弊行为。

虚列成本费用主要有以下表现形式如图 12－8、图 12－9、图 12－10、图 12－11、图 12－13 所示。

(一)虚列直接材料费用

虚列直接材料费用的表现形式如图 12－8 所示。

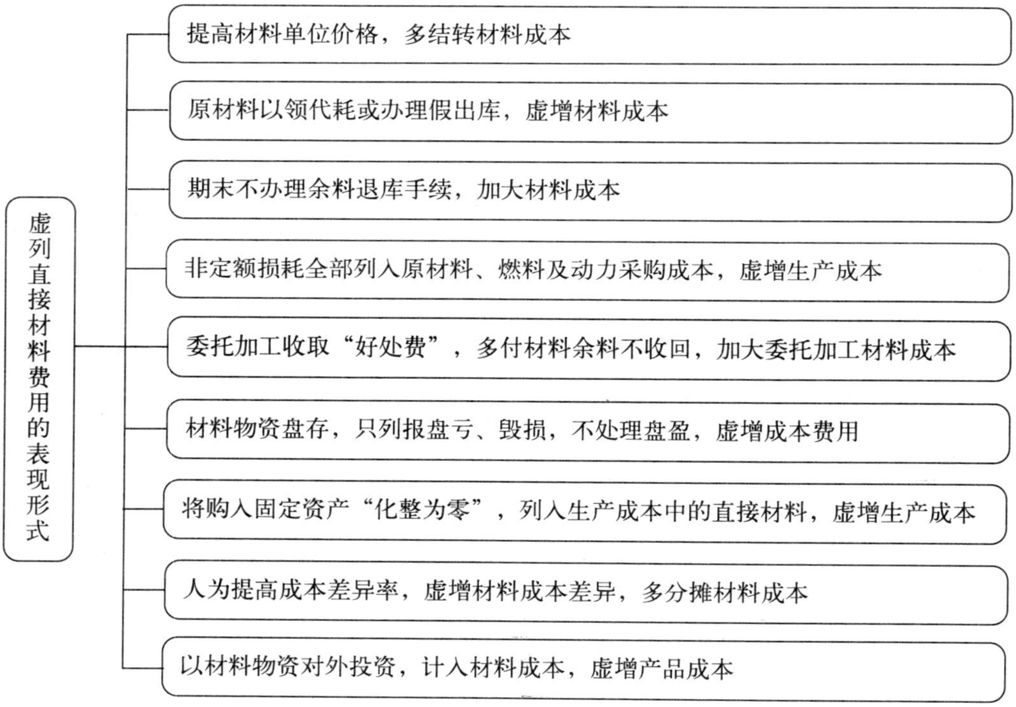

图 12－8　虚列直接材料费用的表现形式

(二)虚列直接人工费用

虚列直接人工费用的表现形式如图 12－9 所示。

- 虚列直接人工费用的表现形式
  - 多计生产工时、虚报生产工人数，虚增直接人工费用
  - 任意突破工资增加成本额度，加大人工成本费用
  - 以各种补贴的名义，额外列支工资性费用，加大工资成本费用
  - 任意扩大工资总额，多提福利费，虚列人工费用
  - 福利性支出挤入成本费用，虚增成本

图 12－9　虚列直接人工费用的表现形式

（三）虚增制造费用

虚增制造费用的表现形式如图 12－10 所示。

- 虚增制造费用的表现形式
  - 自制设备用料，不计入工程项目，全部计入制造费用，增加制造成本
  - 任意扩大折旧范围，缩短折旧年限，提高折旧率，多提折旧，加大制造费用
  - 将应由制造费用列支的开支计入期间费用
  - 固定资产大修理费用一次计入制造费用，已预提的修理费结转下年，虚增制造费用
  - 将实际发生的制造费用全部计入完工产品，不在完工与未完工产品之间进行分配，加大生产成本

图 12－10　虚增制造费用的表现形式

（四）虚转完工产品成本、销售成本

虚转完工产品成本、销售成本的表现形式如图 12－11 所示。

- 虚转完工产品成本、销售成本的表现形式
  - 任意改变生产费用在完工产品与在产品间的分配方法，多计完工产品成本
  - 利用分步法少留在产品成本，虚转完工产品成本
  - 随意改变产品销售成本结转方法，虚转销售成本
  - 分期收款销售产品，不按比例结转已售产品成本，多结转销售成本
  - 任意提高商品削价比率，虚增当期销售成本
  - 采用其他形式虚转完工产品成本和销售成本

图 12－11　虚转完工产品成本、销售成本的表现形式

（五）虚计期间费用

虚计期间费用的表现形式如图 12－12 所示。

图 12－12　虚计期间费用的表现形式

二、虚列成本费用的审计方法

产生虚列成本费用舞弊行为的动机主要有两类：一是从局部利益出发，虚列成本费用，少报利润，“以丰补歉”；或为满足本企业流动资金周转的需要，虚列成本费用，减少利润，从而少缴或不缴企业所得税。二是在虚列成本费用行为掩盖下，变企业财产为个人所有，利用经营管理存在的“漏洞”，吞噬企业财产，中饱私囊，从而加大成本费用。审计人员应加强对被审计单位高层领导的了解和观察，分析被审计单位的利润水平，从中发现审计线索。

虚列成本费用主要集中在生产成本和期间费用核算中，手法较多、隐蔽性强，但在账务上都会留有痕迹，审计人员应从账面记录入手，采用分析性复核、审阅、询问等多种审计方法来查找账内虚列的成本费用。

1. 了解被审计单位基本情况，分析形成虚列成本费用的固有风险，判断有无形成虚列成本费用的动机。了解被审计单位所处环境和经营状况，寻找蛛丝马迹。一般而言，以下类型的企业存在虚列成本费用舞弊行为的固有风险较高：

(1) 实行厂长（经理）任期经济责任制的企业。新任厂长、经理为了降低任期内年度经济责任考核指标，往往在有关考核指标尚待确定的年份采取虚列成本费用的方法，降低利润，欺骗上级主管部门。

(2) 已完成上级下达利润指标的企业。这些企业已完成上级下达的利润指标，如果近期新开发产品的销路好、附加值高、供不应求。企业负责人就有可能指使财会、销售及有关人员采用虚列成本费用的手法，将虚列成本费用而形成的资金作为单位或个人的“小金库”，随意支配。

(3) 享受国家政策性亏损补贴的企业。

2. 了解被审计单位相关内部控制制度情况，必要时进行符合性测试，分析和评价内部控制制度存在的问题。

3. 进行分析性复核，了解被审计单位的异常变动情况。

审计人员可从以下几个方面，分析被审计单位有无异常变动情况，如图 12－13 所示。

分析被审计单位有无异常变动情况

- 索取并审阅以前年度对该企业的审计报告等一些审计结论性文件，了解被审计单位的历史情况，以及以往发生舞弊行为的业务环节
- 审阅企业年度损益表和其他有关会计报表，了解企业年度内产品生产成本、产品销售成本、产品销售费用、管理费用、财务费用以及税负的总体水平，并与以前年度进行比较
- 审阅各个月份的月报表，对比分析一年中各个月份上述各项成本费用的变动情况，对其中有“突增”的月份、变动幅度较大的项目，要作为审计的重点
- 审阅企业现金流量表，了解企业获取现金的能力及其支付能力，分析企业财务状况的变动，特别要了解企业财务困难的局面，分析由此可能产生的虚列成本费用、降低利润、少缴或不缴企业所得税的行为
- 向企业劳动人事部门了解人员编制及分布情况、了解有关生产经营的岗位定编情况，掌握企业的实际工资水平；向技术工艺部门及资产管理部门询问企业生产经营中主要物料消耗、资产运营管理情况，掌握企业除工资成本以外的主要成本项目及其费用水平

图 12－13　分析被审计单位有无异常变动情况

4. 根据了解的情况做出分析，估计可能产生虚列成本费用的领域和期间，确定审计方式。

5. 根据所获的审计线索，实施详细测试，以收集充分确凿的审计证据。

(1)运用询问、复核等方法检查被审计单位成本结转、费用摊销方法是否符合财务会计制度，执行中是否前后一致。具体审核项目是：材料成本的核算、低值易耗品及包装物的摊销、工资费用的分摊、固定资产折旧的提取、产品生产成本的结转、产品销售成本的结转等。检查中，对企业无原因的任意变更成本核算办法的行为，比如将材料成本、主营业务成本结转由先进先出法变为加权平均法、将固定资产折旧计提由直线法变为加速折旧法、将低值易耗品和包装物摊销方法由分次摊销变为一次摊销、将在产品计价方法由按完工产品成本计算变为不计算在产品成本等要作为复算核实的重点，以查找虚列成本费用的舞弊行为。

(2)对核算中发现的非正常现象，比如无原始凭证或原始凭证短缺和伪造的核算行为、费用报销凭据无审批或“白条”报销行为、同一成本项目一年内忽高忽低、费用发生额忽多忽少等，应根据审计人员所掌握的企业有关成本费用水平情况，并结合对内部控制系统中无效、失控环节的检查结果，针对具体项目进行对比、复核、分析，寻找线索和疑点，查证舞弊行为。

(3)对虚列成本费用将财产物资转到账外、或据为己有的，如将应属于固定资产范围的交通、通讯工具，摄影、音像器材等通过“解体”发票进入成本费用核算，实物转到账外、或据为己有；原材料以领代耗、低值易耗品及包装物一次摊销出账，出售后形成“小金库”被小团体私分；利用产品销售费用、管理费用等账户，虚报各种费用支出，损公肥私；变卖追回或罚没的财产物资形成“小金库”等，审计人员应采用以下具体方法予以审查，如图12－14所示。

审计方法

- 根据审计人员所掌握的企业生产经营及物料消耗的主要项目，对列入物资采购核算的陌生项目、奇异项目，应审阅记账凭证及原始凭证；对照有关采购合同，查看是否属于生产经营所耗用的物资
- 对非企业生产经营所耗用物资，并已列入采购核算的项目，应追踪检查其是否进入成本费用核算及实物的去向，查找是否被少数人据为己有
- 审阅领料单和相关账务处理，特别是生产车间的领料单。查找是否存在以领代耗情况，如果发现有以领代耗情况，应追查相关材料物资的去向
- 追踪检查一次摊入成本费用的低值易耗品、包装物及工装模具的账务处理、实际耗用及相关管理程序，重点了解已出账物资的去向
- 逐项检查管理费中核销损失的内容，向被审计单位索取核销损失的审批文件，查找擅自核销损失、加大费用的行为，并追踪检查已核销的损失是否有诸如继续追索债权等后续行为
- 对产品销售费用及管理费用中列支的会议费、展销会费及展销品等核算内容，应逐项审阅记账凭证及原始凭证，必要时应向有关主办单位调查了解会议收费标准，向企业参加会议人员了解展销品的处理情况，查找虚列会议费和私分展销品或变卖后形成“小金库”行为的线索和疑点

图12－14　审计方法

6. 对审计工作底稿进行综合分析与评价，形成初步审计结论。
7. 与被审计单位有关人员进行沟通，征求他们对初步审计结论的意见。
8. 做出审计结论与审计决定。

第十三章
小微工业企业利润及其分配的会计核算

第一节 利润

一、利润的概念及其构成

利润是由一定会计期间内生产经营活动所获得的各项收入抵减各项支出后形成的。相抵后若为正数，表示盈利；若为负数，则表示亏损。按其来源及构成的不同层次，可以将其分为营业利润、利润总额和净利润。

营业利润是指营业收入减去营业成本、营业税金及附加、销售费用、管理费用、财务费用，加上投资收益（或减去投资损失）后的金额。其中投资收益，由企业股权投资取得的现金股利（或利润）、债券投资取得的利息收入和处置股权投资、债券投资取得的价款扣除成本或账面余额、相关税费后的净额三部分构成。利润总额是指营业利润加上营业外收入，减去营业外支出后的金额。净利润是指利润总额减去所得税费用后的净额。

企业的上述利润构成可用公式表示如下：

营业利润 = 主营业务收入 - 主营业务成本 + 其他业务收入 - 其他业务成本 - 销售费用 - 管理费用 - 财务费用 - 营业税金及附加 + 投资收益（或减投资损失）

利润总额 = 营业利润 + 营业外收入 - 营业外支出

净利润 = 利润总额 - 所得税费用

二、本年利润的账务处理

上述利润构成中的主营业务收入、主营业务成本、营业税金及附加、其他业务收入、其他业务成本、投资收益等内容，其核算方法大多已在前面有关章节中做过介绍，这里主要介绍营业外收入、营业外支出、所得税费用和本年利润等的核算。

（一）营业外收入

营业外收入是指与企业生产经营活动无直接关系的各项非经常性收入，包括非流动资产处置净收益、政府补助、捐赠收益、盘盈收益、汇兑收益、出租包装物和商品的租金收入、逾期未退包装物押金收益、确实无法偿付的应付款项、已做坏账损失处理后又收回的应收款项、违约金收益等。

企业应设置“营业外收入”科目，核算企业发生的与其生产经营无直接关系的各项收入，期末应将该科目的余额转入“本年利润”科目，结转后该科目应无余额。该科目应按收入种类设置三栏式明细账，若企业营业外收入种类不多也可设置多栏式明细账，并按业务种类设置专栏进行明细分类核算。

根据《小企业会计准则》的规定，营业外收入的核算应按照如下几项处理。

(1)企业在生产经营期间，报废、转让固定资产所取得的收益，应借记“固定资产清理”科目，贷记“营业外收入”科目。

例13-1：思泉工业企业现有一台设备由于性能等原因决定提前报废，原价为500 000元，已计提折旧450 000元。报废时的残值变价收入为73 500元，报废清理过程中发生的清理费用3 500元。有关收入、支出均通过银行存款办理结算，不考虑相关的税费。该企业应编制的会计分录如下：

(1)将报废固定资产转入清理时：

借：固定资产清理	50 000	
累计折旧	450 000	
贷：固定资产		500 000

(2)收回残值收入时：

借：银行存款	73 500	
贷：固定资产清理		73 500

(3)支付清理费用时：

借：固定资产清理	3 500	
贷：银行存款		3 500

(4)确认报废净收益时：

借：固定资产清理	(73 500 - 50 000 - 3 500)20 000	
贷：营业外收入		20 000

(2)确认的政府补助收入，借记“银行存款”或“递延收益”科目，贷记“营业外收入”科目。

(3)企业按照规定实行企业所得税、增值税(不含出口退税)、消费税、营业税等先征后返的，应当在实际收到返还的企业所得税、增值税、消费税、营业税等时，借记“银行存款”科目，贷记“营业外收入”科目。

(4)确认的捐赠收益，借记“银行存款”“固定资产”等科目，贷记“营业外收入”科目。

(5)确认的盘盈收益，借记“待处理财产损溢——待处理流动资产损溢、待处理非流动资产损溢”科目，贷记“营业外收入”科目。

例13－2：思泉工业企业在财产清查中盘盈J材料1 000千克，实际单位成本60元，经查实属于材料收发计量方面的错误。该企业应编制的会计分录如下：

(1)批准处理前：

借：原材料	60 000	
贷：待处理财产损溢——待处理流动资产损溢		60 000

(2)批准处理后：

借：待处理财产损溢——待处理流动资产损溢	60 000	
贷：营业外收入		60 000

(6)出售无形资产净收益。企业出售无形资产，按实际取得的转让收入，借记“银行存款”等科目，按无形资产的账面余额，贷记“无形资产”科目，按应支付的相关税费，贷记“应交税费”等科目，按实际取得的转让收入大于无形资产账面余额与相关税费之和的差额，贷记“营业外收入”科目。

例13－3：思泉工业企业于2014年4月转让一项无形资产，其账面余额为120 000元，取得转让收入为160 000元，按规定应交营业税8 000元、城市维护建设税400元、教育费附加240元。做会计分录如下：

借：银行存款	160 000	
贷：无形资产		120 000
应交税费——应交营业税		8 000
——应交城市维护建设税		400
——应交教育费附加		240
营业外收入		31 360

(7)确认的出租包装物和商品的租金收入、逾期未退包装物押金收益、确实无法偿付的应付款项、违约金收益等，借记“其他应收款”“应付账款”“其他应付款”等科目，贷记“营业外收入”科目。

(8)确认的已做坏账损失处理后又收回的应收款项，借记“银行存款”等科目，贷记“营业外收入”科目。

(二)营业外支出

营业外支出是与企业正常经营活动无直接关系的各项非经常性支出。包括存货的盘亏、毁损、报废损失，非流动资产处置净损失，坏账损失，无法收回的长期债券投资损失，无法收回的长期股权投资损失，自然灾害等不可抗力因素造成的损失，税收滞纳金，罚金，罚款，被没收财物的损失，捐赠支出，赞助支出等。

企业应设置“营业外支出”科目，核算所发生的营业外支出，并在发生该类支出时借记本科目，期末应将该科目的余额转入“本年利润”科目，结转后该科目应无余额。该账户应按具体的支出项目设置明细账，进行明细核算。

（1）企业确认存货的盘亏、毁损、报废损失，非流动资产处置净损失，自然灾害等不可抗力因素造成的损失，借记“营业外支出”“生产性生物资产累计折旧”“累计摊销”等科目，贷记“待处理财产损溢——待处理流动资产损溢、待处理非流动资产损溢”“固定资产清理”“生产性生物资产”“无形资产”等科目。

例 13－4：思泉工业企业将其购买的某专利权转让给B公司，该专利权的初始入账成本为600 000元，已摊销200 000元，应交营业税20 000元，实际取得的转让价款为400 000元，款项已存入银行。该企业应做会计分录如下：

借：银行存款	400 000	
累计摊销	200 000	
营业外支出——非流动资产处置净损失	20 000	
贷：无形资产		600 000
应交税费——应交营业税		20 000

例 13－5：思泉工业企业因台风造成一批库存材料毁损，实际成本70 000元，根据保险责任范围及保险合同规定，应由保险公司赔偿50 000元。该企业应做会计分录如下：

（1）批准处理前：

借：待处理财产损溢——待处理非流动资产损溢	70 000	
贷：原材料		70 000

（2）批准处理后：

借：其他应收款	50 000	
营业外支出——非常损失	20 000	
贷：待处理财产损溢——待处理非流动资产损溢		70 000

（2）根据《小企业会计准则》规定，确认实际发生的坏账损失、长期债券投资损失，应当按照可收回的金额，借记“银行存款”等科目，按照应收账款、预付账款、其他应收款、长期债券投资的账面余额，贷记“应收账款”“预付账款”“其他应收款”“长期债券投资”等科目，按照其差额，借记“营业外支出”科目。

（3）根据《小企业会计准则》规定，确认实际发生的长期股权投资损失，按照可收回的金额，借记“银行存款”等科目，按照长期股权投资的账面余额，贷记“长期股权投资”科目，按照其差额，借记“营业外支出”科目。

（4）支付的税收滞纳金、罚金、罚款，借记“营业外支出”科目，贷记“银行存款”等科目。

例 13 -6：思泉工业企业于 2014 年 4 月因排污不达标，被有关部门处以 3 500 元罚款，以银行存款支付。做会计分录如下：

借：营业外支出　　3 500

　　贷：银行存款　　3 500

(5)确认被没收财物的损失、捐赠支出、赞助支出，借记“营业外支出”科目，贷记“银行存款”等科目。

(三)所得税费用

企业应当按照税法规定计算的当期应缴纳给税务机关的所得税金额，确认所得税费用。

企业应当在利润总额的基础上，按照税法规定进行适当纳税调整，计算出当期应纳税所得额，按照应纳税所得额与适用所得税税率计算确定当期应交所得税金额。

企业应当设置“所得税费用”科目，核算企业根据企业所得税法确定的应从当期利润总额中扣除的所得税费用。年度终了，企业按照企业所得税法规定计算确定的当期应纳税税额，借记“所得税费用”科目，贷记“应交税费——应交企业所得税”科目。同时应将“所得税费用”科目的余额转入“本年利润”科目，结转后“所得税费用”科目应无余额。

(四)本年利润

企业应设置“本年利润”科目，核算企业当期实现的净利润(或发生的净亏损)。

月度终了结转利润时，企业可以将“主营业务收入”“其他业务收入”“营业外收入”等科目的期末余额，转入“本年利润”科目，借记“主营业务收入”“其他业务收入”“营业外收入”等科目，贷记“本年利润”科目；将“主营业务成本”“营业税金及附加”“其他业务成本”“销售费用”“财务费用”“管理费用”“营业外支出”等科目的期末余额，转入“本年利润”科目，借记“本年利润”科目，贷记“主营业务成本”“营业税金及附加”“其他业务成本”“销售费用”“财务费用”“管理费用”“营业外支出”等科目。将“投资收益”科目的贷方余额，转入“本年利润”科目，借记“投资收益”科目，贷记“本年利润”科目；如为借方余额，做相反的会计分录。

结转后“本年利润”的贷方余额为当期实现的净利润；借方余额为当期发生的净亏损。

年度终了，应当将本年收入和支出相抵后结出的本年实现的净利润，转入“利润分配”科目，借记“本年利润”科目，贷记“利润分配——未分配利润”科目；如为净亏损，做相反的会计分录。结转后“本年利润”科目应无余额。

例 13 -7：思泉工业企业 2014 年有关损益类科目的年末余额如表 13 -1 所示。

表 13－1　损益类科目期末余额表

单位：元

科目名称	借方	贷方
主营业务收入		6 000 000
主营业务成本	4 000 000	
营业税金及附加	80 000	
其他业务收入		700 000
其他业务成本	400 000	
销售费用	500 000	
管理费用	770 000	
财务费用	200 000	
投资收益		600 000
营业外收入		50 000
营业外支出	250 000	
所得税费用（税率25%）		

思泉工业企业2014年年末结转本年利润的会计分录如下：

（1）将各损益类科目年末余额结转入“本年利润”科目：

①结转各项收入类科目：

借：主营业务收入　　6 000 000
　　其他业务收入　　700 000
　　投资收益　　600 000
　　营业外收入　　50 000
　　贷：本年利润　　7 350 000

②结转各项费用、损失类科目：

借：本年利润　　6 200 000
　　贷：主营业务成本　　4 000 000
　　　　其他业务成本　　400 000
　　　　营业税金及附加　　80 000
　　　　销售费用　　500 000
　　　　管理费用　　770 000
　　　　财务费用　　200 000
　　　　营业外支出　　250 000

（2）经过上述结转后，“本年利润”科目的贷方发生额合计7 350 000元减去借方发生额合计6 200 000元，即为税前会计利润1 150 000元。假设将该税前利润进行纳税调整后，应纳税所得额为1 000 000元，则应交所得税额＝1 000 000×25%＝250 000（元）：

①确认所得税费用：

借：所得税费用　　250 000

　　贷：应交税费——应交所得税　　250 000

②将所得税费用结转入“本年利润”科目：

借：本年利润　　250 000

　　贷：所得税费用　　250 000

(3)将“本年利润”科目年末余额900 000元(1 150 000－250 000)转入“利润分配——未分配利润”科目：

借：本年利润　　900 000

　　贷：利润分配——未分配利润　　900 000

第二节　利润分配

对于所取得的利润，企业均需按一定的程序进行分配。

一、利润分配的一般顺序

企业当年实现的净利润，加上年初未分配利润(或减去年初未弥补亏损)和其他转入后的余额，为可供分配的利润。可供分配的利润，按下列顺序分配，如图13－1所示。

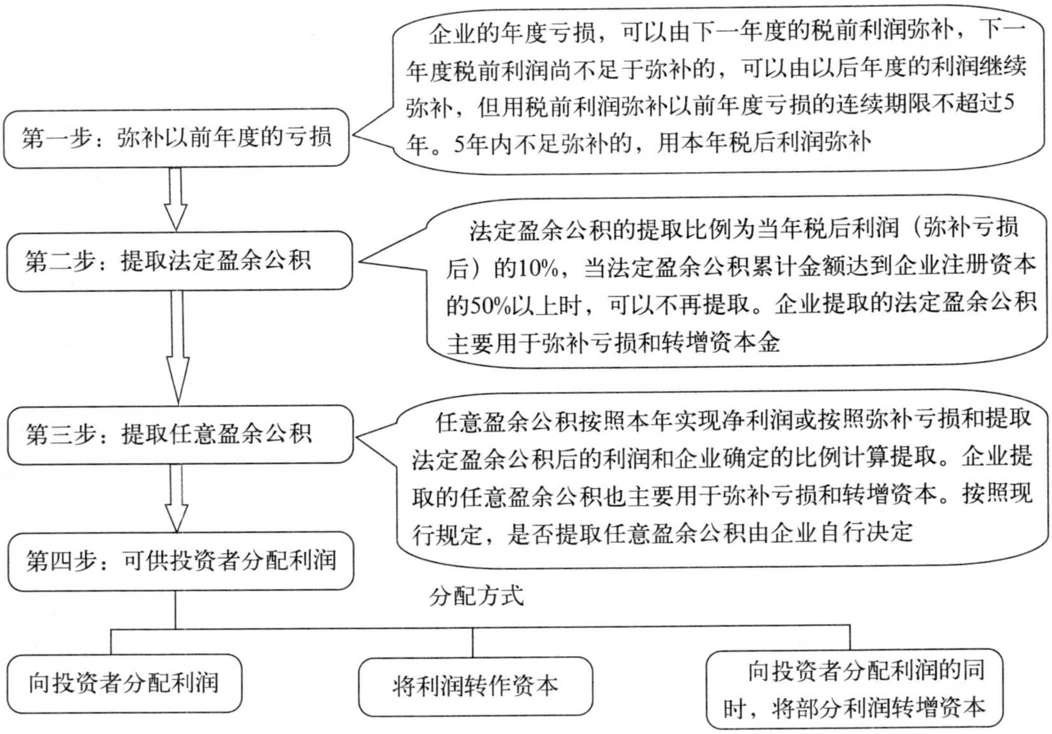

图13－1　利润分配的一般顺序

可供分配的利润减去弥补的亏损、提取的法定盈余公积和任意盈余公积后，为可供投资者分配的利润。可供投资者分配的利润一般有以下几种分配方式：一是向投资者分配利润；二是将利润转作资本；三是向投资者分配利润的同时，将部分利润转增资本。

可供投资者分配的利润减去应付利润和转增资本的利润，为未分配利润。

未分配利润可留待以后年度进行分配。企业如发生亏损，可以按规定由以后年度利润进行弥补。按现行税收政策规定，企业发生经营亏损，可以在以后的五年内，用实现的利润在交纳所得税前进行弥补，在五年内弥补不完的部分应用交纳所得税后的利润再行弥补，或者用提取的盈余公积进行弥补。

二、利润分配的账务处理

企业应当按照利润分配的去向设置如下明细科目，进行明细核算。如表 13－2 所示。

表 13－2　利润分配应设置的明细科目

明细科目名称	核算内容
盈余公积	用盈余公积弥补亏损时，借记“盈余公积”科目，贷记本科目
提取法定盈余公积（任意盈余公积）	按规定从净利润中提取盈余公积时，借记本科目（提取法定盈余公积、提取任意盈余公积），贷记“盈余公积——法定盈余公积、任意盈余公积”科目
应付利润	应当分配给投资者的利润，借记本科目，贷记“应付利润”科目
未分配利润	年度终了，将“本年利润”科目转入本科目，借记“本年利润”科目，贷记本科目，如为净亏损，做相反会计分录；同时，将“利润分配”科目下的其他明细科目的余额转入本科目

例 13－8： 思泉工业企业年初未分配利润为 0，本年实现净利润为 2 000 000 元，本年提取法定盈余公积为 200 000 元，宣告发放利润为 800 000 元。假定不考虑其他因素，该企业会计分录如下：

（1）结转本年利润时：

借：本年利润　　2 000 000

　　贷：利润分配——未分配利润　　2 000 000

如企业当年发生亏损，则应借记“利润分配——未分配利润”科目，贷记“本年利润”科目。

（2）提取法定盈余公积、宣告发放现金股利时：

借：利润分配——提取法定盈余公积　　200 000

　　　　　　——应付利润　　800 000

　　贷：盈余公积——法定盈余公积　　200 000

　　　　应付利润　　800 000

同时

借：利润分配——未分配利润　　1 000 000

　贷：利润分配——提取法定盈余公积　　200 000

　　　　　　——应付利润　　800 000

例 13－9：思泉工业企业 2014 年发生经营净亏损 160 000 元，经董事会批准，用提取的法定盈余公积 100 000 元弥补部分亏损。做会计分录如下：

(1)结转本年净亏损时：

借：利润分配——未分配利润　　160 000

　贷：本年利润　　160 000

(2)用法定盈余公积弥补亏损时：

借：盈余公积　　100 000

　贷：利润分配——盈余公积补亏　　100 000

(3)将“利润分配”科目中的“盈余公积补亏”明细科目余额转入“未分配利润”明细科目：

借：利润分配——盈余公积补亏　　100 000

　贷：利润分配——未分配利润　　100 000

结转后，“利润分配——未分配利润”科目的借方余额为：160 000 － 100 000 ＝60 000(元)，为年末未弥补亏损。

第十四章
小微工业企业外币业务的会计核算

第一节　记账本位币

一、记账本位币的概念

记账本位币是指企业经营所处的主要经济环境中的货币。主要经济环境，通常是指企业主要产生和支出现金的环境，使用该环境中的货币最能反映企业主要交易的经济结果。例如，我国大多数企业主要产生和支出现金的环境在国内，因此一般以人民币作为记账本位币。

二、记账本位币的确定

我国《小企业会计准则》中规定："小企业应当选择人民币作为记账本位币。业务收支以人民币以外的货币为主的小企业，可以选定其中一种货币作为记账本位币，但是编报的财务报表应当折算为人民币财务报表。小企业记账本位币一经确定，不得随意变更，但小企业经营所处的主要经济环境发生重大变化除外。小企业因经营所处的主要经济环境发生重大变化，确需变更记账本位币的，应当采用变更当日的即期汇率将所有项目折算为变更后的记账本位币。前款所称即期汇率，是指中国人民银行公布的当日人民币外汇牌价的中间价。"

第二节　外币交易

一、外币交易的概念

外币交易，是指企业以外币计价或者结算的交易。企业对于发生的外币交易，应当将外币金额折算为记账本位币金额。企业的外币交易内容，如图 14 - 1 所示。

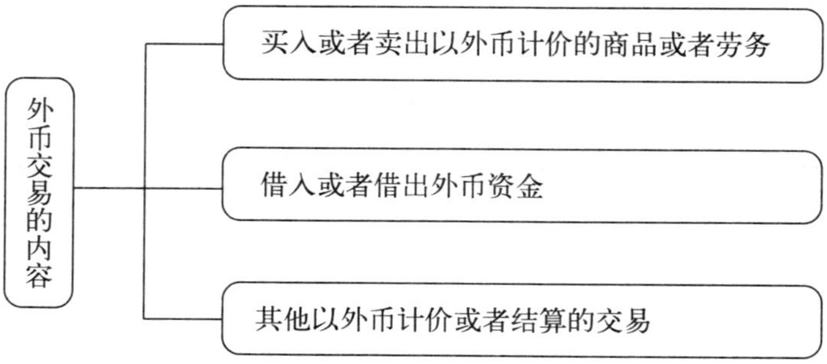

图 14－1　外币交易的内容

二、外币交易的账务处理

外币交易的记账方法有统账制和分账制两种：

统账制是指在发生外币交易日即折算为本位币记账。分账制是在日常分别用不同货币记账，在资产负债表日分别以货币性项目和非货币性项目进行调整：货币性项目按资产负债表日即期汇率折算，非货币性项目按交易日即期汇率折算；产生的汇兑差额计入当期损益。

其中货币性项目，是指企业持有的货币资金和将以固定或可确定的金额收取的资产或者偿付的负债。货币性项目分为货币性资产和货币性负债。货币性资产包括：库存现金、银行存款、应收账款、其他应收款等；货币性负债包括：短期借款、应付账款、其他应付款、长期借款、长期应付款等。非货币性项目，是指货币性项目以外的项目，包括：存货、长期股权投资、固定资产、无形资产等。

我国的工业企业通常采用统账制的方法记账。

（一）账户设置

在统账制方法下，工业企业对外币交易的核算不单独设置科目，对外币交易金额因汇率变动而产生的差额要分情况进行账务处理：

（1）汇兑收益。企业发生的汇兑收益，借记有关科目，贷记“营业外收入”科目。

（2）汇兑损失。企业可在“财务费用”科目下设置二级科目“汇兑差额”科目。该科目借方反映因汇率变动而产生的汇兑损失，贷方反映因汇率变动而产生的汇兑收益。期末余额转入“本年利润”科目后一般无余额。当企业发生汇兑损失时，借记“财务费用——汇兑损失”科目，贷记“应付利息”“银行存款”等科目。

（二）基本程序

工业企业发生外币交易时，其基本程序如图 14－2 所示。

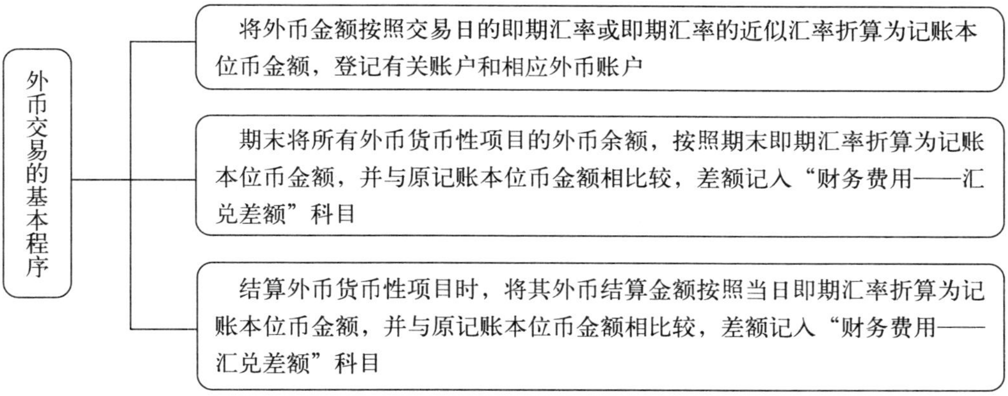

图 14－2　外币交易的基本程序

(三)初始确认的账务处理

外币交易在初始确认时，采用交易发生日的即期汇率将外币金额折算为记账本位币金额；也可以采用按照系统合理的方法确定，与交易发生日即期汇率近似的汇率折算，通常是指交易当期平均汇率或加权平均汇率等。企业收到投资者以外币投入的资本，应当采用交易发生日即期汇率折算，不得采用合同约定汇率和交易当期平均汇率折算。

例 14－1：思泉工业企业的记账本位币为人民币，对外币交易采用交易日的即期汇率折算。2014 年 10 月 3 日从境外 A 公司购入不需要安装的设备一台，设备价款为 250 000 美元，假定购入该设备当日的即期汇率为 1 美元＝6.3 元人民币，适用的增值税税率为 17%，款项尚未支付，增值税以银行存款支付。做会计分录如下：

借：固定资产——机器设备　　(250 000×6.3)1 575 000
　　应交税费——应交增值税(进项税额)　　267 750
　　贷：应付账款——A 公司　　1 575 000
　　　　银行存款　　267 750

(四)期末调整

《小企业会计准则》中规定，小企业在资产负债表日，应当按照下列规定对外币货币性项目和外币非货币性项目进行会计处理，如图 14－3 所示。

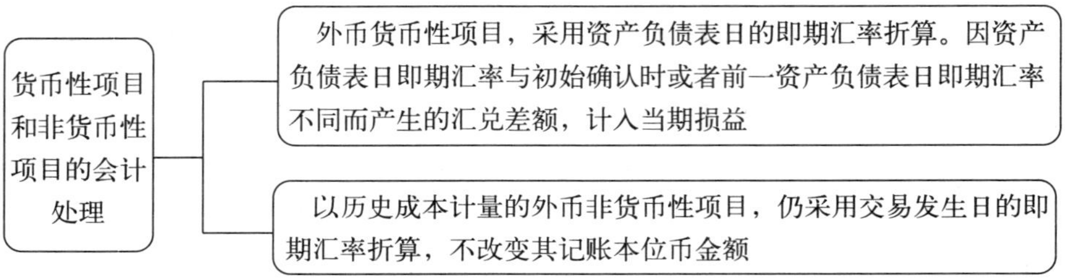

图 14－3　货币性项目和非货币性项目的会计处理

例 14－2： 沿用上例，假定 2014 年 10 月 30 日的即期汇率为 1 美元＝6.5 元人民币，则对该笔交易产生的外币货币性项目“应付账款”，采用期末汇率折算为记账本位币 1 625 000 元人民币(250 000 ×6.5)，与其交易日折算为记账本位币时的金额 1 575 000 元人民币的差额为 50 000 元人民币，应当计入当期损益，同时调整货币性项目的原记账本位币金额。做会计分录如下：

借：财务费用——汇兑差额　　50 000

　贷：应付账款——A 公司　　50 000

第三节　外币财务报表折算

一、外币财务报表折算的概念

外币财务报表折算是指为特定的目的，将以某种货币表示的会计报表折算成以另一种特定货币表示的会计报表过程。外币财务报表折算的目的主要有以下两个，如图 14－4 所示。

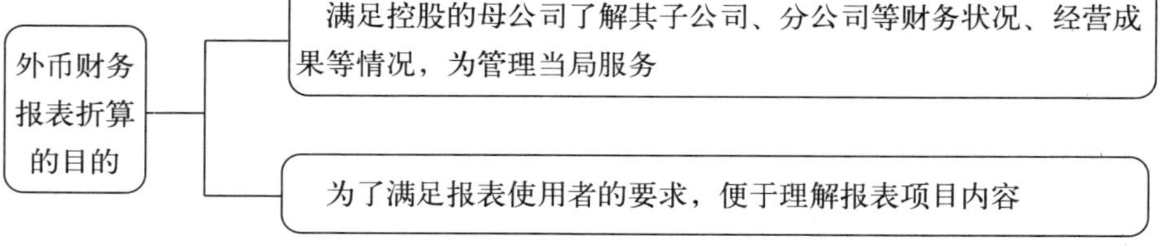

图 14－4　外币财务报表折算的目的

另外，外币财务报表折算需要解决的主要问题如图 14－5 所示。

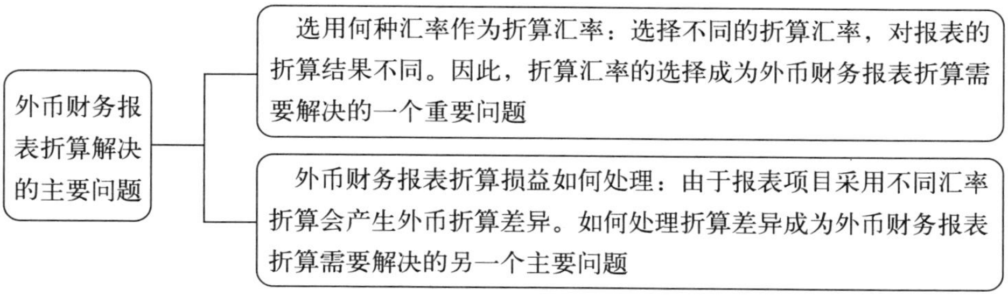

图 14－5　外币财务报表折算解决的主要问题

二、外币财务报表折算的方法

《小企业会计准则》中规定：“小企业对外币财务报表进行折算时，应当采用资产负债表日的即期汇率对外币资产负债表、利润表和现金流量表的所有项目进行折算。”即企业所有报表的所有科目的金额均采用资产负债表日的即期汇率进行折算，不再区分货币性项目与非货币性项目。这种做法不会产生外币财务报表折算差额，也减少了企业外币财务报表折算的工作量。

例 14－3：思泉工业企业一境外子公司编报货币为美元。资产负债表日的即期汇率为 1 美元＝6.30 人民币。根据资料，按我国有关规定对该子公司的外币报表进行折算。折算前后会计报表如表 14－1 和表 14－2 所示。

表 14－1　资产负债表（折算前后）

编制单位：思泉工业企业　　　　单位：万元

资产	折算前（美元）	折算汇率	年初余额（人民币）	负债和所有者权益	折算前（美元）	折算汇率	年初余额（人民币）
流动资产：				流动负债：			
货币资金	90	6.3	567	短期借款	45	6.3	283.5
短期投资				应付票据			
应收票据				应付账款	285	6.3	1 795.5
应收账款	109	6.3	686.7	预收账款			
预付账款				应付职工薪酬			
应收股利				应交税费			
应收利息				应付利息			
其他应收款				应付利润			

（续表）

编制单位：思泉工业企业　　　　单位：万元

资产	折算前（美元）	折算汇率	年初余额（人民币）	负债和所有者权益	折算前（美元）	折算汇率	年初余额（人民币）
存货	240	6.3	1 512	其他应付款			
其中：原材料				其他流动负债	110	6.3	693
在产品				流动负债合计	440	6.3	2 772
库存商品				非流动负债：			
周转材料				长期借款	140	6.3	882
其他流动资产	150	6.3	945	长期应付款	80	6.3	504
流动资产合计	589	6.3	3 710.7	递延收益			
非流动资产：				其他非流动负债	9	6.3	56.7
长期债券投资				非流动负债合计	229	6.3	1 442.7
长期股权投资	120	6.3	756	负债合计	669	6.3	4 214.7
固定资产原价	650	6.3	4 095				
减：累计折旧	100	6.3	630				
固定资产账面价值	550	6.3	3 465				
在建工程	80	6.3	504				
工程物资							
固定资产清理							
生产性生物资产				所有者权益（或股东权益）：			
无形资产	50	6.3	315	实收资本（或股本）	500	6.3	3 150
开发支出				资本公积			
长期待摊费用				盈余公积	120	6.3	756
其他非流动资产	30	6.3	189	未分配利润	130	6.3	819
非流动资产合计	830	6.3	5 229	所有者权益（或股东权益）合计	750	6.3	4 725
资产总计	1 419	6.3	8 939.7	负债和所有者权益（或股东权益）总计	1 419	6.3	8 939.7

表 14－2　利润表及利润分配表(折算前后)

编制单位：思泉工业企业　　　　　　　　　　　　　　　　　　　　　单位：万元

项目	折算前(美元)	折算汇率	折算后(人民币)
一、营业收入	2 000	6.3	12 600
减：营业成本	1 500	6.3	9 450
营业税金及附加	40	6.3	252
销售费用			
管理费用	100	6.3	630
财务费用	10	6.3	63
加：投资收益	30	6.3	189
二、营业利润	380	6.3	2 394
加：营业外收入	40	6.3	252
减：营业外支出	20	6.3	126
三、利润总额	400	6.3	2 520
减：所得税费用	120	6.3	756
四、净利润	280	6.3	1 764
加：年初未分配利润	120	6.3	756
五、可供分配利润	400	6.3	2 520
减：提取盈余公积	70	6.3	441
应付利润	200	6.3	1 260
六、未分配利润	130	6.3	819

第四节　外币业务涉及的主要税务问题

1. 外币汇率波动产生收益的税务问题

例 14－4：某工业企业设置外币账户，因银行美元资本金账户余额太大，近期美元汇率太高，汇率调整产生的汇兑收益增加了利润总额，实际企业并没有现金流入。对于这种收益是否并入收入总额计征企业所得税?

分析：《中华人民共和国企业所得税法实施条例》第二十二条规定："企业所得税法第六条第(九)项所称其他收入，是指企业取得的除企业所得税法第六条第(一)项至第(八)项规定的收入外的其他收入，包括企业资产溢余收入、逾期未退包装物押金收入、确实无法偿付的应付款项、已做坏账损失处理后又收回的应收款项、债务重组收入、补贴收入、违约金收入、汇兑收益等。”

第三十九条规定：“企业在货币交易中，以及纳税年度终了时将人民币以外的货币性资产、负债按照期末即期人民币汇率中间价折算为人民币时产生的汇兑损失，除已经计入有关资产成本以及与向所有者进行利润分配相关的部分外，准予扣除。”

上述两条是相对应的，对于货币性资产产生的汇兑损失可以税前扣除，产生的汇兑收益也是要并入收入总额计征企业所得税的。

第五节　外币业务涉及的主要审计问题

1. 外币财务报表折算汇率使用不正确的问题

企业设置外汇账户必须利用正确的汇率换算成记账本位币。

例 14－5：审计人员在审计时发现某工业企业 2013 年 9 月 25 日发生业务往来支付75 600 欧元，假定当时的汇率是 8.5469，折算人民币为 646 145.64 元；第二笔业务发生于2008 年 12 月 29 日，支付 308 600 欧元，假定当时汇率为 9.6506，折算人民币为 2 978 175.16 元，两笔业务合计 3 624 320.80 元，比明细账上的合计数多出 66 787.12 元。

分析：该企业没有按照正确的汇率将欧元折算成人民币金额。

2. 没有在资产负债表日对汇兑损益进行调整的问题

例 14－6：某工业企业 2014 年期初（即上一年度的资产负债表日—— 2013 年 12 月 31 日）欧元账户人民币余额为 340 095.07 元，但是该企业的欧元余额为 8 886.32 欧元。审计人员对企业账上当日的欧元对人民币的汇率进行初步测算的结果为 38.27（即340 095.07 / 8 886.32），而实际上 2013 年 12 月 31 日欧元对人民币的汇率为 8.3403。很显然，该企业财会人员没有于资产负债表日按照小企业会计准则要求和市场汇率，对外汇资产的价值进行损益调整，未能及时、准确、真实地反映企业的流动（外汇）资产价值。

3. 多计和少计利息收入的问题

例 14－7：某工业企业 2014 年 2 月 26 日第 2049 号记账凭证上利息收入 22.63 元和 51.69 元，为企业财会人员重复登账。2014 年 3 月 21 日企业收到利息收入 9.08 欧元（折合人民币 84.69 元），但是财会人员对此笔利息收入却没有记账，导致企业欧元银行账户明细账上有 5 笔利息收入，但欧元账户的银行对账单上却只有 4 笔利息收入。

第十五章
小微工业企业的财务会计报告

第一节　财务会计报告的概述

财务会计报告是指反映企业某一特定日期财务状况和某一会计期间经营成果及资金变动情况的总结性书面文件。它以账簿记录为依据，利用统一的货币计量单位，按照统一规定的格式、内容和编制方法，定期编制。

财务会计报告对于企业的管理者、投资者和潜在的投资者、债权人、国家税务机关等了解企业的财务经营状况等都具有重要的意义。

一、财务会计报告的构成

（一）按时间顺序编报

企业的财务会计报告从编报的时间上看，包括年度、半年度、季度和月度报告。

月度、季度财务会计报告是指月度和季度终了提供的财务会计报告，通常仅指会计报表；半年度财务会计报告是指在每个会计年度的前六个月结束后，对外提供的财务会计报告，半年度、季度和月度财务会计报告统称为中期财务会计报告，年度财务会计报告是指年度终了对外提供的财务会计报告。

（二）按内容编报

企业财务会计报告从内容上看是由会计报表和附注组成，如图 15 – 1 所示。

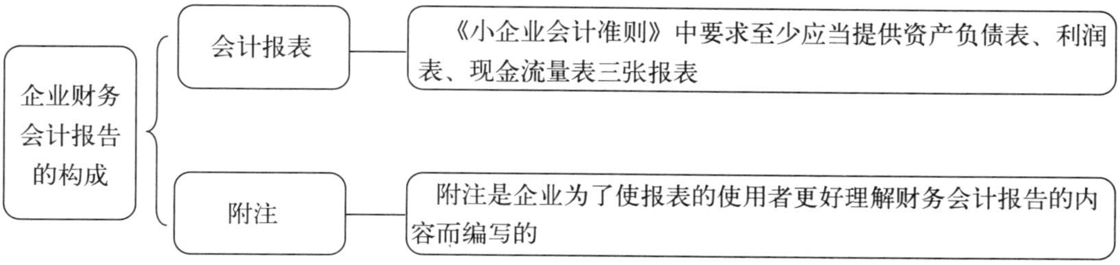

图 15 – 1　企业财务会计报告的构成

鉴于企业自身的特点，对于其提供的财务会计报告有特殊的规定，主要体现了务实、从简的原则。根据我国《小企业会计准则》的规定，企业的财务会计报告至少应当包括资产负债表、利润表、现金流量表和附注。而且按照编报的不同，企业只需编制年度和月度财务会计报告，对半年度和季度财务会计报告没有硬性要求。具体的企业财务会计报告体系如表15－1所示。

表15－1　企业财务会计报告体系

编号	会计报表名称	编报期
会小企01表	资产负债表	月度报告、年度报告
会小企02表	利润表	月度报告、年度报告
会小企03表	现金流量表	月度报告、年度报告

二、财务会计报告的编制要求

为充分发挥财务会计报告的作用，达到利用财务会计报告有效地管理经济的目的，编制财务会计报告要做到“数字真实、计算准确、内容完整、报送及时”，如表15－2所示。

表15－2　财务会计报告的编制要求

要求	说明
数字真实	为了保证会计报表的数字真实、准确，应做到以下几点： (1)报告期内所有的经济业务必须全部登记入账，应根据真实的交易事项和完整、准确的账簿记录编制会计报表，要按照规定的结账日进行结账，不得提前或者延迟。 (2)在编制会计报表之前，应认真核对账簿记录，做到账证相符、账账相符、账实相符。发现有不符之处，应先查明原因，加以改正，再据以编制会计报表。 (3)在编制会计报表时，要核对会计报表之间的数字。各种会计报表之间，以及同一会计报表各项目之间，凡有对应关系的数字都要核对相符；本期会计报表与上期会计报表之间有关的数字应相互衔接，本年度会计报表与上年度会计报表之间的相关指标数字应衔接一致
计算准确	企业会计报表的指标、数字，必须按规定进行计算，做到计算准确、无误
内容完整	企业编制的会计报表，其种类和内容必须完整。会计制度规定的报表都应编制齐全，不得漏编；各种报表规定填列的项目，不论是表内项目或补充资料，都应填列齐全，不得漏填；若某一项目无指标数字，应在项目内划“－”符号，以免误解。汇编部门在编制汇总报表时，对所属单位的报表，必须全部汇总，不得漏汇
报送及时	企业会计报表必须在规定的时间内及时上报

另外，企业不得违反规定，随意改变财务会计报告的编制基础、编制依据、编制原则和方法，不得随意改变《小企业会计准则》所规定的财务会计报告有关数据的会计口径。

第二节　资产负债表

一、资产负债表的概述

（一）资产负债表的概念及内容

资产负债表是指反映企业某一特定日期财务状况的会计报表。它反映企业在某一特定日期所拥有或控制的经济资源、所承担的现时义务和所有者对净资产的要求权。

通过资产负债表，可以反映某一日期资产总额及其结构，表明企业拥有或控制的经济资源及其分布情况；可以提供某一日期的负债总额及其结构，表明企业未来需要用多少资产或劳务清偿债务以及清偿时间；可以反映所有者所拥有的权益，表明投资者在企业资产中所占的份额。资产负债表是企业最基本的会计报表，它的主要内容如图 15－2 所示。

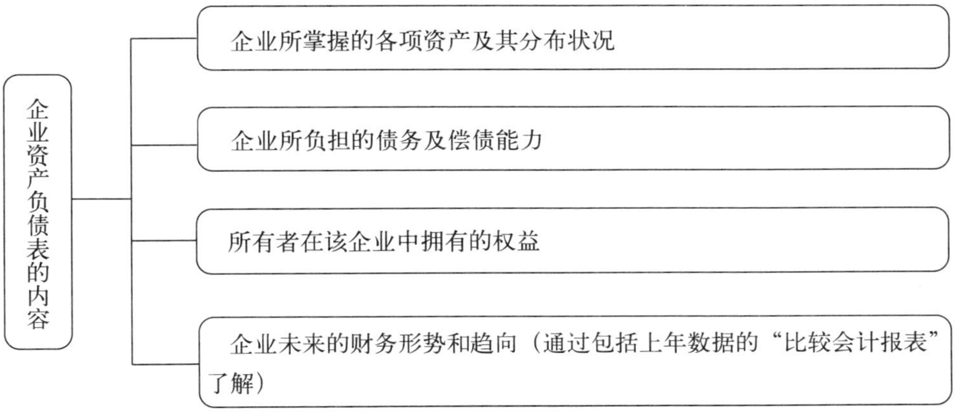

图 15－2　企业资产负债表的内容

（二）资产负债表的结构

资产负债表采用账户式结构，报表分为左右两方，左方列示资产各项目，反映全部资产的分布及存在形态；右方列示负债和所有者权益各项目，反映全部负债和所有者权益的内容及构成情况。资产负债表左右双方平衡，资产总计等于负债和所有者权益总计，即“资产＝负债＋所有者权益”。此外，为了便于企业财务会计报告使用者通过比较不同时点资产负债表的数据，掌握企业财务状况的变动情况及发展趋势，企业需要提供比较资产负债表，资产负债表有“年初余额”和“期末余额”，两栏分别填列。

二、资产负债表的编制方法

资产负债表的编制，如表 15 –3 所示。

表 15 –3　资产负债表

会小企 01 表

编制单位：　　　　　　　　　　年　月　日　　　　　　　　　　单位：元

资产	行次	期末余额	年初余额	负债和所有者权益	行次	期末余额	年初余额
流动资产：				流动负债：			
货币资金	1			短期借款	31		
短期投资	2			应付票据	32		
应收票据	3			应付账款	33		
应收账款	4			预收账款	34		
预付账款	5			应付职工薪酬	35		
应收股利	6			应交税费	36		
应收利息	7			应付利息	37		
其他应收款	8			应付利润	38		
存货	9			其他应付款	39		
其中：原材料	10			其他流动负债	40		
在产品	11			流动负债合计	41		
库存商品	12			非流动负债：			
周转材料	13			长期借款	42		
其他流动资产	14			长期应付款	43		
流动资产合计	15			递延收益	44		
非流动资产：				其他非流动负债	45		
长期债券投资	16			非流动负债合计	46		
长期股权投资	17			负债合计	47		
固定资产原价	18						
减：累计折旧	19						
固定资产账面价值	20						
在建工程	21						
工程物资	22						
固定资产清理	23						
生产性生物资产	24			所有者权益(或股东权益)：			

（续表）

资产	行次	期末余额	年初余额	负债和所有者权益	行次	期末余额	年初余额
无形资产	25			实收资本(或股本)	48		
开发支出	26			资本公积	49		
长期待摊费用	27			盈余公积	50		
其他非流动资产	28			未分配利润	51		
非流动资产合计	29			所有者权益(或股东权益)合计	52		
资产总计	30			负债和所有者权益(或股东权益)总计	53		

小微企业(中外合作经营)根据合同规定在合作期间归还投资者的投资，应在“实收资本(或股本)”项目下增加“减：已归还投资”项目单独列示。

(1)本表反映小微企业某一特定日期全部资产、负债和所有者权益的情况。

(2)本表“年初余额”栏内各项数字，应根据上年末资产负债表“期末余额”栏内所列数字填列。

(3)本表“期末余额”各项目的内容和填列方法：

①“货币资金”项目，反映小微企业库存现金、银行存款、其他货币资金的合计数。本项目应根据“库存现金”“银行存款”和“其他货币资金”科目的期末余额合计填列。

②“短期投资”项目，反映小微企业购入的能随时变现并且持有时间不准备超过 1 年的股票、债券和基金投资的余额。本项目应根据“短期投资”科目的期末余额填列。

③“应收票据”项目，反映小微企业收到的未到期收款也未向银行贴现的应收票据(银行承兑汇票和商业承兑汇票)。本项目应根据“应收票据”科目的期末余额填列。

④“应收账款”项目，反映小微企业因销售商品、提供劳务等日常生产经营活动应收取的款项。本项目应根据“应收账款”的期末余额分析填列。如“应收账款”科目期末为贷方余额，应当在“预收账款”项目列示。

⑤“预付账款”项目，反映小微企业按照合同规定预付的款项。包括根据合同规定预付的购货款、租金、工程款等。本项目应根据“预付账款”科目的期末借方余额填列；如“预付账款”科目期末为贷方余额，应当在“应付账款”项目列示。

属于超过 1 年期以上的预付账款的借方余额，应当在“其他非流动资产”项目列示。

⑥“应收股利”项目，反映小微企业应收取的现金股利或利润。本项目应根据“应收股利”科目的期末余额填列。

⑦“应收利息”项目，反映小微企业债券投资应收取的利息。小微企业购入一次还本付息债券应收的利息，不包括在本项目内。本项目应根据“应收利息”科目的期末余额填列。

⑧“其他应收款”项目，反映小微企业除应收票据、应收账款、预付账款、应收股利、应收利息等以外的其他各种应收及暂付款项。包括各种应收的赔款、应向职工收取的各种垫付款项等。本项目应根据“其他应收款”科目的期末余额填列。

⑨“存货”项目，反映小微企业期末在库、在途和在加工中的各项存货的成本。包括各种原材料、在产品、半成品、产成品、商品、周转材料(包装物、低值易耗品等)、消耗性生物资产等。本项目应根据“材料采购”“在途物资”“原材料”“材料成本差异”“生产成本”“库存商品”“商品进销差价”“委托加工物资”“周转材料”“消耗性生物资产”等科目的期末余额分析填列。

⑩“其他流动资产”项目，反映小微企业除以上流动资产项目外的其他流动资产(含1年内到期的非流动资产)。本项目应根据有关科目的期末余额分析填列。

⑪“长期债券投资”项目，反映小微企业准备长期持有的债券投资的本息。本项目应根据“长期债券投资”科目的期末余额分析填列。

⑫“长期股权投资”项目，反映小微企业准备长期持有的权益性投资的成本。本项目应根据“长期股权投资”科目的期末余额填列。

⑬“固定资产原价”和“累计折旧”项目，反映小微企业固定资产的原价(成本)及累计折旧。这两个项目应根据“固定资产”科目和“累计折旧”科目的期末余额填列。

⑭“固定资产账面价值”项目，反映小微企业固定资产原价扣除累计折旧后的余额。本项目应根据“固定资产”科目的期末余额减去“累计折旧”科目的期末余额后的金额填列。

⑮“在建工程”项目，反映小微企业尚未完工或虽已完工，但尚未办理竣工决算的工程成本。本项目应根据“在建工程”科目的期末余额填列。

⑯“工程物资”项目，反映小微企业为在建工程准备的各种物资的成本。本项目应根据“工程物资”科目的期末余额填列。

⑰“固定资产清理”项目，反映小微企业因出售、报废、毁损、对外投资等原因处置固定资产所转出的固定资产账面价值以及在清理过程中发生的费用等。本项目应根据“固定资产清理”科目的期末借方余额填列；如“固定资产清理”科目期末为贷方余额，以“-”号填列。

⑱“生产性生物资产”项目，反映小微企业生产性生物资产的账面价值。本项目应根据“生产性生物资产”科目的期末余额减去“生产性生物资产累计折旧”科目的期末余额后的金额填列。

⑲“无形资产”项目，反映小微企业无形资产的账面价值。本项目应根据“无形资产”科目的期末余额减去“累计摊销”科目的期末余额后的金额填列。

⑳“开发支出”项目，反映小微企业正在进行的无形资产研究开发项目满足资本化条件的支出。本项目应根据“开发支出”科目的期末余额填列。

㉑“长期待摊费用”项目，反映小微企业尚未摊销完毕的已提足折旧的固定资产的改建支出、经营租入固定资产的改建支出、固定资产的大修理支出和其他长期待摊费用。本项目应根据“长期待摊费用”科目的期末余额分析填列。

㉒“其他非流动资产”项目，反映小微企业除以上非流动资产以外的其他非流动资产。

本项目应根据有关科目的期末余额分析填列。

㉓“短期借款”项目，反映小微企业向银行或其他金融机构等借入的期限在1年内的、尚未偿还的各种借款本金。本项目应根据“短期借款”科目的期末余额填列。

㉔“应付票据”项目，反映小微企业因购买材料、商品和接受劳务等日常生产经营活动开出、承兑的商业汇票(银行承兑汇票和商业承兑汇票)尚未到期的票面金额。本项目应根据“应付票据”科目的期末余额填列。

㉕“应付账款”项目，反映小微企业因购买材料、商品和接受劳务等日常生产经营活动尚未支付的款项。本项目应根据“应付账款”科目的期末余额填列。如“应付账款”科目期末为借方余额，应当在“预付账款”项目列示。

㉖“预收账款”项目，反映小微企业根据合同规定预收的款项。包括预收的购货款、工程款等。本项目应根据“预收账款”科目的期末贷方余额填列；如“预收账款”科目期末为借方余额，应当在“应收账款”项目列示。

属于超过1年期以上的预收账款的贷方余额，应当在“其他非流动负债”项目列示。

㉗“应付职工薪酬”项目，反映小微企业应付未付的职工薪酬。本项目应根据“应付职工薪酬”科目的期末余额填列。

㉘“应交税费”项目，反映小微企业期末未交、多交或尚未抵扣的各种税费。本项目应根据“应交税费”科目的期末贷方余额填列；如“应交税费”科目期末为借方余额，以“－”号填列。

㉙“应付利息”项目，反映小微企业尚未支付的利息费用。本项目应根据“应付利息”科目的期末余额填列。

㉚“应付利润”项目，反映小微企业尚未向投资者支付的利润。本项目应根据“应付利润”科目的期末余额填列。

㉛“其他应付款”项目，反映小微企业除应付账款、预收账款、应付职工薪酬、应交税费、应付利息、应付利润等以外的其他各项应付、暂收的款项。包括应付租入固定资产和包装物的租金、存入保证金等。本项目应根据“其他应付款”科目的期末余额填列。

㉜“其他流动负债”项目，反映小微企业除以上流动负债以外的其他流动负债(含1年内到期的非流动负债)。本项目应根据有关科目的期末余额填列。

㉝“长期借款”项目，反映小微企业向银行或其他金融机构借入的期限在1年以上的、尚未偿还的各项借款本金。本项目应根据“长期借款”科目的期末余额分析填列。

㉞“长期应付款”项目，反映小微企业除长期借款以外的其他各种应付未付的长期应付款项。包括应付融资租入固定资产的租赁费、以分期付款方式购入固定资产发生的应付款项等。本项目应根据“长期应付款”科目的期末余额分析填列。

㉟“递延收益”项目，反映小微企业收到的、应在以后期间计入损益的政府补助。本项目应根据“递延收益”科目的期末余额分析填列。

㊱“其他非流动负债”项目，反映小微企业除以上非流动负债项目以外的其他非流动负债。本项目应根据有关科目的期末余额分析填列。

㊲“实收资本(或股本)”项目，反映小微企业收到投资者按照合同协议约定或相关规

定投入的、构成小微企业注册资本的部分。本项目应根据“实收资本(或股本)”科目的期末余额分析填列。

㊳“资本公积”项目，反映小微企业收到投资者投入资本超出其在注册资本中所占份额的部分。本项目应根据“资本公积”科目的期末余额填列。

㊴“盈余公积”项目，反映小微企业(公司制)的法定公积金和任意公积金，小微企业(外商投资)的储备基金和企业发展基金。本项目应根据“盈余公积”科目的期末余额填列。

㊵“未分配利润”项目，反映小微企业尚未分配的历年结存的利润。本项目应根据“本年利润”科目和“利润分配”科目的余额填列。未弥补的亏损，在本项目内以“-”号填列。

(4)本表中各项目之间的勾稽关系为：

行15=行1+行2+行3+行4+行5+行6+行7+行8+行9+行14；

行9≥行10+行11+行12+行13；

行29=行16+行17+行20+行21+行22+行23+行24+行25+行26+行27+行28；

行20=行18-行19；

行30=行15+行29；

行41=行31+行32+行33+行34+行35+行36+行37+行38+行39+行40；

行46=行42+行43+行44+行45；

行47=行41+行46；

行52=行48+行49+行50+行51；

行53=行47+行52=行30。

三、资产负债表的编制实例

例15-1：思泉工业企业2014年12月31日各账户期末余额表如表15-4所示，请根据账户余额表中的金额编制该企业的资产负债表。

表15-4 账户余额表

2014年12月31日　　单位：元

账户名称	借方余额	账户名称	贷方余额
库存现金	1 000	短期借款	50 000
银行存款	210 000	应付票据	50 000
其他货币资金	3 000	应付账款	30 000
短期投资	100 000	其中：应付A单位	20 000
应收票据	100 000	应付B单位	10 000
应收账款	31 000	应付职工薪酬——工资	5 600

（续表）

账户名称	借方余额	账户名称	贷方余额
在途物资	14 000	应付职工薪酬——福利费	784
原材料	43 000	应交税费	15 000
低值易耗品	40 000	其他应付款	860
库存商品	26 000	应付利润	30 000
长期股权投资	68 000	长期借款	120 000
固定资产	800 000	其中：一年内到期借款	20 000
累计折旧	-260 000	实收资本	600 000
在建工程	21 000	资本公积	150 000
无形资产	80 000	盈余公积	30 000
长期待摊费用	14 000	利润分配	208 756
		其中：未分配利润	208 756
合计	1 291 000	合计	1 291 000

根据上述资料，编制2014年12月31日资产负债表，如表15-5所示。

表15-5　资产负债表

会小企01表

编制单位：思泉工业企业　　2014年12月31日　　单位：元

资产	行次	期末余额	年初余额	负债和所有者权益	行次	期末余额	年初余额
流动资产：				库存商品	12	26 000	
货币资金	1	214 000		周转材料	13	40 000	
短期投资	2	100 000		其他流动资产	14	0	
应收票据	3	100 000		流动资产合计	15	568 000	
应收账款	4	31 000		非流动资产：			
预付账款	5	0		长期债券投资	16	0	
应收股利	6	0		长期股权投资	17	68 000	
应收利息	7	0		固定资产原价	18	800 000	
其他应收款	8	0		减：累计折旧	19	260 000	
存货	9	123 000		固定资产账面价值	20	540 000	
其中：原材料	10	43 000		在建工程	21	21 000	
在产品	11	14 000		工程物资	22	0	

（续表）

资产	行次	期末余额	年初余额	负债和所有者权益	行次	期末余额	年初余额
固定资产清理	23	0		非流动负债：			
生产性生物资产	24	0		长期借款	42	100 000	
无形资产	25	80 000		长期应付款	43	0	
开发支出	26	0		递延收益	44	0	
长期待摊费用	27	14 000		其他非流动负债	45	0	
其他非流动资产	28	0		非流动负债合计	46	100 000	
非流动资产合计	29	723 000		负债合计	47	302 244	
资产总计	30	1 291 000					
流动负债：							
短期借款	31	50 000					
应付票据	32	50 000					
应付账款	33	30 000		所有者权益（或股东权益）：			
预收账款	34	0					
应付职工薪酬	35	6 384		实收资本（或股本）	48	600 000	
应交税费	36	15 000		资本公积	49	150 000	
应付利息	37	0		盈余公积	50	30 000	
应付利润	38	30 000		未分配利润	51	208 756	
其他应付款	39	860		所有者权益（或股东权益）合计	52	988 756	
其他流动负债	40	20 000					
流动负债合计	41	202 244		负债和所有者权益（或股东权益）总计	53	1 291 000	

第三节　利润表

一、利润表的性质、作用及结构

（一）利润表的性质和作用

利润表是反映企业在一定会计期间的经营成果的报表。费用应当按照功能分类，分为从事经营业务发生的成本、销售费用、财务费用和管理费用等。

利润表主要提供有关企业经营成果方面的信息，它的作用如图 15－3 所示。

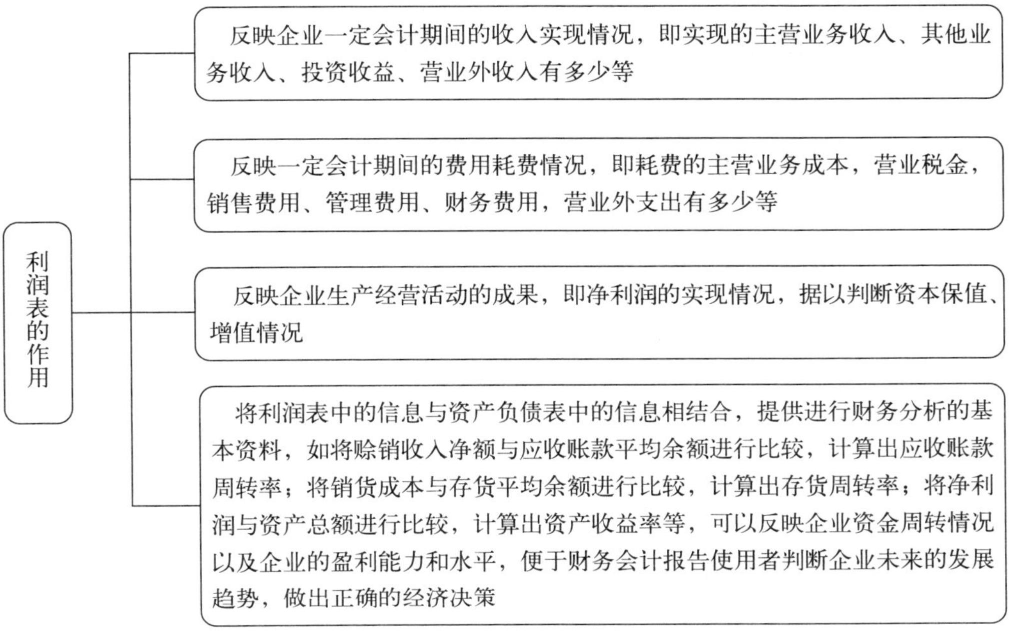

图 15－3　利润表的作用

(二)利润表的结构

利润表按其计算利润的过程不同可分为两种方式，即单步式和多步式。

1. 单步式

单步式是用企业一定时期的收入合计减去相关的成本费用合计，得出利润(或亏损)。其理论依据是收入与费用的配比原则，用公式表示为：

利润＝收入－费用

2. 多步式

多步式是在表中经过多个步骤的不同收入与成本费用相配比计算出企业的利润总额。这种方式充分反映出收入与费用配比原则，即不同性质的收入应与不同性质的成本费用相配比，分不同层次计算出企业的利润。《小企业会计准则》规定，利润表的标准格式为多步式。同时，为了便于财务会计报告使用者通过比较不同期间利润的实现情况，判断企业经营成果的未来发展趋势，企业还需要提供比较利润表，因此，利润表有“本期金额”和“上期金额”，两栏分别填列。

在多步式利润表中，净利润分三个步骤计算，具体如图 15－4 所示。

第一步，计算营业利润：

营业利润＝主营业务收入＋其他业务收入－主营业务成本－其他业务成本－营业税金及附加－销售费用－管理费用－财务费用＋投资收益（或减去投资损失）

↓

第二步，计算利润总额：

利润总额＝营业利润＋营业外收入－营业外支出

↓

第三步，计算净利润：

净利润＝利润总额－所得税费用

图 15－4　净利润的计算步骤

二、利润表的编制方法

利润表的编制方法，如表 15－6 所示。

表 15－6　利润表

会小企 02 表

编制单位：　　　　年　月　　　　单位：元

项目	行次	本年累计金额	本月金额
一、营业收入	1		
减：营业成本	2		
营业税金及附加	3		
其中：消费税	4		
营业税	5		
城市维护建设税	6		
资源税	7		
土地增值税	8		
城镇土地使用税、房产税、车船税、印花税	9		
教育费附加、矿产资源补偿费、排污费	10		
销售费用	11		
其中：商品维修费	12		
广告费和业务宣传费	13		
管理费用	14		

（续表）

项目	行次	本年累计金额	本月金额
其中：开办费	15		
业务招待费	16		
研究费用	17		
财务费用	18		
其中：利息费用（收入以“－”号填列）	19		
加：投资收益（损失以“－”号填列）	20		
二、营业利润（亏损以“－”号填列）	21		
加：营业外收入	22		
其中：政府补助	23		
减：营业外支出	24		
其中：坏账损失	25		
无法收回的长期债券投资损失	26		
无法收回的长期股权投资损失	27		
自[illegible]害等不可抗力因素造成的损失	28		
税[illegible]纳金	29		
三、利润总[illegible]亏损总额以“－”号填列）	30		
减：所得税[illegible]	31		
四、净利[illegible]亏损以“－”号填列）	32		

（1）[illegible]表反映小微企业在一定会计期间内利润（亏损）的实现情况。

（2）[illegible]表“本年累计金额”栏反映各项目自年初起至报告期末止的累计实际发生额。

本表“本月金额”栏反映各项目的本月实际发生额；在编报年度会计报表时，应将“本月金额”栏改为“上年金额”栏，填列上年全年实际发生额。

（3）本表各项目的内容及其填列方法：

①“营业收入”项目，反映小微企业销售商品和提供劳务所实现的收入总额。本项目应根据“主营业务收入”科目和“其他业务收入”科目的发生额合计填列。

②“营业成本”项目，反映小微企业销售商品的成本和提供劳务的成本。本项目应根据“主营业务成本”科目和“其他业务成本”科目的发生额合计填列。

③“营业税金及附加”项目，反映小微企业开展日常生产活动应负担的消费税、营业税、城市维护建设税、资源税、土地增值税、城镇土地使用税、房产税、车船税、印花税和教育费附加、矿产资源补偿费、排污费等。本项目应根据“营业税金及附加”科目的发生额填列。

④“销售费用”项目，反映小微企业销售商品或提供劳务过程中发生的费用。本项目应

根据“销售费用”科目的发生额填列。

⑤“管理费用”项目，反映小微企业为组织和管理生产经营发生的其他费用。本项目应根据“管理费用”科目的发生额填列。

⑥“财务费用”项目，反映小微企业为筹集生产经营所需资金发生的筹资费用。本项目应根据“财务费用”科目的发生额填列。

⑦“投资收益”项目，反映小微企业股权投资取得的现金股利(或利润)、债券投资取得的利息收入和处置股权投资和债券投资取得的处置价款扣除成本或账面余额、相关税费后的净额。本项目应根据“投资收益”科目的发生额填列；如为投资损失，以“－”号填列。

⑧“营业利润”项目，反映小微企业当期开展日常生产经营活动实现的利润。本项目应根据营业收入扣除营业成本、营业税金及附加、销售费用、管理费用和财务费用，加上投资收益后的金额填列；如为亏损，以“－”号填列。

⑨“营业外收入”项目，反映小微企业实现的各项营业外收入金额。包括非流动资产处置净收益、政府补助、捐赠收益、盘盈收益、汇兑收益、出租包装物和商品的租金收入、逾期未退包装物押金收益、确实无法偿付的应付款项、已做坏账损失处理后又收回的应收款项、违约金收益等。本项目应根据“营业外收入”科目的发生额填列。

⑩“营业外支出”项目，反映小微企业发生的各项营业外支出金额。包括存货的盘亏、毁损、报废损失，非流动资产处置净损失，坏账损失，无法收回的长期债券投资损失，无法收回的长期股权投资损失，自然灾害等不可抗力因素造成的损失，税收滞纳金，罚金，罚款，被没收财物的损失，捐赠支出，赞助支出等。本项目应根据“营业外支出”科目的发生额填列。

⑪“利润总额”项目，反映小微企业当期实现的利润总额。本项目应根据营业利润加上营业外收入减去营业外支出后的金额填列；如为亏损总额，以“－”号填列。

⑫“所得税费用”项目，反映小微企业根据企业所得税法确定的应从当期利润总额中扣除的所得税费用。本项目应根据“所得税费用”科目的发生额填列。

⑬“净利润”项目，反映小微企业当期实现的净利润。本项目应根据利润总额扣除所得税费用后的金额填列；如为净亏损，以“－”号填列。

(4)本表中各项目之间的勾稽关系为：

行21＝行1－行2－行3－行11－行14－行18＋行20；

行3≥行4＋行5＋行6＋行7＋行8＋行9＋行10；

行11≥行12＋行13；

行14≥行15＋行16＋行17；

行18≥行19；

行30＝行21＋行22－行24；

行22≥行23；

行24≥行25＋行26＋行27＋行28＋行29；

行32＝行30－行31。

三、利润表的编制实例

例 15－2：思泉工业企业 2014 年截至 5 月份的有关资料，如表 15－7 所示。

表 15－7　利润表

会小企 02 表

编制单位：思泉工业企业　　　　2014 年 5 月　　　　单位：元

项目	行次	本年累计金额	本月金额
一、营业收入	1	6 000 000	
减：营业成本	2	2 600 000	
营业税金及附加	3	680 000	
销售费用	11	900 000	
管理费用	14	300 000	
财务费用	18	70 000	
加：投资收益（损失以"－"号填列）	20	650 000	
二、营业利润（亏损以"－"号填列）	21	2 100 000	
加：营业外收入	22	1 890 000	
减：营业外支出	24	1 500 000	
三、利润总额（亏损总额以"－"号填列）	30	2 490 000	
减：所得税费用	31	821 700	
四、净利润（净亏损以"－"号填列）	32	1 668 300	

思泉工业企业 2014 年 6 月份有关账户的发生额，如表 15－8 所示。

表 15－8　思泉工业企业 6 月份有关账户发生额汇总表

账户名称	本期发生额	
	借方	贷方
主营业务收入		1 200 000
其他业务收入		210 000
投资收益		38 000
营业外收入		800 000
主营业务成本	410 000	
营业税金及附加	180 000	

（续表）

账户名称	本期发生额	
	借方	贷方
其他业务成本	190 000	
销售费用	70 000	
管理费用	120 000	
财务费用	5 000	
营业外支出	23 000	
所得税	412 500	

根据以上资料，编制思泉工业企业2014年6月份的利润表，如表15－9所示。

表15－9　利润表

会小企02表

编制单位：思泉工业企业　　2014年6月　　单位：元

项目	行次	本年累计金额	本月金额
一、营业收入	1	7 410 000	1 410 000
减：营业成本	2	3 200 000	600 000
营业税金及附加	3	860 000	180 000
销售费用	11	970 000	70 000
管理费用	14	420 000	120 000
财务费用	18	75 000	5 000
加：投资收益（损失以“－”号填列）	20	688 000	38 000
二、营业利润（亏损以“－”号填列）	21	2 573 000	473 000
加：营业外收入	22	2 690 000	800 000
减：营业外支出	24	1 523 000	23 000
三、利润总额（亏损总额以“－”号填列）	30	3 740 000	1 250 000
减：所得税费用	31	1 234 200	412 500
四、净利润（净亏损以“－”号填列）	32	2 505 800	837 500

第四节　现金流量表

一、现金流量表的概念和内容

(一)现金流量表

现金流量表是反映企业在一定会计期间现金流入和流出的报表。现金是指企业库存现金以及可以随时用于支付的存款和其他货币资金。现金流量表应当分别按经营活动、投资活动和筹资活动列报现金流量，每类活动又分为各具体项目。现金流量应当分别按照现金流入和现金流出总额列报。

(二)经营活动产生的现金流量

经营活动是指企业在正常业务范围内进行的经济活动，它包括了企业投资活动和筹资活动以外的所有交易和事项，经营活动主要包括销售商品、提供劳务、经营性租赁、购买商品、接受劳务、广告宣传、推销产品、交纳税款等。各类企业由于行业特点不同，对经营活动的认定存在一定差异，在编制现金流量表时，应根据企业的实际情况，对现金流量进行合理的归类。

经营活动产生的现金流量是一项重要的指标，它可以说明企业在不动用外部筹得资金的情况下，通过经营活动产生的现金流量是否足以偿还负债、支付股利和对外投资。

(三)投资活动产生的现金流量

投资活动是指企业固定资产、无形资产的购建和短期投资、长期债券投资、长期股权投资及其处置活动。通过投资活动产生的现金流量，可以了解企业为获得未来收益和现金流量而导致资源转出的程度，以及以前资源转出带来的现金流入等信息。

(四)筹资活动产生的现金流量

筹资活动是指导致企业资本及债务规模和构成发生变化的活动。这里所说的资本，包括实收资本(股本)、资本溢价(股本溢价)。与资本有关的现金流入和流出项目，包括吸收投资、发行股票、分配利润等。这里“债务”是指企业对外举债所借入的款项，如发行债券、向金融企业借入款项以及偿还债务等。

通过筹资活动产生的现金流量，可以分析企业的筹资能力，帮助投资者和债权人预计对企业未来现金流量的要求权，以及获得前期现金流入而付出的代价。

二、现金流量表的结构

根据企业业务活动的性质和现金流量的来源，现金流量表在结构上将企业一定期间产生的现金流量分为三类：经营活动产生的现金流量、投资活动产生的现金流量和筹资活动产生的现金流量。

三、现金流量表的编制方法

现金流量表的编制方法，如表 15－10 所示。

表 15－10　现金流量表

会小企 03 表

编制单位：　　　　　　　　　　年　月　　　　　　　　　　单位：元

项目	行次	本年累计金额	本月金额
一、经营活动产生的现金流量：			
销售产成品、商品、提供劳务收到的现金	1		
收到其他与经营活动有关的现金	2		
购买原材料、商品、接受劳务支付的现金	3		
支付的职工薪酬	4		
支付的税费	5		
支付其他与经营活动有关的现金	6		
经营活动产生的现金流量净额	7		
二、投资活动产生的现金流量：			
收回短期投资、长期债券投资和长期股权投资收到的现金	8		
取得投资收益收到的现金	9		
处置固定资产、无形资产和其他非流动资产收回的现金净额	10		
短期投资、长期债券投资和长期股权投资支付的现金	11		
购建固定资产、无形资产和其他非流动资产支付的现金	12		
投资活动产生的现金流量净额	13		
三、筹资活动产生的现金流量：			
取得借款收到的现金	14		
吸收投资者投资收到的现金	15		

（续表）

项目	行次	本年累计金额	本月金额
偿还借款本金支付的现金	16		
偿还借款利息支付的现金	17		
分配利润支付的现金	18		
筹资活动产生的现金流量净额	19		
四、现金净增加额	20		
加：期初现金余额	21		
五、期末现金余额	22		

1. 本表反映小微企业一定会计期间有关现金流入和流出的信息。

2. 本表“本年累计金额”栏反映各项目自年初起至报告期末止的累计实际发生额。

本表“本月金额”栏反映各项目的本月实际发生额；在编报年度会计报表时，应将“本月金额”栏改为“上年金额”栏，填列上年全年实际发生额。

3. 本表各项目的内容及填列方法如下。

（1）经营活动产生的现金流量。

①“销售产成品、商品、提供劳务收到的现金”项目，反映小微企业本期销售产成品、商品、提供劳务收到的现金。本项目可以根据“库存现金”“银行存款”和“主营业务收入”等科目的本期发生额分析填列。

②“收到其他与经营活动有关的现金”项目，反映小微企业本期收到的其他与经营活动有关的现金。本项目可以根据“库存现金”和“银行存款”等科目的本期发生额分析填列。

③“购买原材料、商品、接受劳务支付的现金”项目，反映小微企业本期购买原材料、商品、接受劳务支付的现金。本项目可以根据“库存现金”“银行存款”“其他货币资金”“原材料”“库存商品”等科目的本期发生额分析填列。

④“支付的职工薪酬”项目，反映小微企业本期向职工支付的薪酬。本项目可以根据“库存现金”“银行存款”“应付职工薪酬”科目的本期发生额填列。

⑤“支付的税费”项目，反映小微企业本期支付的税费。本项目可以根据“库存现金”“银行存款”“应交税费”等科目的本期发生额填列。

⑥“支付其他与经营活动有关的现金”项目，反映小微企业本期支付的其他与经营活动有关的现金。本项目可以根据“库存现金”“银行存款”等科目的本期发生额分析填列。

（2）投资活动产生的现金流量。

①“收回短期投资、长期债券投资和长期股权投资收到的现金”项目，反映小微企业出售、转让或到期收回短期投资、长期股权投资而收到的现金，以及收回长期债券投资本金而收到的现金，不包括长期债券投资收回的利息。本项目可以根据“库存现金”“银行存款”“短期投资”“长期股权投资”“长期债券投资”等科目的本期发生额分析填列。

②“取得投资收益收到的现金”项目，反映小微企业因权益性投资和债权性投资取得的

现金股利或利润和利息收入。本项目可以根据“库存现金”“银行存款”“投资收益”等科目的本期发生额分析填列。

③“处置固定资产、无形资产和其他非流动资产收回的现金净额”项目，反映小微企业处置固定资产、无形资产和其他非流动资产取得的现金，减去为处置这些资产而支付的有关税费等后的净额。本项目可以根据“库存现金”“银行存款”“固定资产清理”“无形资产”“生产性生物资产”等科目的本期发生额分析填列。

④“短期投资、长期债券投资和长期股权投资支付的现金”项目，反映小微企业进行权益性投资和债券性投资支付的现金。包括企业取得短期股票投资、短期债券投资、短期基金投资、长期债券投资、长期股权投资支付的现金。本项目可以根据“库存现金”“银行存款”“短期投资”“长期债券投资”“长期股权投资”等科目的本期发生额分析填列。

⑤“购建固定资产、无形资产和其他非流动资产支付的现金”项目，反映小微企业购建固定资产、无形资产和其他非流动资产支付的现金。包括购买机器设备、无形资产、生产性生物资产支付的现金，建造工程支付的现金等现金支出，不包括为购建固定资产、无形资产和其他非流动资产而发生的借款费用资本化部分和支付给在建工程和无形资产开发项目人员的薪酬。为购建固定资产、无形资产和其他非流动资产而发生借款费用资本化部分，在“偿还借款利息支付的现金”项目反映；支付给在建工程和无形资产开发项目人员的薪酬，在“支付的职工薪酬”项目反映。本项目可以根据“库存现金”“银行存款”“固定资产”“在建工程”“无形资产”“开发支出”“生产性生物资产”“应付职工薪酬”等科目的本期发生额分析填列。

(3)筹资活动产生的现金流量。

①“取得借款收到的现金”项目，反映小微企业举借各种短期、长期借款收到的现金。本项目可以根据“库存现金”“银行存款”“短期借款”“长期借款”等科目的本期发生额分析填列。

②“吸收投资者投资收到的现金”项目，反映小微企业收到的投资者作为资本投入的现金。本项目可以根据“库存现金”“银行存款”“实收资本”“资本公积”等科目的本期发生额分析填列。

③“偿还借款本金支付的现金”项目，反映小微企业以现金偿还各种短期、长期借款的本金。本项目可以根据“库存现金”“银行存款”“短期借款”“长期借款”等科目的本期发生额分析填列。

④“偿还借款利息支付的现金”项目，反映小微企业以现金偿还各种短期、长期借款的利息。本项目可以根据“库存现金”“银行存款”“应付利息”等科目的本期发生额分析填列。

⑤“分配利润支付的现金”项目，反映小微企业向投资者实际支付的利润。本项目可以根据“库存现金”“银行存款”“应付利润”等科目的本期发生额分析填列。

4．本表中各项目之间的勾稽关系为：

行 7 = 行 1 + 行 2 − 行 3 − 行 4 − 行 5 − 行 6；

行 13 = 行 8 + 行 9 + 行 10 − 行 11 − 行 12；

行 19 = 行 14 + 行 15 − 行 16 − 行 17 − 行 18；

行 20 = 行 7 + 行 13 + 行 19；

行 22 = 行 20 + 行 21。

四、现金流量表的编制实例

在具体编制现金流量表时，可以采用工作底稿法或 T 型账户法编制，也可以直接根据有关账户记录分析填列。在此我们主要介绍根据有关账户记录分析填列的方法。

例 15 - 3：思泉工业企业 2014 年 12 月 31 日资产负债表、2014 年利润表，如表15 - 11、表 15 - 12 所示。

表 15 - 11　资产负债表

会小企 01 表

编制单位：思泉工业企业　　2014 年 12 月 31 日　　单位：元

资产	行次	期末余额	年初余额	负债和所有者权益	行次	期末余额	年初余额
流动资产：				流动负债：			
货币资金	1	352 000	63 000	短期借款	31	0	100 000
短期投资	2	0	100 000	应付票据	32	0	0
应收票据	3	80 000	100 000	应付账款	33	100 000	500 000
应收账款	4	398 000	597 000	预收账款	34	90 000	100 000
预付账款	5	0	0	应付职工薪酬	35	0	0
应收股利	6	0	0	应交税费	36	41 700	30 000
应收利息	7	0	0	应付利息	37	0	0
其他应收款	8	0	0	应付利润	38	0	0
存货	9	811 000	800 000	其他应付款	39	0	0
其中：原材料	10	200 000	200 000	其他流动负债	40	0	0
在产品	11	200 000	200 000	流动负债合计	41	231 700	730 000
库存商品	12	211 000	200 000	非流动负债：			
周转材料	13	200 000	200 000	长期借款	42	100 000	100 000
其他流动资产	14	0	24 000	长期应付款	43	190 000	180 000
流动资产合计	15	1 641 000	1 684 000	递延收益	44	0	0
非流动资产：				其他非流动负债	45	0	0
长期债券投资	16	0	0	非流动负债合计	46	290 000	280 000

（续表）

资产	行次	期末余额	年初余额	负债和所有者权益	行次	期末余额	年初余额
长期股权投资	17	290 700	200 000	负债合计	47	521 700	1 010 000
固定资产原价	18	1 810 000	2 000 000				
减：累计折旧	19	730 000	900 000				
固定资产账面价值	20	1 080 000	1 100 000				
在建工程	21	0	200 000				
工程物资	22	0	0				
固定资产清理	23	0	0				
生产性生物资产	24	0	0	所有者权益（或股东权益）：			
无形资产	25	0	0	实收资本（或股本）	48	2 000 000	2 000 000
开发支出	26	0	0	资本公积	49	100 000	0
长期待摊费用	27	55 000	60 000	盈余公积	50	135 250	124 000
其他非流动资产	28	0	0	未分配利润	51	309 750	110 000
非流动资产合计	29	1 425 700	1560 000	所有者权益（或股东权益）合计	52	2 545 000	2 234 000
资产总计	30	3 066 700	3 244 000	负债和所有者权益（或股东权益）总计	53	3 066 700	3 244 000

表 15－12　利润表

会小企 02 表

编制单位：思泉工业企业　　　　2014 年 12 月份　　　　单位：元

项目	行次	本年累计金额
一、营业收入	1	1 000 000
减：营业成本	2	500 000
营业税金及附加	3	0
销售费用	11	0
管理费用	14	50 000
财务费用	18	20 000
加：投资收益（损失以“－”号填列）	20	10 000
二、营业利润（亏损以“－”号填列）	21	440 000
加：营业外收入	22	0
减：营业外支出	24	40 000

（续表）

项目	行次	本年累计金额
三、利润总额（亏损总额以"－"号填列）	30	400 000
减：所得税费用	31	100 000
四、净利润（净亏损以"－"号填列）	32	300 000

思泉工业企业2014年部分经济业务如下：

（1）营业成本500 000元中，含有生产经营人员工资费用100 000元。

（2）管理费用50 000元中，包括折旧费30 000元，待摊费用摊销5 000元，由于管理不善造成的存货盘亏损失3 000元，用货币资金支付其他费用12 000元。

（3）财务费用20 000元中含有票据贴现息1 000元，计提债券利息10 000元，短期借款利息4 000元（用银行存款支付），计提长期借款利息5000元。

（4）投资收益10 000元是转让全部短期投资产生的，转让短期投资实得价款110 000元。

（5）营业外支出40 000元，是出售一台设备产生的，该设备原值为400 000元，已提折旧200 000元，支付清理费用2 000元，出售时实得价款162 000元。

（6）本年用一批存货对外投资，该批存货成本9 000元，评估价值10 000元，计税价等于评估价，增值税税率17%。

（7）本年度用银行存款81 000元购入某公司的存货作为长期股权投资，实际支付的价款中包含已宣告但尚未领取的现金股利1 000元，该企业于本年度已收到现金股利。

（8）本年度发生在建工程人员工资10 000元，并用现金支付。工程项目已经全部完工并交付使用，固定资产本期增加额系在建工程转入。

（9）本年度用银行存款偿还短期借款100 000元。

（10）应交税费项目年初数和期末数只含有增值税和所得税两项内容，其中，增值税有关账户年初数为20 000元，年末余额为31 700元，本年度增值税销项税额为171 700元（含对外投资确认的增值税销项税额1 700元），进项税额71 400元。"应交税费——应交所得税"账户年初余额为10 000元，年末余额仍为10 000元。

（11）资本公积中100 000元系本期投资者追加投资。

（12）期初期末存货均为外购商品。除上述业务外，购销业务的往来项目和存货项目均为正常购销业务。假定思泉工业企业的货币资金可以随时支用，不考虑增值税、所得税以外的其他税费。

要求：根据上述资产负债表、利润表及有关资料分析编制现金流量表。

现金流量表各项目金额，分析计算如下：

1. 经营活动产生的现金流量

(1)销售产成品、商品、提供劳务收到的现金＝营业收入＋应交税费(应交增值税——销项税额)＋应收票据(年初－年末)＋应收账款(年初－年末)＋预收账款(年末－年初)－票据贴现利息＝1 000 000＋(171 700－1 700)＋(100 000－80 000)＋(597 000－398 000)＋(90 000－100 000)－1 000＝1 378 000(元)。

(2)购买原材料、商品、接受劳务支付的现金＝营业成本＋应交税费(应交增值税——进项税额)＋应付账款(年初－年末)＋存货(年末－年初)＋非销售减少存货＋盘亏损失－职工薪酬＝500 000＋71 400＋(500 000－100 000)＋(811 000－800 000)＋9 000＋3 000－100 000＝894 400(元)。

(3)支付的职工薪酬＝100 000(元)。

(4)支付的税费＝本期应交增值税＋本期应交所得税＝(20 000＋171 700－71 400－31 700)＋100 000＝188 600(元)。

(5)支付其他与经营活动有关的现金＝12 000(元)。

2. 投资活动产生的现金流量

(6)收回短期投资、长期债券投资和长期股权投资收到的现金＝110 000(元)。

(7)处置固定资产、无形资产和其他非流动资产收回的现金净额＝162 000－2 000＝160 000(元)。

(8)取得投资收益收到的现金＝1 000(元)。

(9)购建固定资产、无形资产和其他非流动资产支付的现金＝10 000(元)。

(10)短期投资、长期债券投资和长期股权投资支付的现金＝81 000(元)。

3. 筹资活动产生的现金流量

(11)吸收投资者投资收到的现金＝100 000(元)。

(12)偿还借款本金支付的现金＝100 000(元)。

(13)偿还借款利息支付的现金＝4 000(元)。

根据上述计算结果，编制现金流量表，如表15－13所示。

表15－13　现金流量表

会小企03表

编制单位：思泉工业企业　　　　2014年12月　　　　单位：元

项目	行次	本年累计金额	本月金额
一、经营活动产生的现金流量：			
销售产成品、商品、提供劳务收到的现金	1		1 378 000
收到其他与经营活动有关的现金	2		0
购买原材料、商品、接受劳务支付的现金	3		894 400
支付的职工薪酬	4		100 000

（续表）

项目	行次	本年累计金额	本月金额
支付的税费	5		188 600
支付其他与经营活动有关的现金	6		12 000
经营活动产生的现金流量净额	7		183 000
二、投资活动产生的现金流量：			
收回短期投资、长期债券投资和长期股权投资收到的现金	8		110 000
取得投资收益收到的现金	9		1 000
处置固定资产、无形资产和其他非流动资产收回的现金净额	10		160 000
短期投资、长期债券投资和长期股权投资支付的现金	11		81 000
购建固定资产、无形资产和其他非流动资产支付的现金	12		10 000
投资活动产生的现金流量净额	13		180 000
三、筹资活动产生的现金流量：			
取得借款收到的现金	14		0
吸收投资者投资收到的现金	15		100 000
偿还借款本金支付的现金	16		100 000
偿还借款利息支付的现金	17		4 000
分配利润支付的现金	18		0
筹资活动产生的现金流量净额	19		-4 000
四、现金净增加额	20		359 000
加：期初现金余额	21		63 000
五、期末现金余额	22		422 000

第五节　附注

一、附注的作用

附注是指对在资产负债表、利润表和现金流量表等报表中列示项目的文字描述或明细资料，以及对未能在这些报表中列示项目的说明等。附注是财务会计报告的重要组成部分。企业应当按照规定披露附注信息。

二、附注的内容

根据《小企业会计准则》的规定，附注至少应当包括下列内容，如图 15－5 所示。

- 附注至少应当包括的内容
  - 遵循《小企业会计准则》的声明。小企业应当声明编制的会计报表符合小企业会计准则的要求，真实、完整地反映了小企业的财务状况、经营成果和现金流量等有关信息
  - 短期投资、应收账款、存货、固定资产项目的说明
  - 应付职工薪酬、应交税费项目的说明
  - 利润分配的说明
  - 用于对外担保的资产名称、账面余额及形成的原因；未决诉讼、未决仲裁以及对外提供担保所涉及的金额
  - 发生严重亏损的，应当披露持续经营的计划、未来经营的方案
  - 对已在资产负债表和利润表中列示项目与企业所得税法规定存在差异的纳税调整过程
  - 其他需要在附注中说明的事项

图 15－5　附注至少应当包括的内容

三、附注的形式

会计实务中，附注一般采取以下方式，如图 15－6 所示。

- 附注一般采取的方式
  - 尾注说明，一般适用说明内容较多的项目
  - 括弧说明，为会计报表主体提供补充信息
  - 脚注说明，是在报表下端进行的说明
  - 补充说明，解释一些无法列入会计报表主体中的内容

图 15－6　附注一般采取的方式

四、附注项目的披露格式

（一）短期投资的披露格式

短期投资的披露格式如表 15－14 所示。

表 15－14　短期投资明细表

项目	期末账面余额	期末市价	期末账面余额与市价的差额
1. 股票			
2. 债券			
3. 基金			
4. 其他			
合计			

（二）应收账款按账龄结构披露的格式

应收账款按账龄结构披露的格式如表 15－15 所示。

表 15－15　应收账款账龄分析表

账龄结构	期末账面余额	年初账面余额
1 年以内（含 1 年）		
1 年至 2 年（含 2 年）		
2 年至 3 年（含 3 年）		
3 年以上		
合计		

（三）存货的披露格式

存货的披露格式如表 15－16 所示。

表 15－16　存货明细表

存货种类	期末账面余额	期末市价	期末账面余额与市价的差额
1. 原材料			
2. 在产品			
3. 库存商品			
4. 周转材料			

（续表）

存货种类	期末账面余额	期末市价	期末账面余额与市价的差额
5. 消耗性生物资产			
……			
合计			

（四）固定资产的披露格式

固定资产的披露格式如表 15 – 17 所示。

表 15 – 17　固定资产明细表

项目	原价	累计折旧	期末账面价值
1. 房屋、建筑物			
2. 机器			
3. 机械			
4. 运输工具			
5. 设备			
6. 器具			
7. 工具			
……			
合计			

（五）应付职工薪酬的披露格式

应付职工薪酬的披露格式如表 15 – 18 所示。

表 15 – 18　应付职工薪酬明细表

会小企 01 表附表 1

编制单位：　　　　______年____月　　　　单位：元

项目	期末账面余额	年初账面余额
1. 职工工资		
2. 奖金、津贴和补贴		
3. 职工福利费		
4. 社会保险费		
5. 住房公积金		
6. 工会经费		

（续表）

项目	期末账面余额	年初账面余额
7. 职工教育经费		
8. 非货币性福利		
9. 辞退福利		
10. 其他		
合计		

(六)应交税费的披露格式

应交税费的披露格式如表 15－19 所示。

表 15－19　应交税费明细表

会小企 01 表附表 2

编制单位：　　　　______年____月　　　　单位：元

项目	期末账面余额	年初账面余额
1. 增值税		
2. 消费税		
3. 营业税		
4. 城市维护建设税		
5. 企业所得税		
6. 资源税		
7. 土地增值税		
8. 城镇土地使用税		
9. 房产税		
10. 车船税		
11. 教育费附加		
12. 矿产资源补偿费		
13. 排污费		
14. 代扣代缴的个人所得税		
……		
合计		

(七)利润分配的说明

利润分配的说明如表 15－20 所示。

表 15－20 利润分配表

会小企 01 表附表 3

编制单位： ______年度 单位：元

项目	行次	本年金额	上年金额
一、净利润	1		
加：年初未分配利润	2		
其他转入	3		
二、可供分配的利润	4		
减：提取法定盈余公积	5		
提取任意盈余公积	6		
提取职工奖励及福利基金*	7		
提取储备基金*	8		
提取企业发展基金*	9		
利润归还投资**	10		
三、可供投资者分配的利润	11		
减：应付利润	12		
四、未分配利润	13		

* 提取职工奖励及福利基金、提取储备基金、提取企业发展基金这 3 个项目仅适用于小企业（外商投资）按照相关法律规定提取的 3 项基金。

** 利润归还投资这个项目仅适用于小企业（中外合作经营）根据合同规定在合作期间归还投资者的投资。

五、会计政策、会计估计变更和会计差错更正

会计政策是指企业在会计确认、计量和报告中所采用的原则、基础和会计处理方法。会计估计变更是指由于资产和负债的当前状况及预期经济利益和义务发生了变化，从而对资产或负债的账面价值或者资产的定期消耗金额进行调整。前期差错包括：计算错误、应用会计政策错误、应用会计估计错误等。

《小企业会计准则》规定："小企业对会计政策变更、会计估计变更和会计差错更正应当采用未来适用法进行会计处理。未来适用法是指将变更后的会计政策和会计估计应用于变更日及以后发生的交易或者事项，或者在会计差错发生或发现的当期更正差错的方法。"